A
Bíblia dos
Cristais volume 3

A
Bíblia dos Cristais volume 3

Judy Hall

Mais de 250 pedras recém-descobertas para ajudar você na cura e na alquimia espiritual

Título original: *The Cristal Bible 3*.

Copyright © 2013 Octopus Publishing Group Ltd
Copyright do texto © 2013 Judy Hall
Copyright da edição brasileira © 2015 Editora Pensamento-Cultrix Ltda.

Publicado pela primeira vez na Grã-Bretanha em 2013 sob o título Crystal Bible volume 3 por Godsfield Books, uma divisão da Octopus Publishing Group, Carmelite House, 50 Victoria Embankment, London EC4Y 0DZ.

1ª edição 2015.
4ª reimpressão 2022.

Todos os direitos reservados. Nenhuma parte deste livro pode ser reproduzida ou usada de qualquer forma ou por qualquer meio, eletrônico ou mecânico, inclusive fotocópias, gravações ou sistema de armazenamento em banco de dados, sem permissão por escrito, exceto nos casos de trechos curtos citados em resenhas críticas ou artigos de revistas.

A Editora Pensamento não se responsabiliza por eventuais mudanças ocorridas nos endereços convencionais ou eletrônicos citados neste livro.

Editoração Eletrônica: Join Bureau
Revisão: Maria Aparecida A. Salmeron

NOTA: O asterisco (*) depois de uma palavra ou expressão indica que ela consta no Glossário deste livro (ver páginas 378-383), no qual é explicada em detalhes.

Advertência: As informações contidas neste livro não pretendem substituir o tratamento médico nem podem ser usadas como base para um diagnóstico. As propriedades terapêuticas apresentadas servem apenas como uma orientação e, em sua maior parte, baseiam-se em relatos de casos e/ou uso terapêutico tradicional. Se você tiver alguma dúvida sobre o uso das pedras, consulte um especialista em cura por meio de cristais. No contexto deste livro, a doença é uma indisposição*, a manifestação final de estresse ou desequilíbrio espiritual, ambiental, psicológico, kármico, emocional ou mental. A cura significa recuperar o equilíbrio da mente, do corpo e do espírito e facilitar a evolução da alma; não impli-ca a cura da doença. De acordo com o consenso relativo à cura pelos cristais, todas as pedras são chamadas de cristais, quer tenham ou não uma estrutura cristalina.

Dados Internacionais de Catalogação na Publicação (CIP)
(Câmara Brasileira do Livro)

Hall, Judy
    A Bíblia dos cristais, volume 3 : mais de 250 pedras recém-descobertas para ajudar você na cura e na alquimia espiritual / Judy Hall ; tradução Denise de C. Rocha Delela. – 1. ed. – São Paulo : Pensamento, 2015.

    Título original : The crystal bible volume 3.
    ISBN 978-85-315-1886-7

    1. Cristais – Uso terapêutico 2. Gemas – Uso terapêutico 3. Pedras preciosas – Uso terapêutico I: Título.

14-08260   CDD-133.2548

Índices para catálogo sistemático:
1. Cristais : Uso terapêutico : Esoterismo   133.2548

Direitos de tradução para o Brasil adquiridos com exclusividade pela
EDITORA PENSAMENTO-CULTRIX LTDA., que se reserva a
propriedade literária desta tradução.
Rua Dr. Mário Vicente, 368 — 04270-000 — São Paulo, SP
Fone: (11) 2066-9000
http://www.editoracultrix.com.br
E-mail: atendimento@editoracultrix.com.br
Foi feito o depósito legal.

SUMÁRIO

GUIA DE REFERÊNCIA DOS CRISTAIS	6
INOVAÇÕES EM MATÉRIA DE CRISTAIS	10
SERES CRISTALINOS	12
A estrutura dos cristais	14
Cristais de alta vibração	18
Explore o potencial dos cristais	20
Os crânios de cristal	22
Construções em pedra	28
As pedras de Madagascar	32
LISTA DE CRISTAIS	**34**
GUIA DE REFERÊNCIA RÁPIDA	360
Como despertar os cristais	362
Anatomia do corpo físico e dos corpos sutis	364
Associações com os chakras	366
Os chakras "Novos"	370
Gradeamentos para a cura	374
Como fazer uma essência de pedras	377
GLOSSÁRIO	378
ÍNDICE	384
INFORMAÇÕES ÚTEIS	400

GUIA DE REFERÊNCIA DOS CRISTAIS

A

Adulária	203
Afeganita	36
Ágata Fóssil do Vento	40
Ágata Monte Hay	340
Ágata Sagrada Azul	38
Agente de Cura Dourado Drusiforme	277
Agentes de Cura Dourado e Prata	278
Agnitita	258
Alabastro	87
Ametista Ameclorita	42
Ametista Canadense com Capa Vermelha	43
Ametista Capa de Cristal	45
Anandalita®	262
Andaluzita	47
Andara Glass	49
Angelinita	53
Angelita Lavanda (Anidrita)	184
Anglesita	54
Antofilita	55
Arenito	312
Arenito Opalizado	312
Arfvedsonita	57
Arsenopirita	58
Astralina®	59
Auralita 23®	44
Auricalcita	61
Auripigmento	303
Axinita	62
Azeztulita com Morganita	67
Azeztulita Santa Rosa	66
Azeztulita	63
Azeztulita Ouro do Himalaia	65

B

Basalto	71
Bastita	128
Bastnasita	73
Benitoíta	75
Berilonita	77
Biotita	78
Bismuto	79
Boii Stone	92
Bowenita (o Novo Jade)	161
Brochantita	84
Brookita	85
Brucita	86
Budd Stone	160

C

Calcantita	106
Calcário	109
Calcário Oolítico e Crinoidal	212
Calcedônia com Apofilita	108
Calcita Ajo Azul	88
Calcita Aquatina® Lemuriana	93
Calcita Asa dos Anjos	91
Calcita com Ametista e Geotita	90
Calcita com Coquimbita	107
Calcita Fantasma	98
Calcita Ísis	92
Calcita Merkabita	96
Calcita Orquídea	95
Carolita	99
Catlinita	100
Celadonita Fantasma	268
Celestobarita Revestida de Calcita	103
Cervanita	105

GUIA DE REFERÊNCIA DOS CRISTAIS

Clinohumita	114
Clinohumita e Cromita na Calcita	115
Columbita	337
Coprolita	116
Coracalcita Dourada®	144
Covelita Arco-Íris	302
Criolita	118
Crisótilo na Serpentina	112
Cumberlandita	120
Cuprita com Crisocola (Nascer do Sol de Sonora)	122

D

Dianita	124
Diásporo	126
Diopsídio Cromo	110

E

Eclogito	131
Enstatita com Diopsídio	111
Eosforita	132
Escolecita	318
Escriba Sagrado (Lemuriano Russo)	290
Esfeno	343
Esteatita	327
Estichtita com Serpentina	329
Estromatolita	332
Estroncianita	334
Euclásio Azul	81

F

Feldspato Rúnico	148
Fenacita na Fluorita	234
Flogopita	235
Fluorapatita	133
Fluorelestadita	134
Fogo e Gelo	271
Folocomita	236
Fosfossiderita	237

G

Gabro	135
Gabro com Pedra da Lua	204
Gabro com Pirita	137
Gabro Índigo	137
Galaxita	138
Glaucofânio	140
Glendonita	142
Granada no Piroxênio	139
Granada no Quartzo	274
Granito: Assuã Cor-de-Rosa/ Texano/Indiano	149
Greensand	152

H

Hausmanita	155
Hilulita	156
Hubnerita	157

I/J/K

Ilmenita	158
Jade Africano	160
Jamesonita	162
Jaspe Azul Oceânico	169
Jaspe Bruneau	357
Jaspe Chohua	163
Jaspe Cinábrio	165
Jaspe Concha	172
Jaspe Folha Prateada	171
Jaspe Kambaba	167
Jaspe Mamangaba	170
Jaspe Pintado	164
Jaspe Policromo	166
Jaspe Sedimentar Marinho	164
Jaspe Trummer	173
Keyiapo	174
Kianita Laranja	226
Kimberlita	177
Kinoíta	178

Klinoptilolita	179	Obsidiana Esplendor		Pedra da Lua Preta	202
Korrnerupina	181	Mogno	208	Pedra da Lua Roxa	204
Kunzita Rutilada	311	Obsidiana Fogo	207	Pedra da Profecia	248
Kutnohorita	175	Obsidiana Teia de		Pedra da	
		Aranha	208	Solidariedade	249

L

Labradorita Andesina	52	Oceanita (Ônix Azul)	211	Pedra da Vida	248
Larvikita	182	Opala Azul Owyhee	224	Pedra de Sedona	320
Lazurina Cor-de-Rosa	238	Opala da Etiópia	214	Pedra do Cachimbo	100
Lazurita	37	Opala Honduras	220	Pedra do Dr. Liesegang	357
Linarita	185	Opala Lavanda	218	Pedra do Dragão	128
Llanita	301	Opala Mel	217	Pedra do Eclipse	129
Lodolita	279	Opala Monte Shasta	222	Pedra do Santuário	292
Lorenzita	186	Opala Ouro da		Pedra do Sol	
		Lemúria®	219	Cor-de-Rosa	240

M

Madagascar Dedo	283	Opala Verde	225	Pedra dos Sonhos	331
Madeira Amendoim	233	Opala Verde da		Pedra Guardiã	154
Madeira Petrificada	231	Macedônia	221	Pedra de Machu	
Maianita Arco-íris	287	Ortoclase Feldspato	203	Picchu	187
Malachola	189	Osso de Dinossauro	117	Pedra Madalena	188
Mangano Vesuvianita	190	Ouro no Quartzo	275	Pedra Maravilha	357
Marialita	194	Ovo de Trovão	340	Pedra Nevasca®	136
Mármore	191			Pedra Picasso	193
Maw Sit Sit	195			Pedra Z	359

P

Merlinita Mística®	137	Pargasita	228	Pentagonita	229
Mohawkita	198	Pedra Amuleto		Perumar®	230
Monazita	200	Uluru	348	Piemontita	286
Montebrasita	201	Pedra Boli	83	Pirita com Esfalerita	253
Mtrolita	205			Pirita Iridescente do Sol	251

N/O

				Pirita na Magnesita	252
Nascer do Sol de Sonora	122			Pirita no Quartzo	253
Nunderita	209			Pirita Pele de Cobra	251
				Pirita Pena	250
				Piromorfita	255

Piroxmangita	256	
Plancheíta	241	
Poldervarita	242	
Polucita	244	
Porfirita	245	
Pórfiro	192	
Prehnita com Inclusões de Epídoto	247	

Q/R

Quartzo Agente de Cura Ouro	276
Quartzo Agnitita	258
Quartzo Ajo	260
Quartzo Ametista de Madagascar Enfumaçado	280
Quarzo Arco-íris	271
Quartzo Aura Champanhe	269
Quartzo Aurora (Anandalita)	262
Quartzo Celadonita Fantasma	268
Quartzo com Granada	274
Quartzo com Ouro	275
Quartzo Damasco (Papaia)	265
Quartzo de Madagascar Enevoado	282
Quartzo Dia e Noite	267
Quartzo do Dragão	128
Quartzo Enfumaçado com Egirina	281
Quartzo Enfumaçado Gráfico no Feldspato	147
Quartzo Epifania	267
Quartzo Fogo e Gelo	271
Quartzo Lavanda Rubi	238
Quartzo Messina	284
Quartzo Moldava®	285
Quartzo no Enxofre	293
Quartzo Olho de Gato	266
Quartzo Papaia	265
Quartzo Trigônico	296
Que Será	299
Ramsayíta	186
Realgar com Auripigmento	303
Renierita	304
Rhodozaz	66
Richterita	308
Riebeckita com Sugilita e Bustamita	307
Rodozita	305
Rodozita no Feldspato	306
Roselita	310
Rosofia®	63
Rubi na Pedra da Lua	204
Rubi no Granito	151

S

Schalenblende	313
Scheelita	315
Selenita Dourada	145
Serpentina na Obsidiana	321
Shungita	323
Siderita	159
Silimanita	326
Sunset Gold	145

T

Tangerosa	294
Tantalita	335
Terraluminita	338
Thompsonita	339
Tinguaíta	342
Titanita	343
Topázio Azótico	69
Torbernita	345
Tremolita	346
Turmalina Uvita na Magnesita	350
Turquesa Mojave	196
Turquesa Navajo	197

U/V

Valentinita com Estibnita	351
Victorita	352
Violane	125
Voegesita	354
Vulcanita	299

W/Y/Z

Winchita	356
Xenotina	358
Zebradorita	147
Zultanita	126

INOVAÇÕES EM MATÉRIA DE CRISTAIS

De acordo com a tradição esotérica ocidental, a Terra produz todos os cristais de que precisamos. E mais de 250 deles chamaram a minha atenção nos anos que se passaram desde que escrevi A Bíblia dos Cristais 2. Todo mês novos cristais surgem no mercado. Alguns são combinações únicas de cristais já conhecidos, outros são pedras totalmente novas. Certos cristais causaram enormes controvérsias. Alguns são abundantes; outros, raros e difíceis de encontrar. É uma vantagem conhecer o efeito que exerce aquele que você usa como peça de joalheria, assim como saber como aplicar os cristais para a cura pessoal, ambiental ou multidimensional, ou para promover uma alquimia espiritual.

Pedra do Eclipse

A nova geração de pedras esotéricas tem uma vibração extremamente alta, mas alguns desses cristais podem ter um efeito diferente ou quase nulo sobre você, visto que cada corpo físico tem ressonâncias energéticas diferentes. Neste livro, você vai encontrar aqueles que ressoam com a sua energia, além de pedras mais afeitas à ancoragem, próprias para equilibrar as energias ou proteger você, à medida que assimila novas frequências.

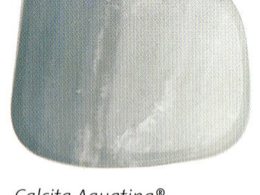

Calcita Aquatina® Lemuriana

Não existe uma maneira certa de usar essas novas pedras ou um efeito específico que você possa esperar delas. Só a maneira que seja a certa para você e a expe-

Galaxita

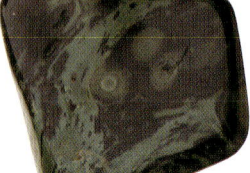

Jaspe Kambaba

INOVAÇÕES EM MATÉRIA DE CRISTAIS

riência mais adequada ao seu caso. Alguns cristais chamarão mais a sua atenção, e é justamente com esses que você deve começar. Tenha em mente que o cristal maior não é necessariamente o melhor, nem o mais bonito é o mais poderoso. Incisões empáticas* podem não ser bonitas, mas conferem mais poder a um cristal. Esses novos cristais encerram grande poder até mesmo em pedras pequenas. Não tenha pressa ao escolher um; toque cada um deles, seguindo a ressonância intuitiva do seu coração. Você saberá quando encontrar o cristal certo.

Que Será

A Lista de Cristais (ver pp. 34-359) descreve as propriedades de cada um dos cristais, mas você perceberá outras à medida que trabalhar com eles. O conhecimento dessas propriedades o ajudará a extrair o melhor dessas pedras para expandir a sua consciência, aumentar seu nível de energia, proteger o seu ambiente, abrir seus chakras* e meridianos* de energia sutil e facilitar suas jornadas pelos mundos multi e interdimensionais que nos cercam. Este livro apresenta pedras raras cujas propriedades esotéricas não estão descritas em outros lugares. Nas últimas páginas você encontrará um Guia de Referência Rápida. O Glossário explica os termos desconhecidos marcados com um asterisco ao longo do livro. Também foi incluído um Índice Remissivo para ajudá-lo a localizar a pedra que você precisa.

Pedra da Vida

Além dos chakras tradicionais, outros estão se abrindo para facilitar a assimilação dessas novas energias, e você encontrará informações sobre eles nas páginas 364-372.

Tantalita

Maianita Arco-Íris

SERES CRISTALINOS

Os cristais têm vida graças a um campo de consciência unificado que conecta todos eles, onde quer que estejam. Desde tempos imemoriais, a consciência desse campo e das propriedades de cura dessas pedras faz parte das tradições esotéricas. Esse conhecimento foi caindo em desuso ao longo das eras, mas nunca desapareceu por completo. Os livros medievais sobre cristais (os lapidários) ainda podem ser encontrados se você souber onde procurar, assim como as chamadas sobrealmas* cristalinas.

Graças ao interesse atual pelos métodos de cura alternativos e pela expansão da consciência, as pessoas estão novamente buscando o contato com essas sobrealmas, que são seres imensos, capazes de promover o despertar espiritual individual e coletivo. Quanto mais entramos em sintonia com as nossas próprias vibrações, expandimos a nossa consciência e interagimos com dimensões superiores, mais informações codificadas nos cristais são reveladas. Cristais de vibrações mais elevadas ressoam com a jornada da nossa alma e com o processo de iluminação, literalmente infundindo luz aos nossos corpos espiritual e físico e nos lembrando de que, como disse um nativo norte-americano,

"Fazemos parte da terra e a terra faz parte de nós". — CACIQUE SEATTLE

A ESTRUTURA DOS CRISTAIS

Toda energia precisa de uma estrutura na qual possa ser contida e exercer as suas funções, seja ela uma onda, uma partícula, uma frequência ou amplitude, uma matriz* física, uma estrutura sutil dentro da mente ou dos corpos energéticos ou uma grade (ver p. 374). Os cristais e suas matrizes cristalinas proporcionam de modo natural uma estrutura que gera energia e possibilita que essa energia se ancore. Mas, assim como os corpos* físico e sutil, os cristais podem acumular padrões nocivos ou energias negativas, por isso precisam ser purificados regularmente, e as estruturas energéticas precisam ser desenergizadas* e recarregadas com energias mais positivas.

FREQUÊNCIAS ALTAS E BAIXAS

Os cristais têm uma frequência mensurável, que tanto pode ser baixa e mais densa, extremamente alta ou as duas coisas. O efeito de um cristal depende do modo como suas vibrações interagem com as vibrações da pessoa que o usa. Pesquisas mostram que pessoas em estado de frequência vibracional mais baixa são ligadas e apegadas ao seu ego, às suas emoções e ao mundo material. Esses estados de vibrações baixas estão relacionados a processos biológicos e fisiológicos e à sobrevivência. As situações de vibrações mais altas são caracterizadas por um saber transcendente, uma criatividade ampliada e uma consciência mística. Elas estão ligadas à mente superior e à Inteligência Divina, abrangem o Tudo O Que É* e promovem a expansão da consciência. Na maioria das pessoas, existe um *continuum* vibracional com picos de atividade ao longo do espectro. O ideal é ter uma combinação das duas coisas: energia ancorada na terra e consciência vibracional. É justamente aí que entram os cristais.

Se você não estiver ancorado no plano terreno, nada do que acontece graças à sua consciência expandida tem relevância na vida cotidiana. Pessoas assim são distraídas e aéreas, e podem acabar sofrendo de indisposições* físicas. A energia mais ligada à sobrevivência em geral está

A ESTRUTURA DOS CRISTAIS

localizada nos pés e na parte inferior do tronco, além de estar ancorada ao chakra da Estrela da Terra. A energia mais ligada à vida espiritual está situada na parte superior do tronco e na cabeça, onde ela é irradiada para o chakra da Coroa. Quando ambas estão presentes, a energia circula numa espécie de *looping* infinito. Se estiver ancorado e ao mesmo tempo operando em alta frequência, você conseguirá pôr em prática suas ideias intuitivas e fazer trocas energéticas apropriadas. Os cristais promovem uma transição suave entre as vibrações altas e baixas, além de aliviarem os efeitos das "mudanças de fase", quando a amplitude ou poder de uma vibração aumenta ou diminui repentinamente.

O campo de energia da consciência de um cristal Madeira Petrificada.

A ESTRUTURA DOS CRISTAIS

AS ONDAS BIOESCALARES

As ondas bioescalares* são uma das descobertas mais intrigantes do campo da cura. Muitos cristais novos, como a Anandalita® e a Maianita Arco-Íris, contêm uma grande concentração de energia bioescalar. É provável que todos os cristais de cura tenham essa energia em sua matriz, e que a estrutura cristalina de fato produza esse tipo de energia. Uma onda bioescalar é uma energia estável produzida quando dois campos eletromagnéticos provenientes de ângulos diferentes interagem e se neutralizam mutuamente, gerando um campo de energia estática ou estacionária. Segundo pesquisas, essas ondas bioescalares beneficiam as membranas das células, ativando suas funções genéticas mais benéficas e desativando os padrões nocivos codificados no DNA ancestral.

O eletromagnetismo se propaga em ondas e pode ser mensurado por aparelhos, ao passo que a energia bioescalar é estacionária e, portanto, não pode ser medida pela aparelhagem de hoje, embora haja evidências de que ela tenha efeitos consideráveis e benéficos sobre o organismo humano. Segundo estudos, a energia bioescalar é encontrada, no nível microscópico, no núcleo do átomo ou de uma célula, e cria uma fonte bioenergética, ma-

A disposição dos cristais em grade cria uma matriz na qual a energia é ancorada ou a partir da qual ela se manifesta.

A ESTRUTURA DOS CRISTAIS

trizes celulares e outros processos fisiológicos. Esse conceito está ligado à descoberta de que as paredes das células contêm uma membrana de proteína que reage a sinais energéticos do ambiente externo ou interno, desencadeando ou inibindo potenciais genéticos e processos químicos.

A energia bioescalar pode ser ativada por meio da atenção focada, para restaurar o equilíbrio ideal do campo energético e abrir uma possibilidade para a cura. (Note que neste livro, curar significa restabelecer o equilíbrio.) As ondas bioescalares influenciam diretamente os tecidos no nível microscópico, restabelecendo seu equilíbrio. Elas energizam a matriz extracelular do corpo e o protegem contra irradiações eletromagnéticas nocivas às células e aos tecidos. Essas ondas ativam os meridianos* e propiciam a cura do esquema etérico* na interface energética entre espírito e matéria. A cura acontece no nível esotérico e irradia para o corpo físico. Pesquisas mostram que as ondas bioescalares melhoram a circulação, reduzem a aglomeração de glóbulos brancos e vermelhos, aumentando a sua mobilidade e diminuindo os inchaços. Elas também favorecem o sistema imunológico e endócrino, estabilizam os processos químicos, fortalecem o campo biomagnético e aceleram a cura em todos os níveis. Também ajudam a liberar emoções reprimidas e pensamentos arraigados da estrutura celular, removendo a causa-raiz das doenças psicossomáticas* e propiciando a cura.

A estrutura interna ou o formato externo de um cristal cria, contém ou amplia um campo energético.

CRISTAIS DE ALTA VIBRAÇÃO

Para que a mente e o corpo fiquem bem,
É preciso começar curando a alma. – PLATÃO

Esses cristais vibram numa frequência pura e refinada que os conecta às realidades dimensionais superiores e à nossa essência espiritual, promovendo a cura multidimensional e a alquimia espiritual. Esses cristais de última geração que têm uma vibração elevada atuam no nível da alma e mais além, sem deixar de atuar também no nível molecular da experiência terrena, equilibrando corpo e alma. Eles transformam a matriz* celular – física e sutil –, preparando-a para receber um influxo de informações com uma nova frequência, depois de fazê-la abandonar padrões ultrapassados. No âmbito da cura da matriz anímica, os cristais corrigem ou reprogramam padrões nocivos. Muitas pedras de vibração elevada atuam num ritmo mais lento, promovendo a mudança no nível físico, mas algumas podem causar um efeito instantâneo no nível anímico e no esquema etérico*, acabando por causar impacto também no corpo físico. Esses cristais estimulam os chakras* superiores, como o Alta-Maior, o da Estrela da Alma e o do Portal Estelar, além de servirem de mediadores entre os sete chakras convencionais, abrindo espaço para as energias de frequência superior. O cristal de alta vibração só deve ser usado se as suas vibrações estiverem em sintonia com as do cristal. É importante concluir primeiro a cura psicológica e iniciar a jornada evolucionária antes de passar para o trabalho multidimensional. Nem todos os cristais de alta vibração estarão em sintonia com as suas vibrações, por isso é imprescindível encontrar pedras que se afinem com as suas energias pessoais. Se o cristal provocar um desafio de cura*, afaste-o e pegue uma

Mangano Vesuvianita

CRISTAIS DE ALTA VIBRAÇÃO

Pederneira, um Quartzo Enfumaçado ou uma Clorita, ou coloque uma das novas pedras de equilíbrio entre os pés, para estabilizar suas energias. Volte a usar o cristal quando tiver recalibrado suas vibrações ou escolha outro. Se você sentir uma forte aversão por um cristal de vibração elevada, deixe-o de lado e escolha outro, de um tipo diferente. Ele pode não ter a vibração certa para você ou pode estar afetando questões não resolvidas que precisarão ser trabalhadas antes que você possa se sintonizar com esse cristal. Use sua sensibilidade. Não se force a nada.

Terraluminita®

SINTONIZE-SE COM OS CRISTAIS DE ALTA VIBRAÇÃO
- Abra os chakras das Palmas abrindo e fechando as mãos rapidamente várias vezes, até sentir calor ou formigamento no local.
- Segure o cristal na mão, delicadamente, e sente-se em silêncio. Enquanto você entra em sintonia com o cristal, o seu corpo pode vibrar ou você pode ser instantaneamente transportado para outra dimensão energética, o que significa que ele o está afetando. Se nada acontecer, tente novamente mais tarde, quando as suas vibrações estiverem livres de toxicidade ou condicionamentos obsoletos.
- Quando tiver estabelecido contato com o cristal, peça para que ele lhe mostre como você pode trabalhar com ele para alcançar os melhores resultados. Ouça sua intuição para receber a resposta.

Maianita Arco-Íris

Rosofia® (Azeztulita)

EXPLORE O POTENCIAL DOS CRISTAIS

Todos os cristais têm um potencial ilimitado. Essas pedras esotéricas expandem sutilmente a consciência, seja pessoal, planetária ou multidimensional. Este livro apresenta algumas possibilidades, mas um cristal vai interagir com você de acordo com o seu potencial vibracional. Você só vai descobrir esse potencial quando investigar como, precisamente, os cristais atuam sobre você. Quanto mais sensível você se tornar à ressonância de um cristal e ao modo como ele interage com as suas frequências, maior se tornará o seu leque de possibilidades. Este exercício vai ajudá-lo a sintonizar as suas vibrações com as do cristal. Lembre-se de ficar atento a qualquer sensação, pensamento ou emoção que tiver durante a sintonização e a ativação dos chakras*, e também aos efeitos colaterais.

SINTONIZAÇÃO COM O CRISTAL
- Abra os chakras das palmas abrindo e fechando as mãos rapidamente várias vezes, até sentir calor ou formigamento no local.
- Sente-se em silêncio, segurando na mão um cristal limpo e dedicado (ver p. 362). Respire suavemente e relaxe, concentrando a atenção no cristal. Deixe clara a sua intenção de conhecer melhor esse cristal e sentir a energia dele.
- Contemple o cristal sem forçar os olhos. Observe seu formato, cor e tamanho. Trace com os olhos o seu contorno e suas crateras. Se ele tiver uma "janela", olhe dentro dela. Sinta o peso dele na sua mão. Sinta as vibrações da pedra e sua ressonância energética. Talvez você perceba a sua energia saltar ou formigar (como se você tivesse tomado um choque elétrico) ou desacelerar e pulsar quando estabelecer contato. Deixe a energia do cristal fluir pelos seus braços, até chegar ao seu coração e à sua mente, à medida que ele se revela a você. Repare se o cristal se conecta com alguma parte do seu corpo. Leve essa energia até os seus chakras e ao redor do seu corpo, fazendo uma pausa sobre órgãos ou

locais específicos, onde você possa sentir alguma dor ou sensação, e observe se há alguma reação no nível energético.
- Peça para a sobrealma cristalina* se mostrar a você.
- Quando acabar, largue o cristal e desfaça conscientemente a conexão com as energias dele. Leve a atenção aos seus pés e sinta-os em contato com o chão. Imagine uma bolha de proteção em torno de você. Registre por escrito os resultados.

A meditação com o seu cristal ajuda você a explorar o potencial e as propriedades dele.

OS CRÂNIOS DE CRISTAL

Os crânios se tornaram uma lenda no mundo dos cristais, e muitos mitos e práticas foram criados em torno deles. Muitos desses crânios de cristal ou pedra foram burilados; alguns são belos, outros assustadoramente feios. Dizem que os crânios mais antigos foram entalhados por povos ancestrais, para servir de receptáculo a conhecimentos esotéricos. Esses crânios são supostamente a morada de seres superiores e extraterrestres, detentores de profundos ensinamentos. Considera-se que alguns crânios tenham de cinco a trinta mil anos de idade, e sejam resquícios do excepcional poder mágico do antigo continente da Atlântida.

Por essa razão, os crânios adquiriram uma aura de magia e mistério muito maior do que qualquer outro artefato de cristal. Eles instigam a imaginação e são instrumentos fantásticos para promover a evolução pessoal e planetária, quando usados com a intenção certa e consciência metafísica. Mas, como acontece com todas as questões esotéricas e ligadas aos cristais, são necessários extremo bom senso e responsabilidade pessoal para interagir com esses crânios. Não há nenhuma garantia de que os seres que habitam dentro deles estejam necessariamente dispostos a agir em prol de um bem maior ou sejam o que aparentam ser. Eles podem causar enganos e decepções, assim como proporcionar uma profunda orientação espiritual. A verdade muitas vezes não está nos fatos, mas na mente de quem os possui. É disso que tratam a mitologia e o poder da crença.

Não há, porém, como negar as qualidades fascinantes dos crânios de cristal e o impacto que eles exercem sobre a evolução espiritual do ser

Os crânios de cristal são entalhados a partir de vários materiais diferentes.

Este crânio é um mestre de cura cristalino que detém um vasto conhecimento sobre o nosso planeta e sobre as mudanças pelas quais ele está passando.

humano. A primeira vez que pude contemplar um deles foi em 1976, em Londres, no Museu da Humanidade – uma experiência inesquecível! Fiquei parada, em transe, na frente dele durante duas horas, enquanto vislumbrava um passado distante. No entanto só consegui comprar o meu primeiro crânio 35 anos depois. Agora eu tenho um grupo de discussão sempre em expansão, que me apresenta informações sobre como enfrentar com desenvoltura as mudanças energéticas pelas quais estamos passando, e que me ajuda a mudar a minha própria frequência vibracional e a fazer viagens astrais* pelas multidimensões. Excelentes focos de meditação e *kything**, eles nos ajudam a nos comunicar com outros crânios ao redor do mundo.

A LENDA DOS TREZE CRÂNIOS

Um mito mesoamericano proveniente das civilizações maia e asteca remete a treze crânios de cristal pertencentes à Deusa da Morte. Conhecidos como "as mães e os pais da sabedoria", eles foram entalhados de uma única peça de cristal e tinham mandíbulas móveis. Em vez de simbolizar a morte, como os crânios do mundo moderno, esses refletiam a

OS CRÂNIOS DE CRISTAL

Treze crânios de cristal em conclave.

visão de que a morte era só uma passagem para outra dimensão. Por meio da morte, o espírito se reunia aos seus ancestrais, enquanto o corpo voltava a fertilizar a Mãe Terra. De acordo com um professor mesoamericano contemporâneo, os antigos crânios não só eram repositórios de sabedoria oculta, mas tinham o dom da telepatia e da cura.

Cada crânio foi mantido num lugar sagrado diferente, sob a proteção de sacerdotes guardiões. Em outras versões da lenda, porém, esses crânios são na verdade os treze crânios principais de um conjunto de 52, espalhados pelo mundo. O povo cherokee tem outra lenda semelhante, segundo a qual cada crânio pertence a um dos doze planetas habitados do Cosmos, sendo que o décimo terceiro serve como uma ponte para esses diferentes mundos.

Hoje acredita-se que esses crânios antigos estejam destinados a emergir dos seus esconderijos para compartilhar sua sabedoria, depois que a humanidade evoluir suficientemente para entender suas implicações espirituais. Nesse ínterim, guardiões com o devido treinamento e sensibilidade comunicam-se com os crânios e transmitem suas mensagens para auxiliar a evolução da humanidade. Mas você também pode interagir com os crânios de cristal modernos e receber deles profundas lições.

O CRÂNIO DE MITCHELL HEDGES

Talvez o mais conhecido e controvertido de todos os crânios seja aquele supostamente encontrado pela falecida Anna Mitchell Hedges, numa escavação na América Central feita pelo seu pai arqueólogo. Segundo ela, no dia do seu aniversário de 17 anos, em abril de 1927, ela descobriu sob as ruínas de um altar um crânio de cristal em que faltava a mandíbula inferior. A mandíbula acabou sendo encontrada perto dali e se encaixou perfeitamente, pois as duas partes tinham sido feitas de um único bloco de Quartzo.

Anna Mitchell Hedges guardou até a morte aquele que veio a ser conhecido como o crânio de Lubaantun: O Lugar das Pedras Caídas. Há indícios, porém, de que seu pai comprou o crânio num leilão da Sotheby's, em Londres, em 1943. As opiniões variam e há muitas controvérsias sobre o crânio ser falso ou um autêntico artefato antigo. Isso não parece ter importância. O crânio ganhou vida por si próprio. Há relatos de que ele fala, tem uma aura discernível em torno de si e mostra imagens do passado, do presente e do futuro. O mesmo pode-se dizer de cristais semelhantes, que abriram uma rede energética capaz de atuar como uma internet de estrutura cristalina. Esses crânios estão comunicando a pessoas ao redor do mundo todo a necessidade de reverenciarmos a Mãe Terra.

ACESSE O SEU CRÂNIO DE CRISTAL

Se você tem um crânio de cristal e ele ainda não começou a se comunicar com você, ative-o sintonizando a sua energia à frequência vibracional dele.

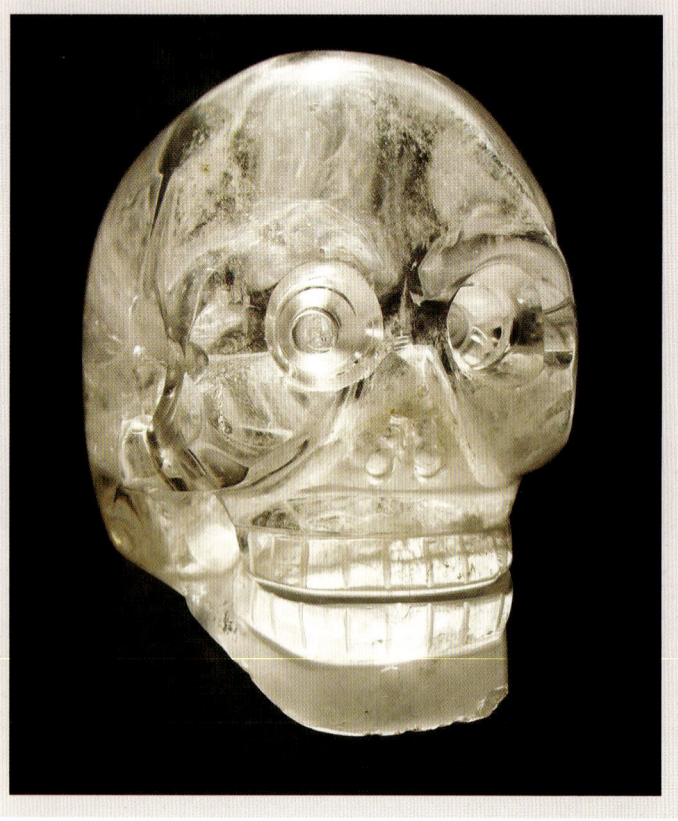

1 Primeiro purifique o seu crânio. *Como todos os cristais, os crânios absorvem a energia e as crenças de todos que os manipulam. Se houver de fato um ser superior dentro do crânio, a limpeza não vai prejudicar o contato. Se o ser que o habita é de natureza inferior, as informações que você recebe não terão muito valor. Portanto, mergulhe o crânio em água salgada ou em água corrente (a menos que ele seja delicado ou quebradiço; nesse caso deixe-o dentro de uma vasilha cheia de arroz integral da noite para o dia). Se o seu crânio precisar ser energizado, coloque-o sob a luz do sol.*

2 Convide seu crânio a se reativar. *Coloque cada uma das mãos de cada lado do crânio, e, se tiver a sensação de que ele está "vazio", convide um ser iluminado a fazer dele sua morada e se comunicar com você. Se o crânio parecer "ocupado", convide o ser dentro dele a despertar e a se apresentar a você.*

3 Entre em sintonia com o crânio. *Coloque o crânio na sua frente, de preferência no nível dos olhos. Olhe, sem forçar a vista, para as órbitas vazias e peça para que ele se comunique com você, numa linguagem que você compreenda. Observe qualquer sensação em volta da cabeça, como um zumbido ou formigamento. Fique atento a pensamentos ou imagens que lhe ocorrerem espontaneamente.*

4 Kything.* *Se o seu crânio for de cristal transparente, olhe para ele e veja se consegue distinguir imagens ou receber alguma mensagem. Se ele for opaco, coloque as mãos sobre ele e procure ver imagens com o seu olho da mente ou ouvir com o seu ouvido interior. Sempre peça para que todas as comunicações sejam pelo bem maior de todos.*

À esquerda: crânio de cristal do século XIX, no Musée du quai Branly, Paris.

CONSTRUÇÕES EM PEDRA

Durante milhares de anos, os seres humanos usaram todos os materiais de construção que tinham ao seu alcance, mas a pedra foi de longe o mais utilizado. Para os antigos, ela era permanente, imutável e incorruptível, além de remeter ao início dos tempos em contraste direto com a fragilidade da vida humana. Ela era considerada um deus primitivo manifesto na matéria, o que significava que, embora a arquitetura primitiva e nativa se constituísse basicamente de pedras da própria região, certas rochas foram transportadas por centenas de quilômetros para honrar ou representar os deuses de lugares sagrados. Essas rochas criaram uma interface* entre os mundos visível e divino.

CONSTRUÇÕES EM PEDRA

Porém, a geologia subjacente exerce um efeito energético sobre os habitantes da superfície. Em algumas partes do mundo, as pedras se espalham por toda a superfície; em outras, elas são encontradas apenas em pontos isolados. Na Inglaterra, morar numa casa de granito na Cornualha, por exemplo, é, do ponto de vista energético, diferente de morar numa casa de pederneira no terreno calcário de East Dorset ou numa casa de arenito no terreno argiloso de West Dorset; no entanto, todos esses terrenos ficam num raio de centenas de quilômetros. O granito é uma pedra altamente ressonante que amplia e transmite energias geomagnéticas. Ela é extremamente durável e ancorada na terra, além de

As "pedras azuis" de Stonehenge foram transportadas por milhares de quilômetros, desde o País de Gales, para fazer parte de um dos sítios sagrados mais icônicos do planeta.

resistir a mudanças. Algumas pessoas acham-na "pesada". O arenito permite que as energias fluam através dele, o que o torna um estímulo para a adaptação – porém, embaixo dele em geral há uma lama pegajosa, o que faz com que a energia possa ficar estagnada sob a superfície. Os recursos podem se consumir pouco a pouco. A combinação de pederneira e pedra-sabão atua como uma bateria de ancoramento e energização para o trabalho metafísico e de transformação.

Se a rocha se formou rapidamente – como no caso da rocha vulcânica, por exemplo –, originou-se de criaturas vivas, erodiu e depois se sedimentou lentamente ou foi submetida a enormes pressões, isso causa um efeito sobre nós, caso moremos numa casa construída com ela ou numa região em que ela seja abundante.

ROCHAS ÍGNEAS
Criadas em consequência da tensão da terra, as rochas ígneas, como o Granito, o Gabro e o Basalto, são formadas a partir de magma que derreteu depois de ser expelido para a crosta do planeta. Material primário da criação, elas são algumas das rochas mais antigas da Terra, embora o processo pelo qual se formaram ocorra até os dias de hoje. Essas rochas estimulam os anseios espirituais da humanidade e o crescimento e desenvolvimento pessoais. Tais pedras plutônicas ajudam no processo de apoptose, a morte celular que possibilita o ciclo de regeneração das células. Elas têm um grande poder terapêutico, com sua vibração protetora e eficiente no ancoramento, que estimula a evolução, embora tenham um humor* sisudo e melancólico. Por terem se submetido a condições extremamente severas e estressantes durante sua própria evolução, elas são uma companhia estável durante os períodos de mudança.

ROCHAS SEDIMENTARES
Rochas sedimentares como o Calcário, a Greda, a Pederneira e o Arenito são rochas secundárias, criadas a partir de partículas sedimentadas ao longo das eras. Muitas dessas rochas são remanescentes de criaturas marinhas ou de rochas que passaram pelo processo de erosão e se regeneraram. Essas rochas fluidas e transmutadas têm enormes reservas de

paciência, pois elas já viram de tudo durante sua vida incrivelmente longa e sabem que uma coisa se forma a partir de outra e algo tem que morrer para que outra coisa possa nascer. As rochas sedimentares, pois, lidam com questões de sobrevivência, adaptação e com os estágios da vida necessários para se adquirir maturidade. Além disso, elas têm um humor otimista e esperançoso. Elas vão ajudar você a entender o ciclo extraordinariamente longo da jornada da alma e a retirar as camadas que recobrem o seu verdadeiro eu.

ROCHAS METAMÓRFICAS

Modificadas pelo calor, pela pressão e por processos químicos, as rochas metamórficas como o Mármore sofreram transformações enquanto estavam profundamente enterradas sob a superfície da Terra. A natureza da rocha foi polida, refinada e dramaticamente alterada. As rochas metamórficas ajudam você a encontrar estratégias de sobrevivência e maneiras de lidar com o estresse constante. Elas têm um humor pragmático e fleumático. Muitos dos cristais de cura mais energéticos foram formados por processos metamórficos.

O Mármore passou por enormes transformações químicas em sua metamorfose.

AS PEDRAS DE MADAGASCAR

Madagascar é uma enorme ilha na costa africana que, segundo dizem, é uma das colônias originais da Lemúria, uma antiga civilização que precedeu a Atlântida. Muitos dos cristais especializados de Madagascar foram supostamente programados com o conhecimento daquela época, e o Quartzo de Madagascar propicia a cura de vidas passadas relativa a questões que remontam à Atlântida e à Lemúria, e traz à tona esse conhecimento. Alguns dos cristais mais extraordinários e poderosos do mundo, como o Jaspe Oceânico, o delicado Quartzo Celestial ou Vela, ou a fabulosa Labradorita, são originários de Madagascar. No entanto, o resto do mundo pouco conhece sobre essa ilha e sua mineração. O veio do Jaspe Oceânico foi encontrado na maré baixa e dizem que já se esgotou; no entanto, segundo um negociante de cristais da região, outro veio parece ter sido descoberto a alguns metros do primeiro, no momento sob uma rocha, até que o mar desgaste sua cobertura e revele toda sua beleza.

Nos dias de hoje praticamente toda a produção de cristais em Madagascar está nas mãos dos chineses, um povo ávido por minerais e belos cristais. Mas ainda existem cristais extraídos manualmente e de maneira ética. Alguns Quartzos de Madagascar Enevoados são extremamente poderosos. Os Quartzos Enfumaçados Gráficos levam você a uma jornada multidimensional, ao mesmo tempo que o mantêm ancorado, possibilitando que você fique "lá" e "aqui" ao mesmo tempo.

Embora exista, em Madagascar, uma mineração que causa danos ao meio ambiente, por usar explosivos para extrair cristais como a Labradorita, há muitas famílias que praticam, em pequenos lotes de terra, uma mineração

Quartzo de Madagascar Enevoado

AS PEDRAS DE MADAGASCAR

ética no período entre a colheita do arroz e a semeadura de hortaliças. Os cristais são extraídos com as mãos de buracos e os negociantes têm que viajar durante vários dias, às vezes semanas, para coletá-los. A população de Madagascar apresenta uma espiritualidade muito ativa, com profundas crenças com relação à terra. Quando uma companhia mineradora quis ter acesso a um local sagrado, onde havia um veio de Labradorita com pedras particularmente azuis e brilhantes, os aldeões fizeram uma reunião e consultaram os espíritos, que permitiram a extração com uma condição: sem o uso de dinamite. Quando a companhia calculou os custos da extração manual, resolveu transferir o local da mineração para outra região, onde a qualidade não era tão alta, mas a terra não era considerada sagrada.

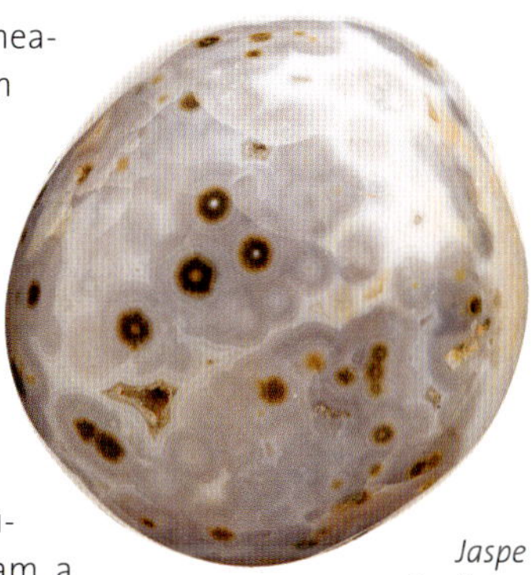

Jaspe Oceânico Azul

Jaspe Policromático

Quartzo Enfumaçado Gráfico (no Feldspato)

Quartzo Madagascar Dedo

LISTA DE CRISTAIS

Todos os dias novos cristais surgem no mercado: novas combinações oferecendo sinergias empolgantes, antigas combinações sendo redescobertas e tipos há muito conhecidos revelando novas propriedades. Os cristais, assim como os seres humanos, evoluem. Muitos se revelam sozinhos para nos ajudar a elevar nossas vibrações e a expandir a nossa consciência, descobrindo um novo jeito de viver neste planeta. Vários são "pedras da Nova Era" que têm um papel a desempenhar na nossa evolução espiritual.

    Certos cristais criam uma estrutura energética terrena na qual novas vibrações podem ancorar. Outros oferecem uma frequência mais alta e refinada, que facilita a cura nos níveis sutil e multidimensional. As vibrações do planeta estão mudando. Não é nenhuma surpresa que os cristais estejam acompanhando essas mudanças. Nesta lista você encontrará novos instrumentos e pedras esotéricas perfeitas para aficionados por cristais que queiram ir além do mundano, e cristais para iniciantes que estão dando os primeiros passos nesta empolgante jornada de exploração.

AFEGANITA

Bruta

COR	Azul, branco e combinações incolores
APARÊNCIA	Pedra opaca
RARIDADE	Rara
ORIGEM	Afeganistão

ATRIBUTOS Pedra de vibração elevada que intensifica a jornada multidimensional, a Afeganita facilita a lembrança das orientações de fontes superiores. Ela abre e alinha os chakras* do Terceiro Olho, do Soma, Alta-Maior, da Coroa, do Portal Estelar e da Estrela da Alma, possibilitando que a alma fique plenamente consciente em qualquer dimensão em que esteja. Esta pedra ajuda a interpretar os Arquivos Akáshicos* da jornada da alma na terra e em outros planos. Facilitando o resgate da alma* em sua busca por fragmentos fora do espaço-tempo planetário, ela ajuda a integrar a alma e o espírito.

LISTA DE CRISTAIS

A Afeganita estimula a comunicação dos pensamentos e sentimentos mais profundos, promovendo a empatia e o entendimento intuitivo do ponto de vista de outra pessoa. Excelente para facilitar a harmonia de um grupo, especialmente quando ele está disperso e precisa concentrar seu foco no seu propósito de união. A comunicação telepática é fortalecida, de modo que a mente grupal opere em uníssono.

A sobrealma cristalina* desta pedra deseja dissolver o gene de guerra decodificado no DNA humano e é particularmente eficaz quando combinada com o Quartzo Trigônico, como essência para disseminação nas águas do planeta. Gradeado num mapa, se necessário, propicia a paz e a reconciliação em áreas de conflitos étnicos ou antigas disputas territoriais. A Afeganita ajuda a resolver conflitos dentro da própria psique e ensina que a paz exterior só pode ser conquistada quando a paz interior está firmemente ancorada no cerne do ser. Depois que isso é alcançado, esta pedra ajuda na irradiação dessa paz para o mundo.

CURA A Afeganita pode ser útil no caso de dores de cabeça e enxaquecas decorrentes de bloqueios psíquicos.

POSIÇÃO Segure a pedra, posicione-a ou use-a no gradeamento conforme o caso. Borrife a essência em volta da cabeça. Coloque a essência ou a pedra em fontes de água.

PEDRA ADICIONAL
Lazurita O componente azul da Lápis-Lazúli e também da Afeganita, a Lazulita tem uma vibração alta que ativa as capacidades extrassensoriais e expande a consciência. Esta é uma pedra perfeita para viagens astrais* estelares ou multidimensionais, e pode levar você de volta para sua estrela natal. A Lazurita era usada como cosmético pelos antigos egípcios para prevenir enfermidades nos olhos.

Lazurita

LISTA DE CRISTAIS

ÁGATA: **SAGRADA AZUL**

Bruta

COR	Azul/violeta
APARÊNCIA	Pedra opaca, com pontas afiadas
RARIDADE	Rara
ORIGEM	Estados Unidos

ATRIBUTOS O azul etéreo da Ágata Sagrada estimula os chakras* da Coroa, conectando-os com os chakras do Coração e do Terceiro Olho, para aumentar a intuição e a visão espiritual. Ao abrir o chakra Alta-Maior, esta pedra ajuda a ancorar energias vibracionais superiores, de modo que elas possam ser aplicadas no mundo material.

Pedra que acalma e clareia a mente, a Ágata Sagrada ajuda você a reconhecer e liberar traumas e bloqueios emocionais profundamente arraigados, que fragmentaram sua psique no passado. Esta pedra facilita a conclusão rápida do processo de purificação da alma, que ajuda você a reconhecer as dádivas que acompanham todas as experiências. Use-a na escarificação das camadas externas do campo biomagnético*, para remover incrustações kármicas* e implantes ancestrais obsoletos ou de outra espécie. Depois que esse processo é concluído, a consciência se expande para abranger toda a amplitude da alma.

CURA Há vários relatos de que a Ágata Sagrada Azul ajuda a curar dores de cabeça, especialmente as resultantes da capacidade psíquica bloqueada, e aumenta ou estabiliza a função cerebral nos casos de demência e doenças degenerativas. Costuma ser usada para icterícia e doenças e distúrbios debilitantes do coração ou do fígado; sugerida como uma panaceia contra a febre tifoide.

POSIÇÃO Segure a pedra ou posicione-a conforme o caso. "Penteie" a aura com o cristal ou borrife a essência desta gema em torno da aura.

LISTA DE CRISTAIS

ÁGATA: FÓSSIL DO VENTO

Formada

COR	Cinza-preto-marrom e branco
APARÊNCIA	Pedra desgastada e com bandas
RARIDADE	Fácil de obter
ORIGEM	Estados Unidos (pode ser manufaturada)

ATRIBUTOS Ensinando que você é uma alma* encarnada eterna empreendendo uma jornada humana neste momento, a Ágata Fóssil do Vento parece ter ficado imersa na água e moldada pelas correntes; o vento esculpiu suas camadas, deixando a parte mais dura bem visível. Contendo os fogos da transmutação, ela ajuda brilhantemente no processo de purificação da alma, eliminando incrustações kármicas*, crenças e bagagem emocional de que a alma não precisa mais na sua jornada. O que permanece é o que a alma deve enfrentar e resolver antes de seguir adiante, e a resiliência e as forças kármicas que a alma desenvolveu ao longo das vidas. Mas a Ágata Fóssil do Vento também contém o poder do Karma da Graça, segundo o qual, quando já se trabalhou o suficiente, a alma pode se libertar das amarras do karma e seguir adiante.

Útil no trabalho de regressão a vidas passadas, a Ágata Fóssil do Vento destaca lições a serem aprendidas, dons que passaram despercebidos e promessas, situações e relacionamentos que precisam ser reformulados. A meditação com essa Ágata, especialmente sobre os chakras* das vidas passadas, atrás das orelhas, revela os contratos, pactos e promessas que a alma estabeleceu e agora devem ser deixados para trás, e aponta o caminho a seguir. Ela também realça as habilidades de sobrevivência aprendidas no passado, e mostra como aplicá-las no momento presente para criar um futuro brilhante no aqui e agora.

Esta pedra é útil durante situações traumáticas ou desafiadoras, em que a força e a resistência são necessárias para superar as situações sobre as quais a alma aparentemente não tem nenhum controle. Ela oferece a confiança necessária para esperarmos calmamente até o momento da mudança e a coragem para agir.

CURA A Ágata Fóssil do Vento pode ser benéfica para os ossos e os dentes; ela combate cistos, calos e incrustações na pele, como a psoríase. Do ponto de vista energético, auxilia em casos de osteoporose e artrite e pode aliviar a dor.

POSIÇÃO Segure a pedra, posicione-a ou use-a no gradeamento, conforme o caso.

AMETISTA: **AMECLORITA**

Pontas naturais

COR	Transparente, roxo e verde
APARÊNCIA	Ponta de cristal transparente com inclusões coloridas
RARIDADE	Rara
ORIGEM	Rússia, Brasil

ATRIBUTOS Uma combinação purificante de Ametista e Clorita, a Ameclorita é um desintoxicante altamente eficaz em muitos níveis. É particularmente útil para atrair suavemente para fora do campo biomagnético* bloqueios emocionais e implantes mentais, e para aliviar o estresse relacionado às indisposições*, infundindo luz de cura no local para evitar a recorrência. A Ameclorita abre o chakra do Terceiro Olho ou do Soma bloqueado e desintoxica energeticamente órgãos específicos.

CURA A Ameclorita pode ser útil para a produção de hormônios, para desintoxicar e estimular o sistema endócrino, metabólico e imunológico. Ela purifica energeticamente o sangue e estimula a proliferação de bactérias benéficas.

POSIÇÃO Segure a pedra, posicione-a ou use-a no gradeamento, conforme o caso.

LISTA DE CRISTAIS

AMETISTA: VERMELHA E CANADENSE COM CAPA VERMELHA

Ametista vermelha

Ametista vermelha canadense com capa vermelha rolada

COR	Vermelho-púrpura
APARÊNCIA	De transparente a opaca com inclusões e fantasmas visíveis
RARIDADE	Razoavelmente fácil de obter
ORIGEM	Canadá, Madagascar, Índia

ATRIBUTOS Portadora da sabedoria antiga, a Ametista Vermelha une céu e terra. Altamente protetora com seu revestimento de hematita, ela promove a ligação da alma* com a terra e ancora o corpo de luz*. Protege durante o trabalho metafísico, auxiliando a viagem astral*. Poderosamente energética, a Ametista Vermelha captura frequências altas e ancora-as no corpo físico através dos chakras* Alta-Maior e da Estrela da Terra. Extremamente protetora, auxilia durante a meditação e experiências fora do corpo. A Ametista Vermelha amplifica toda a atividade metafísica, aumentando a telepatia e a comunicação com guardiões espirituais. Se o trabalho com cristais de alta vibração ou o trabalho de ascensão é fisicamente desafiador, esta Ametista ajusta o seu corpo físico para aceitar a consciência expandida. Mantendo os seus pés firmes na terra, ela protege contra o egoísmo ou delírios espirituais.

Purificadora da aura, a Ametista Vermelha ajuda a combater a insônia provocada por sobrecarga psíquica ou poluição eletromagnética. Ela ajuda a verificar e liberar causas anímicas de dependência e obsessão, reformulando conexões espirituais e contratos kármicos*.

CURA A Ametista Vermelha, rica em hematita, é benéfica para o sangue e para os órgãos com grande fluxo sanguíneo, além de aliviar o estresse.

POSIÇÃO Posicione-a sobre os chakras do Terceiro Olho e do Soma e use-a no gradeamento conforme o caso.

PEDRA ADICIONAL

Auralita 23®: Extraída no Canadá e semelhante à Ametista Thunder Bay, a Auralita 23® é uma potente combinação sinérgica de diferentes minerais, incluindo a titanita, cacoxenita, lepidocrocita, ajoíta, a hematita, a magnetita, a pirita, a pirolusita, o ouro, a prata, a platina, o níquel, o cobre, o ferro, a limonita, a esfalerita, a covelita, a calcopirita, a gialita, o epídoto, a bornita, o rutilo e o quartzo enfumaçado, numa ametista. Equilibrando todos os chakras, a Auralita 23® tem um efeito sedativo sobre a mente, acalmando-a para que ocorra uma profunda cura e conexão consciente com dimensões superiores. Aprofunda a meditação e melhora habilidades metafísicas de todos os tipos. Este cristal é considerado uma ferramenta extremamente poderosa para a Nova Era, ampliando o efeito de todos os outros cristais de alta vibração e acelerando o desenvolvimento espiritual.

Auralita 23™

Ametista Thunder Bay

AMETISTA: **CAPA DE CRISTAL**

TAMBÉM CONHECIDA COMO CAPA DE NEVE

Bruta

COR	Lilás com cobertura branca
APARÊNCIA	Cristal de Ametista com incrustação drúsica branca
RARIDADE	Rara
ORIGEM	Brasil

ATRIBUTOS Com vibrações extremamente altas, a Ametista Capa de Cristal é excelente para abrir os chakras* da Coroa Superior e Alta-Maior e para ligar a pessoa com uma consciência expandida. A meditação com ela cria um túnel de luz para os reinos mais elevados e abre o chakra do Soma para trazê-lo de volta ao seu corpo quando a experiência estiver completa. Você mantém plena consciência de tudo o que viu e ouviu durante a viagem.

A Ametista Capa de Cristal ajuda a explorar a multiplicidade de formas que a vida abrange, não apenas a realidade física e material. Ela conecta você à imensidão da vida e à consciência, e o sintoniza com uma orientação mais profunda. Essa Ametista leva você a civilizações mais sutis que a nossa. Você se conecta à Lemúria e visita estrelas de outras galáxias e universos, trazendo de lá sabedoria e habilidades. Esta pedra o leva à origem do nosso universo e mais além, para que vivencie esse passado remoto.

Esta combinação aumenta as propriedades terapêuticas da Ametista, elevando a sua frequência e trabalhando principalmente do esquema etérico* para a dimensão física, de modo a curar indisposições* da alma e causas sutis de vícios, transtornos alimentares e distúrbios com base no cérebro. Ela tem um efeito profundo sobre a interação das esferas cerebrais, estimulando a integração das suas várias partes, e ativando neurotransmissores e novos caminhos neurais.

CURA A Ametista Capa de Cristal reduz o inchaço e os hematomas. Energeticamente, purifica o sangue, a linfa e os órgãos ricos em fluxo sanguíneo, como o fígado e o baço, e trata desordens celulares. Colocada sob o travesseiro, pode combater a insônia e, sob a nuca, alivia transtornos cognitivos e confusão mental.

POSIÇÃO Posicione a pedra ou segure-a como for mais apropriado, especialmente para tratar os chakras do Terceiro Olho e do Soma, ou borrife a essência em torno da aura.

ANDALUZITA

Facetada *Bruta*

COR	Branco azulado com amarelo e marrom alaranjado
APARÊNCIA	Cristal de translúcido a transparente com qualidade de gema
RARIDADE	Rara na forma de gema
ORIGEM	Espanha, Brasil, Sri Lanka, Áustria, Alemanha, Austrália, Canadá, Rússia, Suíça, Moçambique e Estados Unidos

ATRIBUTOS Apelidada de "a pedra do surrealismo", a Andaluzita pode atrair situações bizarras ou semelhantes a sonhos no mundo exterior, ou induzir sonhos para ajudar você a entender o significado mais profundo da sua vida. Se você estiver pronto para ouvir com a mente aberta, ela revela a sabedoria oculta em seu núcleo – e ensina você a se manter sereno e focado, mesmo que a experiência assuma um ar de pesadelo. Você precisa de um senso de humor sutil e uma identidade bem definida para trabalhar com a Andaluzita. Este é um cristal para se usar com todo cuidado, por um terapeuta especializado em receber e interpretar mensagens de cristais, mesmo se o humor parecer sombrio ou uma ilusão profunda estiver sendo projetada.

Uma forma da Quiastolita, a gema Andaluzita apresenta tricroísmo, ou seja, ela apresenta três cores diferentes, dependendo do ângulo, e polimorfismo (é uma combinação de Silimanita e Cianita) e por isso promove uma sinergia das qualidades de ambos os cristais. Suas alterações cromáticas são mais visíveis quando a pedra é multifacetada. Ela ajuda você a ver novas perspectivas e todas as possibilidades. Usada por um terapeuta experiente, a Andaluzita ajuda você a viajar através de uma paisagem interior que reflita o seu estado de espírito, de modo que as crenças e traumas profundamente arraigados sejam reformulados por meio do poder da imaginação. Ela estimula ideias, tanto para o doador quanto para o receptor no aconselhamento. A Andaluzita, debaixo do travesseiro, propicia sonhos profundamente reveladores.

Durante momentos de estresse ou trauma psicológico, a Andaluzita desacelera a situação para que você tenha tempo de avaliar tudo o que está ocorrendo nos diferentes níveis do seu ser. Ela permite que você reveja as situações como se fosse em câmera lenta, reparando em dicas importantes que do contrário não perceberia, e encontrando assim um caminho positivo e pacífico.

CURA Em vez de atuar fisicamente, a Andaluzita proporciona um tranquilo centro de equilíbrio no qual a alma estressada possa se recuperar.

POSIÇÃO Segure a pedra, posicione-a ou use-a no gradeamento, conforme o caso. Use como joia uma pedra facetada. Borrifar a essência em torno da aura, no ambiente ou na sala de terapia.

LISTA DE CRISTAIS

ANDARA GLASS

TAMBÉM CONHECIDA COMO VIDRO DE ANDARA

Andara Glass bruto, cor de lavanda

COR	Todas as cores do arco-íris
APARÊNCIA	Transparente como vidro
RARIDADE	Raro
ORIGEM	Norte da Califórnia (manufaturado, mas descrito como "vidro vulcânico" e supostamente também "encontrado" na Indonésia e na África do Sul)

ATRIBUTOS O Andara Glass não é um cristal no verdadeiro sentido da palavra. Poucos "cristais" geram tanta controvérsia quanto ele. As opiniões divergem e muito se fala a respeito dele. Algumas pessoas acreditam que ele seja a pedra filosofal, um mestre cura tudo, com uma vibração mais alta do que qualquer outro cristal já encontrado, e poderosas qualidades transformadoras que estimulam a canalização e o acesso à sabedoria universal, através da conexão com os níveis mais elevados de consciência. Para outros, ele não passa de sucata de vidro, recolhida de um monte de lixo. Depende de como suas frequências pessoais ressoam ou não com o Andara.

Dizem que o Andara Glass contém a matéria-prima dos antigos alquimistas, uma combinação de setenta minerais. Ele aparentemente foi encontrado por um xamã nativo-americano num depósito de lixo – supostamente um antigo local sagrado –, perto de um vórtice nas montanhas High Sierra. Segundo dizem, o Andara Glass é infundido com elementos monoatômicos de ouro, prata, irídio, ródio, cromo e platina e oligoelementos de ferro, manganês, selênio, cobalto, cobre, níquel, titânio e urânio – elementos essenciais para a saúde, o bem-estar e a ativação espiritual.

Uma pedra de proteção, o Andara Glass protege contra poluição eletromagnética, atmosférica e ambiental. Naqueles que estão em sintonia com ele, tira a negatividade, ativa e alinha todos os chakras e acelera o crescimento espiritual. Aumentando o fluxo de energia em torno dos meridianos, fortalece o campo biomagnético*.

Muitos mitos têm surgido em torno deste "cristal". Postula-se que ele seja uma antiga pedra de cura usada em Atlântida e na Lemúria, imbuído de códigos cristalinos, por isso pode-se obter com ele um conhecimento considerável sobre essas civilizações. Facilita uma conexão com o Arcanjo Miguel, outros arcanjos e mestres ascensionados. Uma pedra cercada de paradoxos e contradições, que deveria ser chamada de pedra "experimente para ver" ou "tire as suas próprias conclusões". Uma ajuda inestimável para avaliar como você interage com um cristal em vez de acreditar no que um "especialista" lhe diz, este cristal nos lembra de que cada um de nós tem uma opinião igualmente válida e que não existe certo ou errado quando se trata de cristais, apenas experiências diferentes, que dependem de como a nossa consciência funciona. O Andara Glass é um recipiente útil para rituais de manifestação.

O Andara Glass tem um núcleo central de tranquilidade, que aprofunda a meditação e atua como um conector importante dos chakras* Alta-

Maior e do Soma quando colocado na parte de trás do pescoço. Passado, presente e futuro se fundem e você transita com facilidade através do tempo e além. Cada cor tem um tipo de propriedade. O Andara verde é uma pedra de renovação que contém a fonte da juventude, enquanto o lilás ou lavanda conecta você a Saint Germain e ao Arcanjo Zadkiel, associados à chama violeta da transmutação e à abertura dos dons metafísicos. O Andara xamânico castanho-amarelado ressoa particularmente bem com os praticantes de Reiki*.

CURA O Andara Glass tem a fama de ser um mestre curandeiro que restaura a saúde e o equilíbrio. Ele funciona a partir dos corpos sutis e do esquema etérico* para equilibrar o corpo físico, mas pode fazer qualquer coisa que você pedir a ele.

O Andara Glass é encontrado em várias cores

POSIÇÃO Segure a pedra, posicione-a ou medite com ela, conforme o caso, ou borrife a essência em torno da aura.

LABRADORITA ANDESINA

Facetada

COR	Vermelho a mel-avermelhado, cor de laranja, amarelo, champanhe e verde
APARÊNCIA	Revestimento iridescente
RARIDADE	Rara
ORIGEM	Labradorita aprimorada em laboratório

ATRIBUTOS O acréscimo do cobre à estrutura deste cristal leva as vibrações naturalmente altas da Labradorita a uma frequência ainda mais elevada. Incentivando a clarividência espiritual e o *kything**, a Labradorita Andesina o protege enquanto você viaja através das multidimensões. Se olhar para esta pedra durante a escriação, ela permite que você acesse o futuro e veja onde seus sonhos o levam. Ela o conecta aos Registros Akáshicos* para verificar como o propósito da sua alma está progredindo. Facilitando a transmissão de energia de cura para o local da indisposição*, ela auxilia no tratamento de doenças psicossomáticas.

CURA A Labradorita Andesina atua principalmente no nível metafísico, para alinhar o corpo etérico*. Ela pode reduzir o colesterol.

POSIÇÃO Segure a pedra, posicione-a ou use no gradeamento, conforme o caso, ou borrife a essência em torno da aura.

ANGELINITA®

Bruta

COR	Branca
APARÊNCIA	Pedra cristalina, opaca, pouco luminosa
RARIDADE	Rara
ORIGEM	Estados Unidos

ATRIBUTOS A Angelinita® etérica se conecta aos mundos multidimensionais. Medite com ela nos chakras do Terceiro Olho, do Soma ou da Coroa Superior. Quartzo e Calcita com oligoelementos, ela expande a consciência, ativa dons metafísicos e coloca você em contato com a orientação dos anjos guardiões e seres ascensionados. O cristal traz a cura de dimensões mais elevadas, ancorando-a nos corpos sutil*, de luz* e físico, mas pode precisar ser equilibrada com uma pedra de ancoragem, se você for novato no trabalho com cristais de vibração elevada.

CURA A Angelinita® leva luz de cura ao esquema etérico*, reequilibrando e realinhando os corpos sutis.

POSIÇÃO Segure a pedra ou posicione-a conforme o caso, em particular sobre os chakras do Terceiro Olho e do Soma, ou borrife a essência em torno da aura.

LISTA DE CRISTAIS

ANGLESITA

Bruta

COR	Branco
APARÊNCIA	Brilho metálico
RARIDADE	Raro
ORIGEM	Estados Unidos, México

ATRIBUTOS Uma pedra de alta vibração, a Anglesita funde a sua consciência com a de guias superiores e com a consciência da terra. Facilita a canalização, o *kything** e a comunicação com outros reinos, auxiliando você a falar sobre esses assuntos com pessoas céticas. Esta pedra suave promove a sensibilidade e a ternura, ajudando-o a ficar mais relaxado. Ela combate energias bloqueadas ou negativas.

CURA A Anglesita estimula transmissores neurais, trata energeticamente distúrbios do sistema nervoso e há relatos de que melhora a circulação do sangue e da linfa.

POSIÇÃO Segure a pedra, posicione-a ou use-a, conforme o caso, ou borrife a essência em torno da aura.

LISTA DE CRISTAIS

ANTOFILITA

Bruta

COR	Branco, marrom, amarelo, verde, azul
APARÊNCIA	Pedra grumosa ou com veios, vítrea, translúcida ou baça
RARIDADE	Raro
ORIGEM	Estados Unidos, Canadá, Alemanha, Suécia, República Tcheca

ATRIBUTOS A Antofilita ajuda você a chegar ao fundo das coisas, quer seja através dos seus ancestrais, de conexões kármicas* ou da pesquisa acadêmica. Em sintonia com a sincronicidade acidental e facilitando a recuperação rápida de informações, ela age como um "anjo da biblioteca", esmiuçando fontes aparentemente de modo aleatório. O livro ou website certos vão cair na sua mão quando a Antofilita ajudar em sua busca.

Peça à pedra para conduzi-lo ao que é relevante e para ajudá-lo a compreender o significado mais profundo do que encontrar. Ao levá-lo para um nível superior de reconhecimento do quadro maior, esta pedra integra fragmentos de informação, de modo que tudo se torne claro.

A Antofilita facilita a reflexão sobre crenças nucleares* básicas que mantêm você preso a padrões de comportamento ultrapassados e antigos. Ela o ajuda a reconhecer em que situações você se esforça para agradar as pessoas, quer sejam pais, figuras de autoridade ou outras pessoas importantes para você. A meditação com esta pedra mostra-lhe uma imagem mais ampla e auxilia na liberação daquilo que não lhe serve mais, colocando um padrão mais benéfico no lugar, por meio de uma conexão com o Eu Superior. Com o auxílio da Antofilita, você se alinha ao plano da sua alma e atrai as pessoas e experiências necessárias para fazer isso com facilidade.

Esta pedra fornece aterramento e resistência. Ela está relacionada com os processos de assimilação e digestão, que extraem a nutrição de que o seu corpo e a sua alma precisam e excretam o que não é mais necessário. Ela funciona com a barreira hematoencefálica, facilitando a recuperação de informações e processos fisiológicos autônomos ao corrigir a emissão de neurotransmissores.

CURA A Antofilita supostamente auxilia os processos digestivos e ajuda na respiração. Ela dá suporte ao cerebelo e estudos de casos indicam que pode reverter a degeneração do cérebro, auxiliando no mal de Parkinson e nos casos de demência e doenças relacionadas.

POSIÇÃO Segure a pedra sobre o abdome ou na nuca, ou use-a no gradeamento conforme o caso. Borrife a essência em torno da cabeça. *AVISO: Manuseie com cuidado e evite aspirar o pó.*

ARFVEDSONITA

Cristal natural na matriz

COR	Preto e cinza
APARÊNCIA	Cristais pretos estriados na matriz cinza arenosa
RARIDADE	Relativamente rara
ORIGEM	Canadá

ATRIBUTOS A Arfvedsonita ajuda você a ver ambos os lados de uma situação e a conciliar dificuldades. Ao abrir o chakra da Coroa, ela estimula a viagem astral* e auxilia a descarregar energia. Útil nas transições de todos os tipos, esta é uma pedra de nascimento, morte e renascimento. No nível mental, ela desenergiza* e reestrutura padrões habituais.

CURA A Arfvedsonita propicia o bem-estar, removendo os bloqueios de energia no corpo físico ou nos sutis*.

POSIÇÃO Segure a pedra, posicione-a ou use no gradeamento conforme o caso.

ARSENOPIRITA

TAMBÉM CONHECIDA COMO DANAÍTA

Bruta

COR	Cinza-aço a marrom-branco prateado
APARÊNCIA	Pedra opaca metálica
RARIDADE	Rara mas fácil de obter
ORIGEM	Portugal, Alemanha, República Tcheca, Reino Unido, Bolívia, Rússia

ATRIBUTOS A Arsenopirita é um sulfeto de arsênico. Segundo o princípio conforme o qual semelhante cura semelhante, ela absorve a toxicidade ou os bloqueios do corpo ou do ambiente. Útil quando você tiver feito tudo o que puder para superar uma indisposição*, especialmente se os medos subjacentes o mantiverem preso à situação; ela ajuda a superar o medo da morte. Uma pedra condutora, a Arsenopirita facilita a telepatia e a sintonização com o pensamento coletivo.

CURA A Arsenopirita tem fama de dissolver coágulos sanguíneos e combater infecções causadas por fungos.

POSIÇÃO Segure a pedra, posicione-a ou use no gradeamento conforme o caso. *AVISO: Lave bem as mãos depois de manipulá-la. Faça a essência apenas pelo método indireto, não ingira.*

ASTRALINA®

Bruta

COR	Cinza-branco com rosa pálido ou amarelo
APARÊNCIA	Pedra opaca, cintilante
RARIDADE	Rara
ORIGEM	Estados Unidos

ATRIBUTOS A suave Astralina® tem uma ressonância muito elevada. Uma combinação única de Quartzo, Moscovita e Crostetepita, esta pedra abre e alinha os chakras* superiores, conectando-os com o chakra do Soma para que você retorne com segurança ao seu corpo físico quando fizer viagens astrais*. Ela aumenta as capacidades metafísicas para que você consiga se conectar com o seu Eu Superior e viajar além das estrelas. É a pedra perfeita para explorar as suas origens estelares ou para encontrar seres de outras galáxias. Útil para aqueles que estão começando a trabalhar com cristais de vibração elevada e com a cura multidimensional, pois ela nunca acelera o processo além daquilo com que você está pronto para lidar.

A meditação com a Astralina® permite que você reconheça objetivamente imperfeições em si mesmo e em toda a humanidade, e mesmo assim aceite aqueles que estão na condição humana. Estimulando o amor incondicional dinâmico, ela ajuda a suspender o julgamento, ensinando que não podemos conhecer as razões anímicas pelas quais alguém trilha um caminho aparentemente destrutivo. Ela indica que isso pode servir a um propósito além do nosso entendimento limitado, ainda na encarnação. Esta pedra ensina que o nosso maior inimigo pode ser um professor espiritual disfarçado, a quem vamos agradecer um dia pelo papel que desempenhou em nossa evolução espiritual ou no da humanidade.

A Astralina® abre o chakra da Garganta para que você fale a sua verdade e compartilhe suas visões com aqueles por quem sente empatia. Ela mostra quando é apropriado falar e adverte quando é melhor se conter. Ajuda você a trabalhar nos espaços entre as camadas do corpo etérico*, restaurando a harmonia e o equilíbrio durante as mudanças energéticas.

CURA A Astralina® purifica o esquema etérico* para que os efeitos sejam sentidos no corpo físico. Estudos de casos indicam que a Astralina® beneficia o controle do açúcar no sangue revelando vidas passadas ou razões anímicas para a doença. Ela pode combater indisposições* ou angústias com um componente psicossomático ou de vida passada.

POSIÇÃO Segure a pedra, posicione-a ou medite com ela, conforme o caso, ou borrife a essência em torno da aura.

AURICALCITA

Cristal natural na matriz

COR	Azul-turquesa
APARÊNCIA	Drusa na matriz
RARIDADE	Rara
ORIGEM	Estados Unidos

ATRIBUTOS Esta pedra suave ajuda a aumentar a consciência da humanidade e do planeta como um todo. Alçando a alma até uma perspectiva mais elevada, ela ajuda você a conhecer o seu propósito nesta encarnação. Medite com a Auricalcita para facilitar o recebimento de informações e de energias de alta vibração para o corpo físico. Segure-a junto à parte de trás do pescoço para ativar o chakra Alta-Maior.

CURA A Auricalcita leva o corpo, a mente, a alma e os corpos sutis* ao alinhamento.

POSIÇÃO Devido à natureza frágil da Auricalcita, é melhor colocá-la onde ela possa irradiar sua energia para o ambiente. *Observação: Faça a essência pelo método indireto.*

AXINITA

Bruta

COR	Castanho-avermelhado, violeta ou marrom
APARÊNCIA	Cristal tabular, chato, em formato de cunha, com lustro
RARIDADE	Raro, pode ser facetado
ORIGEM	Brasil, França, México, Califórnia, Rússia, Sri Lanka, Tanzânia e Paquistão

ATRIBUTOS Abrindo o chakra da Estrela da Terra, a Axinita traz à tona o positivo em todas as pessoas. Ela é uma pedra extremamente útil para o crescimento pessoal, incentivando você a cortar amarras e se render graciosamente à mudança. A meditação com esta pedra promove a amizade e harmoniza todos os seus relacionamentos. Ela aprofunda a intimidade em todos os níveis e permite que você fique totalmente aberto com relação a quem você é no seu cerne.

CURA A Axinita tem fama de ser benéfica em casos de doenças nas glândulas suprarrenais e fraturas ósseas, e para a função motora.

POSIÇÃO Use a pedra como joia, coloque-a sobre uma superfície, posicione-a ou borrife a essência em torno da aura, conforme o caso.

AZEZTULITA: ROSOFIA®

Bruta

COR	Rosa avermelhado, cinza
APARÊNCIA	Pedra opaca, mosqueada
RARIDADE	Rara
ORIGEM	Califórnia e Colorado, Estados Unidos

ATRIBUTOS As Azeztulitas de alta vibração especializadas para a Nova Era vêm normalmente de uma só localidade. Cada uma delas tem uma combinação ligeiramente diferente de minerais, e recebe um nome específico. As vibrações das Azeztulitas são geradas por um influxo de energia dos Azez, uma raça de seres que desejam acompanhar a evolução espiritual da Terra. Eles carregam uma forte energia ondulatória bioescalar*, que promove a cura multidimensional e a sintonia espiritual.

A Rosofia® ancora energia espiritual, pois tem uma ligação muito profunda com a terra. Ela está ligada a Sofia, a deusa da sabedoria. A parcela rosa avermelhada é feldspato com inclusões de quartzo e partículas de Biotita. A Biotita ajuda você a ter uma visão mais objetiva do que está acontecendo em sua vida e mostra como está criando situações e o que vai resultar disso. Fortalecendo seus processos de pensamento racionais e analíticos, ela ajuda você a descartar o que é irrelevante e se concentrar

LISTA DE CRISTAIS

nos detalhes importantes. A Rosofia® facilita a avaliação do que é verdade espiritual e do que é ilusão. Embora seja uma pedra suave, a Rosofia® tem uma grande intensidade quando necessário.

Todas as Azeztulitas foram imbuídas de energia espiritual adicional e informações codificadas e por isso são pedras de orientação e introvisões. Esta é particularmente útil para fortalecer e elevar as energias dos chakras* inferiores, de modo que você se sinta mais confortável na encarnação e se adapte a alterações energéticas, mantendo constante equilíbrio. Ela ajuda você a abrir o chakra da Estrela da Terra e lançar uma âncora xamânica* nas profundezas do planeta para ancorar de forma segura e proteger o seu corpo; no entanto, ela também liberta a sua mente e o seu espírito para explorar infinitas possibilidades.

A Rosofia® é uma pedra pura do coração, que abre todos os chakras do Coração. No antigo Egito e outras culturas, o coração era a morada da alma e da própria consciência. Colocada sobre o chakra da Semente do Coração, a energia da Rosofia® viaja rapidamente através do chakra do Coração e do Coração Superior para estabelecer uma conexão espiritual com Tudo O Que É*. Quando esses chakras estão unidos, a alma se expressa a partir de um lugar de puro amor. Não há espaço para o medo, a animosidade, o ciúme ou o ressentimento. Você vive com um coração apaixonado.

No nível psicológico, a Rosofia® dissipa a insegurança e a autoimagem negativa. Desenergizando velhas feridas e crenças destrutivas, ela permite que você ame a si mesmo, mostrando profunda compaixão por tudo o que passou em sua jornada anímica. Ela também o ajuda a identificar os pontos fortes que você desenvolveu ao longo do caminho e aplicá-los à sua vida agora. Se você teme o futuro, usar esta pedra como peça de joalheria pode ajudá-lo a ser mais positivo e a adotar uma perspectiva espiritual em que você vive um dia de cada vez, apreciando totalmente cada momento. A Rosofia® ajuda a canalizar a energia do dragão* da terra em formas mais apropriadas que possam conter frequências elevadas.

LISTA DE CRISTAIS

Curando e reconectando a grade planetária, ela desenergiza padrões obsoletos e revitaliza o corpo etérico* sutil da terra. Contendo ondas bioescalares* poderosas, a Rosofia® facilita a autocura do corpo e da alma, pois restaura o todo. Colocada sob o travesseiro, ajuda a combater a insônia, garantindo um sono profundo e sonhos reveladores. O componente da Biotita pode ser benéfico para os padrões celulares desorganizados.

CURA A Rosofia® é excelente para curar o coração e o sistema circulatório. Dizem que estimula a regeneração dos rins, do intestino grosso e delgado e da bexiga, e restaura a elasticidade dos músculos e tendões. Evidências sugerem que combate a desorganização celular e indisposições* autoimunes, distrofia muscular e gota, tumores, além de regular a produção biliar e aliviar disfunções nos olhos.

POSIÇÃO Segure a pedra, coloque-a sobre uma superfície, use como joia ou no gradeamento, conforme o caso. Borrife a essência em torno da aura.

Azeztulita Vermelha do Himalaia

AZEZTULITAS ADICIONAIS
Estas pedras carregam a essência da Azeztulita, mas estão numa sintonia ligeiramente diferente, dependendo do seu local de origem e conteúdo mineral.

Ouro do Himalaia® Encontrada no Himalaia, esta Azeztulita dourada e a vermelha vibrante aceleram o desenvolvimento espiritual e abrem os chakras do Terceiro Olho e da Coroa Superior para receberem energias de vibração mais elevada e ajudarem na assimilação do corpo de luz*.

Azeztulita Santa Rosa® Uma Azeztulita da Carolina do Norte (EUA), a Santa Rosa combina quartzo com mica e inclusões da Granada

Ouro do Himalaia®

LISTA DE CRISTAIS

Azeztulita Santa Rosa

Spessartina. Um excelente desbloqueador de chakras e ativador dos chakras superiores, a suave Santa Rosa purifica e aumenta a frequência de todo o sistema energético do corpo, preparando-o para um influxo de luz divina de maior vibração. Facilitando a jornada multidimensional, a Santa Rosa expande a consciência e é uma pedra útil para entrar em contato com a orientação dos anjos e para todo o trabalho de ascensão, pois conecta os chakras do Coração e do Terceiro Olho. Oferecendo cura multidimensional para o corpo e a alma, a Santa Rosa alinha os corpos sutis com o físico e reformula os padrões do esquema etérico* e kármico. É usada para restaurar energeticamente o equilíbrio das células. Esta Azeztulita em particular ajuda crianças que já estão em sintonia com as novas frequências mais altas, para que tenham uma encarnação mais confortável, e as ajuda a sentir o amor do seu Eu Superior.

Rhodozaz® (Azeztulita Rosa) Outra Azeztulita centrada no coração, originária das Montanhas Rochosas, a Rhodozaz® purifica todos os chakras e os enche de luz e amor. Esta pedra é considerada uma combinação sinérgica de quartzo e Rodocrosita, uma poderosa pedra para a cura do coração, que é levada a outro nível pela infusão de luz Azez. A Rhodozaz liga os três chakras do Coração com os chakras da Coroa mais elevados, efetuando uma conexão divina e canalizando uma orientação elevada para a terra. Perfeita para curar sentimentos de abandono e rejeição, e trazer paz interior, ela auxilia pessoas que sofrem da "síndrome do impostor*", uma vez que mostra a elas o seu verdadeiro valor e as ajuda a ter confiança em suas capacidades.

*Rhodozaz®
(Azeztulita Rosa)*

AZEZTULITA COM MORGANITA

Bruta

COR	Rosada
APARÊNCIA	Cristal translúcido, opaco
RARIDADE	Combinação muito rara
ORIGEM	Não confirmada

ATRIBUTOS Esta combinação incomum reúne as altas vibrações da Azeztulita com a capacidade de cura da sua onda bioescalar*, e as propriedades de liberação suave da Morganita com seu amor incondicional e dinâmico inerente. Ela é excelente para trazer à tona o passado e liberar sentimentos reprimidos que nunca foram expressados. Estimula o perdão depois que a lembrança foi liberada, para si e para os outros. Se você sente raiva de si mesmo por permitir alguma coisa "ruim", durma com esta pedra suave debaixo do travesseiro para ser menos crítico consigo mesmo e encontrar alívio. Ela dá a você uma visão mais ampla de situações de abuso físico e emocional, por isso o ajuda a perdoar o agressor, reconhecendo a dor subjacente à experiência pessoal dele.

A combinação ajuda você a se conectar com as energias da sua sombra e a aceitá-las, curando a vergonha e antigos abusos, e transmutando a energia em amor-próprio e profunda aceitação. Ela promove a autoestima e a confiança em suas próprias capacidades. Um poderoso purificador e terapeuta do coração, a Azeztulita com Morganita limpa o corpo emocional, dissolvendo bloqueios e promovendo a livre expressão dos sentimentos.

Gradeada em áreas de conflito étnico ou ambiental, a Azeztulita com Morganita auxilia na resolução e reconciliação, e desenergiza* a memória da terra.

CURA A Azeztulita com Morganita é excelente para a cura de doenças psicossomáticas com base em dificuldades sexuais. Ela auxilia com o equilíbrio dos fluidos no corpo e pode levar os sistemas nervoso e endócrino a uma harmonia maior.

POSIÇÃO Use esta pedra como joia, coloque-a numa superfície, use-a no gradeamento conforme o caso, ou borrife a essência em torno da aura. *AVISO: Se a combinação de pedras não estiver disponível, use pedras individuais e peça-lhes para harmonizar a sua ação.*

TOPÁZIO AZÓTICO

Facetada

COR	Multicolorido
APARÊNCIA	Caleidoscópio furta-cor em pedra facetada
RARIDADE	Rara, disponível em peças de joalheria
ORIGEM	Topázio transparente do Brasil ou de outros países, aprimorado em laboratório

ATRIBUTOS O Topázio Azótico é apresentado como uma pedra jovem, divertida e extremamente atual, que combina com mentes rebeldes ou afeitas a criar tendências. Com sua aparência luminosa e vibrante, o Topázio Azótico é uma pedra que eleva o ânimo e é muito decorativa. Por aumentar a confiança, ele cai muito bem em peças de joalheria e ajuda você a se sentir bem consigo mesmo e com a sua aparência. Fazendo-o se destacar na multidão, ele fortalece a sua individualidade. É perfeito para os jovens de espírito. Use o Topázio Azótico se quiser expressar ideias e crenças originais.

O revestimento é de titânio, o que eleva o Topázio; seria uma pena se o potencial deste cristal não fosse reconhecido. O titânio abre os dons metafísicos e o Topázio promove uma visão clara e a intuição. A combinação é poderosa. A meditação com esta pedra leva você a mergulhar dentro de si mesmo ou viajar a mundos multidimensionais. Transmite invisibilidade e proteção, o que lhe permite atravessar com segurança os subterrâneos xamânicos. Este cristal eleva rapidamente sua consciência e ainda ancora a experiência na realidade do dia a dia. O titânio traz qualquer coisa que esteja bloqueando o plano de sua alma para a superfície e insiste para que você lide com isso. Ele ajuda você a negociar com habilidade o seu caminho espiritual. O uso contínuo desta pedra em peças de joalheria harmoniza sua mente e sua intenção.

Estudos de caso mostram que o titânio pode ajudar em casos de problemas psicossomáticos e doenças psicológicas, como a anorexia. E esta pedra pode melhorar a autoimagem de qualquer pessoa com problemas relacionados ao corpo, ajudando-a a ter uma imagem mais verdadeira de si mesma. Usada por um terapeuta qualificado, este Topázio ajuda na análise das questões mais profundas por trás dos transtornos alimentares, da dismorfia corporal e das questões sexuais, como ejaculação precoce, impotência, anorgasmia e infertilidade. O Topázio Azótico facilita a exploração de raízes kármicas ou psicossomáticas de outras indisposições* e bloqueios emocionais.

CURA O Topázio é, por tradição, usado para propiciar o bem-estar e a saúde. O Topázio Azótico pode intensificar a memória celular* e a regeneração celular, fortalecer os nervos e os vasos sanguíneos e ajudar na assimilação de oxigênio.

POSIÇÃO Segure a pedra, posicione-a ou use-a no gradeamento, conforme o caso. Use em peças de joalheria sobre o chakra* do Coração, no dedo ou no pulso.

BASALTO

Basalto bruto

Basalto Formado

COR	De preto a acinzentado
APARÊNCIA	Rocha ligeiramente brilhante e granular
RARIDADE	Encontrada ao redor do mundo
ORIGEM	No mundo todo

ATRIBUTOS Uma rocha vulcânica formada de lava derretida, o Basalto é extremamente magnético. Submeteu-se a uma metamorfose, portanto ajuda em processos de transformação e fornece um amparo sólido durante os desafios da vida. O Basalto ajuda você a fluir com suavidade, mantendo-se ligado à terra, e com a consciência de que os conflitos e traumas ajudam a polir a alma. O Basalto irrompe em silêncio nos fluxos suaves do magma, formando vulcões em forma de escudo, e por isso é uma pedra protetora. Uma pedra mágica poderosa, no Egito Antigo era associada com o Submundo e com a restauração da vida. Estátuas de cura entalhadas no Basalto transferiam seu poder para a água, quando borrifada sobre elas. Essa água era ingerida ou usada para banho.

O Basalto é útil para explorar o eu interior. Por facilitar o desapego emocional com relação ao que você descobriu, esta pedra ajuda a fortalecer a mente e a estabilizar emoções e oscilações de humor. Também o ajuda a ser mais resistente quando estiver sob pressão ou ao enfrentar os desafios da vida, e estimula uma perspectiva mais positiva da sua situação. O Basalto transmuta a raiva, particularmente aquela que está num nível mais profundo.

O Basalto usado no gradeamento em áreas de instabilidade ambiental realinha os meridianos da terra e promove o livre fluxo de energia, embora possa causar melancolia em pessoas sensíveis. Aterrando pessoas "aéreas", esta pedra ancora o corpo físico na terra e a alma no corpo físico. Combatendo o estresse, ela funciona mantendo e realinhando a estrutura do corpo, se for o caso, dando à função motora força e coesão muscular. Use-a onde quer que haja tensão no corpo, pois ela permite a liberação num nível profundo. O Basalto também ajuda a levar a energia a um nível ótimo.

CURA O Basalto pode ajudar os músculos, liberando a tensão e ativando os intestinos. Tem sido há muito tempo utilizado para garantir a fertilidade da terra e do corpo.

POSIÇÃO Posicione a pedra, segure-a ou use-a no gradeamento, conforme o caso, ou borrife a essência em torno do chakra da Estrela da Terra e da Base. Mantenha a pedra no bolso durante revoltas ou mudanças energéticas.

BASTNASITA

Bruta

COR	Amarelo, marrom
APARÊNCIA	Cristal plano translúcido, de vítreo a untuoso
RARIDADE	Raro
ORIGEM	Suécia, Paquistão, Madagascar, França, Estados Unidos

ATRIBUTOS Pedra de alta vibração, a Bastnasita estimula fortemente os chakras da Base e do Sacro, ativando sua criatividade e capacidade de manifestar seus sonhos e planos. Ela ajuda você a reconhecer o que é benéfico a longo prazo para o crescimento da sua alma e a se desapegar de metas ou expectativas pouco realistas, que atrapalham a expressão do seu eu verdadeiro.

Esta pedra facilita a liberação do medo do desconhecido. Ela age como catalisadora da mudança, tornando-o capaz de expressar e sentir emoções sem ficar sobrecarregado e a se tornar menos sensível a coisas que antes lhe causavam aborrecimento. Esta pedra pode ajudá-lo a estabilizar transtornos bipolares e de personalidade, ou a ansiedade, vícios e distúrbios alimentares, revelando suas causas subjacentes.

A Bastnasita é benéfica para todas as indisposições* que se originam de bloqueios nos chakras da Base ou do Sacro. Essas indisposições costumam causar baixa energética ou irrompem repentinamente, ou são tóxicas e psicossomáticas. Esta pedra posicionada regularmente sobre o chakra bloqueado, durante várias semanas, purifica o chakra e abre caminho para a correção da indisposição.

CURA A Bastnasita é supostamente benéfica para a rigidez nas articulações, a dor lombar crônica, doenças renais e problemas de reprodução ou no reto; para retenção de líquidos, síndrome do intestino irritável e constipação ou diarreia. Ajuda na desintoxicação da linfa ou do fígado, pode auxiliar varizes ou hérnias, distúrbios glandulares, doenças autoimunes, TPM e cãibras musculares, bloqueios nos órgãos reprodutivos ou doenças como impotência e infertilidade. A Bastnasita é considerada útil nas alergias, diabetes, infecções urinárias, disfunções hepáticas ou intestinais.

POSIÇÃO Coloque a pedra sobre o abdome ou borrife a essência especialmente sobre o chakra da Base e do Sacro.

LISTA DE CRISTAIS

BENITOÍTA

Bruta

COR	Azul, cor-de-rosa, púrpura, branco, transparente
APARÊNCIA	Cristal transparente ou translúcido, tabular ou piramidal, às vezes com bandas
RARIDADE	Rara
ORIGEM	San Benito, Califórnia

ATRIBUTOS Com sua frequência extremamente alta, considerava-se a Benitoíta um tipo de Safira, mas o microscópio revelou a sua estrutura original. Esta pedra excepcional tem concentrações de bário, titânio, fluorina, césio, nióbio, manganês e lítio, que têm um efeito profundo no organismo humano. Formada em fraturas de rocha serpentina, a Benitoíta vem de uma área que já foi parte do antigo continente da Lemúria. Uma pedra de leveza e alegria, ela facilita a viagem astral* e revela a jornada da alma, ajudando-o a saber quando está no lugar adequado e no momento certo para cumprir a missão da sua alma. Promovendo a autoconsciência, a Benitoíta mostra a beleza que existe dentro de si mesmo e dos outros. Ela ajuda você a aceitá-las – e aceitar a si mesmo – exatamente como são agora.

Um ativador psíquico, a Benitoíta auxilia a visualização e transmissão de pensamentos entre os parceiros ou um grupo espiritual, e tem sido usada para o contato com extraterrestres. Profissionais experientes usam-na para enxergar o campo* bioenergético e corrigir áreas de indisposição*. Tal como acontece com todos os cristais fluorescentes, ela brilha na escuridão interior.

A Benitoíta ajuda a superar o tédio psicológico, aguçando a mente e dissolvendo bloqueios emocionais que drenam energia. Ela libera qualquer coisa que faça você se sentir sobrecarregado. Ótima para ajudar a andar levemente sobre a terra, por isso é particularmente útil para dançarinos e atletas, uma vez que facilita a flexibilidade física e mental. Use a Benitoíta no gradeamento para absorver as energias negativas e substituí-las por alegria.

CURA A Benitoíta atua no nível psicossomático da cura, auxiliando na compreensão das causas subjacentes da indisposição* ou no alinhamento com o propósito da alma ao assumir a doença. Ela supostamente auxilia as veias e doenças do sangue, e aumenta o mecanismo de autocura do corpo.

POSIÇÃO Segure a pedra ou use-a no gradeamento, conforme o caso, ou borrife a essência em torno da aura.

BERILONITA

Bruta

COR	Incolor, branco, amarelo, pêssego
APARÊNCIA	Pedra translúcida opaca
RARIDADE	Rara
ORIGEM	Estados Unidos, Afeganistão, Finlândia

ATRIBUTOS A Berilonita ajuda a determinar a causa e a trajetória de uma indisposição*, à medida que ela se manifesta fisicamente no corpo. Auxiliando a reconhecer intuitivamente o tratamento necessário, esta pedra aponta os outros cristais que podem auxiliar na cicatrização. A Berilonita permite que você veja as diferentes camadas do revestimento biomagnético* e os corpos áuricos, para determinar em que nível o processo de cura tem de começar e onde os bloqueios devem ser desfeitos para que a harmonia seja restaurada.

CURA A Berilonita pode auxiliar as funções reprodutoras e reduzir a TPM ou os sintomas da menopausa.

POSIÇÃO Segure a pedra, posicione-a, coloque-a no ambiente, conforme o caso, ou borrife a essência ao redor da barriga.

BIOTITA

Bruta

COR	Marrom dourado, preto, cinza, verde-escuro
APARÊNCIA	Floquinhos de mica metálicos
RARIDADE	Comum como componente da rocha, mas raro como pedra de cura
ORIGEM	Estados Unidos e várias partes do mundo

ATRIBUTOS A Biotita oferece uma visão geral objetiva do que está acontecendo na sua vida e mostra como você cria situações e o seu futuro. Fortalecendo os processos de raciocínio racional e analítico, ela ajuda a descartar o que é irrelevante e a se concentrar só no que é importante. Em particular, a Biotita lhe mostra o impacto que você está exercendo sobre o meio ambiente. A Biotita ferrosa é levemente radioativa e pode ajudar a reequilibrar os processos celulares.

CURA Dizem que a Biotita ajuda a reestruturar padrões celulares desorganizados. É tradicionalmente usada para curar os olhos e tumores e para regular a produção da bile.

POSIÇÃO Coloque-a no ambiente, posicione-a ou use-a no gradeamento, conforme o caso.

LISTA DE CRISTAIS

BISMUTO

Bismuto sintético

COR	Manchas metálicas, semelhantes ao arco-íris. Natural: Prata-branco rosado
APARÊNCIA	Lâminas metálicas quadradas ou piramidais sobrepostas, ou pedra cristalina opaca
RARIDADE	Facilmente obtido
ORIGEM	Natural: Rússia, Alemanha e outros lugares (Também produzido ou aprimorado em laboratório)

ATRIBUTOS Encontrado com mais frequência em sua forma geométrica produzida em laboratório, o Bismuto está passando por um renascimento, à medida que apresenta novas vibrações elevadas e ajuda no ajuste a frequências superiores. Ao ativar os chakras da Coroa e da Coroa Superior, ele envia a energia kundalini* de volta para baixo, ao longo da coluna, e energiza os chakras da Base e da Estrela da Terra. Use o Bismuto se você precisa transitar com facilidade entre o plano físico e os reinos espiri-

Bismuto natural

tuais. Ele fortalece a conexão com as energias universais, captando-as para os chakras da Base e do Sacro e criando um campo magnético mais claro e coeso; além disso, também ajuda você a se conectar ao Tudo o Que É*.

O Bismuto facilita a mudança de padrões de pensamento complexos que se tornaram obsoletos, de modo que novos padrões, mais construtivos, possam impressionar a mente. Ele ajuda as células cuja frequência precisa se elevar para se adaptarem a novas energias. Como sugerem suas formas interligadas, o Bismuto produzido em laboratório é excelente para garantir a coesão de um grupo. Ele ajuda as pessoas que estão isoladas ou que ficaram muito idosas a serem transferidas para uma instituição amorosa e receptiva.

CURA O Bismuto é usado, por tradição, para combater problemas de estômago e de intestino. Ele fortalece energeticamente os músculos e reduz a febre. Também combate a exaustão extrema e ajuda a encontrar novos tratamentos para doenças crônicas, como a síndrome da fadiga crônica.

POSIÇÃO Segure a pedra, posicione-a ou use-a no gradeamento, conforme o caso, ou borrife a essência ao redor da aura.

EUCLÁSIO AZUL

Bruta

COR	Azul
APARÊNCIA	Cristal transparente com veios
RARIDADE	Raro
ORIGEM	Zimbábue, Colômbia, Rússia, Brasil

ATRIBUTOS O Euclásio Azul é perfeito como componente de uma poderosa poção de cura. Esta pedra propicia viagens astrais*, leva você a recessos da sua própria psique e do submundo xamânico, ou para os cantos mais remotos da criação. Ela ajuda no resgate* da alma, no perdão e na reconciliação. Intensificando os dons metafísicos, o Euclásio Azul facilita os estados meditativos profundos, harmonizando as ondas cerebrais e abrindo o sistema endócrino sutil. Ele ajuda você a só falar a verdade e traz clareza à mente e às suas intenções.

O gradeamento com esta pedra propicia uma paz profunda na sua casa ou na vizinhança. Ela atrai pessoas com pensamentos afins, que possam criar uma comunidade espiritualizada e cooperativa, cujos membros olhem uns pelos outros e cuja motivação básica seja compartilhar. O Euclásio Azul é conhecido como a Pedra da Felicidade, pois instila uma paz profunda e clareza interior, além de propiciar o centramento e a paz de espírito, o que facilita o enfrentamento de trauma ou de mudança. Esta pedra promove o amor pela verdade. Do ponto de vista físico, ela realinha os campos energéticos e harmoniza novas vibrações, reduzindo a tensão do corpo físico. Ela é útil quando existe o risco de se recair nos mesmos velhos padrões, pois impede gentilmente que você repita as mesmas lições ou situações indefinidamente. Ela ajuda você a valorizar as suas realizações e seu verdadeiro valor.

O Euclásio Azul facilita rituais femininos de passagem, como a puberdade, a gravidez ou a menopausa. Também estimula a sincronicidade acidental. A vida flui, trazendo com facilidade e graça tudo que você precisa. O Euclásio Azul ajuda você a reconhecer com alegria que a abundância não significa ter mais, que basta ter o suficiente. Auxiliando você a se reconectar com os Registros Akáshicos*, esta pedra suave o estimula a demonstrar gratidão pelas riquezas acumuladas pela sua alma.

CURA O Euclásio Azul, rico em ferro, é um analgésico útil para eliminar dos corpos sutis* a causa da indisposição*, para que o corpo físico possa se curar. Ele auxilia na artrite, nos espasmos e na tensão muscular ou nas cãibras. É considerado antibacteriano e antisséptico e reduz o inchaço, a inflamação ou a constrição dos vasos sanguíneos. Por tradição é usado para tratar os órgãos reprodutivos e doenças como a endometriose e a infertilidade, podendo ajudar nos distúrbios da fala. Coloque sobre pequenos cortes ou contusões.

POSIÇÃO Segure a pedra ou use-a no gradeamento, conforme o caso, ou borrife a essência em volta da aura.

PEDRA BOLI

Bruta

COR	Branco, cinza, castanho
APARÊNCIA	Cristais redondos e vítreos
RARIDADE	Raro
ORIGEM	Deserto de Rubal Khali, Arábia Saudita

ATRIBUTOS A Pedra Boli auxilia a mudança da terra para a consciência da unidade, incentivando a cooperação entre todos os seres humanos, cada parte sendo igualmente valiosa. Um mestre das emoções que vai fundo em sua mente subconsciente para liberar qualquer coisa desatualizada ou obsoleta, a Pedra Boli destaca contratos e promessas anímicas que já não servem mais. Elevando você acima da turbulência emocional para propiciar uma visão sobre por que e como ela surgiu, a Pedra Boli mostra o papel que desempenhou na evolução da sua alma, ou na sua estagnação. Com esta pedra, você segue em frente.

CURA A Pedra Boli funciona melhor nos níveis da cura espiritual e psicossomática.

POSIÇÃO Segure a pedra, posicione-a ou use-a no gradeamento, conforme o caso, ou borrife a essência em volta da aura.

LISTA DE CRISTAIS

BROCHANTITA

Cristal natural na matriz

COR	Verde
APARÊNCIA	Longos cristais translúcidos na matriz
RARIDADE	Raro
ORIGEM	Namíbia, Peru, Eslováquia, Estados Unidos

ATRIBUTOS A Brochantita, à base de cobre, é um poderoso purificador e realinhador dos chakras e dos corpos energéticos. É eficaz para harmonizar os chakras, proporcionando uma interface* na borda externa do corpo etérico* em que o agente de cura e o cliente podem se encontrar sem que o agente de cura assuma o problema, mas mantenha uma visão clara da sua causa e manifestação.

CURA A Brochantita é supostamente útil para a artrite e o inchaço das articulações. Pode combater a retenção de líquidos e remover radicais livres da corrente sanguínea e dos músculos, além de fortalecer a barreira hematoencefálica. Ela apoia energeticamente o baço, o pâncreas e a próstata.

POSIÇÃO Segure a pedra sobre o local, use-a como joia ou no gradeamento, conforme o caso. Borrife a essência em volta do corpo. *AVISO: Faça a essência pelo método indireto.*

BROOKITA

Bruta

COR	Preto, marrom-claro a escuro, marrom amarelado, branco a cinza
APARÊNCIA	Cristal translúcido ou transparente
RARIDADE	Raro
ORIGEM	Rússia, Suíça, Estados Unidos, Itália

ATRIBUTOS A Brookita é uma poderosa injeção energética que ativa os chakras superiores. Facilita o contato com civilizações perdidas, com o conhecimento universal, com seres superiores, com camadas multidimensionais da realidade e com os Registros Akáshicos*. Útil se você procura uma nova direção ou está preso numa situação insustentável, a Brookita dá coragem para seguir em frente, sem medo, mesmo sem saber para onde está indo. Ela energiza o ambiente ou outros cristais.

CURA A Brookita auxilia na recuperação após uma cirurgia, no fortalecimento dos chakras, do campo biomagnético* e dos principais órgãos. Há relatos de que beneficia o fígado, os rins, o coração, os ossos, os dentes e a circulação e que dissipa a apatia e a letargia, além de reverter condições debilitantes e a infertilidade.

POSIÇÃO Segure a pedra, posicione-a ou use-a no gradeamento, conforme o caso, ou borrife a essência em volta da aura.

BRUCITA

Bruta

COR	Azul, cinza, branco, amarelo, marrom
APARÊNCIA	Pedra opaca, finamente granulada
RARIDADE	Razoavelmente fácil de obter como espécime mineral
ORIGEM	Estados Unidos, Canadá, Itália, Rússia, Suécia

ATRIBUTOS A Brucita ajuda a lidar com as pessoas que hesitam ou vacilam. Ela auxilia na ruptura com o que já está superado. Dando flexibilidade mental para acompanhar as idas e vindas dos processos intuitivos, ela leva a momentos de grande revelação e visão. Pode estabilizar os distúrbios de personalidade múltipla, focando uma personalidade de cada vez e explorando as suas causas, ou equilibrar os altos e baixos dos bipolares. Esta pedra suave une os grupos anímicos* e garante a coesão de propósito. A Brucita traz luz para o ambiente.

CURA A Brucita tem a fama de desobstruir artérias entupidas e combater o excesso de alcalinidade no corpo.

POSIÇÃO Segure a pedra, posicione-a ou use-a no gradeamento, conforme o caso, ou borrife a essência em volta da aura.

CALCITA: **ALABASTRO**

Bruta

COR	Branco-nata ou rosado
APARÊNCIA	Pedra cintilante, opaca e com veios
RARIDADE	Fácil de obter
ORIGEM	Egito, Europa, Reino Unido

ATRIBUTOS O Alabastro conecta o conhecido com o desconhecido, o visível com o invisível, atuando como uma ponte para o futuro ou realidades alternativas. Ele ajuda você a viajar através de múltiplas dimensões e estruturas temporais. Os egípcios entalhavam estatuetas e guarneciam santuários com esse material cintilante que, segundo acreditavam, servia como uma ponte para as estrelas e os deuses. O Alabastro diminui a raiva reprimida e os bloqueios emocionais que estão por trás da doença, particularmente no coração e nas artérias.

CURA O Alabastro, segundo relatos, ajuda nos distúrbios do sistema circulatório.

POSIÇÃO Posicione a pedra, use-a no gradeamento ou borrife a essência, conforme o caso.

CALCITA: AJO AZUL

Bruta

COR	Azul esverdeado
APARÊNCIA	Cristal translúcido
RARIDADE	Raro
ORIGEM	Estados Unidos

ATRIBUTOS Descoberta no deserto do Arizona, perto do veio de Azoíta, esta pedra suave carrega a mesma ressonância energética amorosa daquela pedra, que tem uma vibração extremamente alta. Como a base do Ajo Azul é a suave Calcita, ela carrega uma energia de carinho que abre os chakras do Coração e conecta você com o Tudo O Que É* e com os reinos angélicos. Esta bela pedra beneficia a cura intercelular e multidimensional.

Colocada sobre o plexo solar, ela dissipa a mágoa antiga e a tristeza de qualquer vida ou dimensão, liberando bloqueios emocionais e traumas que não estavam à vista. Depois que estes são reconhecidos e desenergizados*, você sente um profundo amor por si mesmo e por todos ao seu redor.

Animando o espírito durante a depressão, ela é benéfica para qualquer pessoa que se sinta presa no plano terrestre e que almeje voltar para casa para os reinos celestiais ou estelares. Ela proporciona conforto e profundo apoio espiritual, ao mesmo tempo que lhe mostra por que você está aqui e o papel que deve desempenhar na expansão da consciência.

No plano da cura, a Ajo Azul reequilibra na íntegra o campo energético, colocando todos os corpos sutis* em alinhamento para que ocorra a cura intercelular multidimensional. Ela remodela as crenças emocionais ou espirituais que já não servem mais e as substitui por equilíbrio.

CURA A Ajo Azul trabalha principalmente além do físico, recalibrando os corpos de energia para restaurar a saúde e o bem-estar. Contudo, pode ajudar com as dores nas costas e as dores de cabeça que têm uma causa psíquica.

POSIÇÃO Posicione a pedra, use-a no gradeamento ou borrife a essência ao redor da aura.

CALCITA: COM AMETISTA E GEOTITA

Ametista e Geotita sobre Calcita Bruta

COR	Branco com roxo e preto
APARÊNCIA	Cristal ceroso translúcido com revestimento drusiforme
RARIDADE	Combinação pouco comum
ORIGEM	Não confirmada

ATRIBUTOS Esta combinação suave e acolhedora tem um efeito calmante sobre a alma, as emoções e a mente. Combatendo a angústia e a desarmonia, ela cobre a aura com uma camada protetora na qual você simplesmente existe.

Um excelente desestressante, esta Calcita absorve a negatividade em qualquer nível e preenche o espaço com energia amorosa. Uma companheira ao longo das mudanças da vida que exigem uma negociação mais hábil com relação ao caminho anímico, você reconhece as razões pelas quais as situações da sua vida e os padrões subjacentes precisam ser desenergizados*.

CURA Esta combinação é um purificador desestressante e etérico*.

POSIÇÃO Coloque a pedra onde ela possa irradiar sua energia no ambiente.

CALCITA: ASA DOS ANJOS

Também Conhecida como Angels Wing

Bruta

COR	Branco ou amarelo-mel
APARÊNCIA	Camadas sobrepostas luminosas de cristal translúcido
RARIDADE	Raro
ORIGEM	México

ATRIBUTOS A alta vibração da Asa dos Anjos estimula os chakras da Estrela da Alma, do Portal Estelar e os chakras da Coroa superiores, irradiando luz espiritual. Ela abre as capacidades psíquicas. Facilita o contato com os anjos e o recebimento de orientação do mais alto nível. Harmoniza os hemisférios cerebrais. Auxiliando você a ficar confortável nesta encarnação, ela integra o corpo de luz* e ancora energias dimensionais mais elevadas no plano físico.

CURA A Calcita Asa dos Anjos trabalha principalmente além do físico, para harmonizar o corpo etérico*, mas evidências sugerem que ela ajuda nos casos de indisposições* psicossomáticas e nas causas subjacentes ao diabetes e doenças como a esclerose múltipla.

POSIÇÃO Segure a pedra, posicione-a ou medite com ela, ou borrife a essência no ambiente (faça pelo método indireto).

LISTA DE CRISTAIS

CALCITA: ÍSIS

TAMBÉM CHAMADA DE BOJI STONE

Bruta

COR	Transparente a branco leitoso
APARÊNCIA	Cristal ceroso translúcido
RARIDADE	Rara
ORIGEM	África saariana

ATRIBUTOS A Calcita Ísis está em sintonia com o divino feminino e atrai essa energia para a terra, levando luz ao seu núcleo. Uma excelente pedra para trabalhar com a Deusa, intensificando o poder de rituais e viagens astrais*, a receptiva Calcita Ísis desperta os chakras do Terceiro Olho e do Soma, e facilita a visão intuitiva nos planos interiores ou exteriores. Desfaz suavemente traumas emocionais presos nos corpos sutis* ou causais, substituindo-os por luz e energia de cura e amor compassivo para si e para os outros.

CURA Agindo além do nível físico, a Calcita Ísis cura as causas kármicas* das indisposições* psicossomáticas.

POSIÇÃO Segure a pedra como for mais apropriado ou borrife a essência em volta da aura. Coloque-a num altar, para convidar o divino feminino ou os arcanjos.

CALCITA: **AQUATINA® LEMURIANA**

Rolada

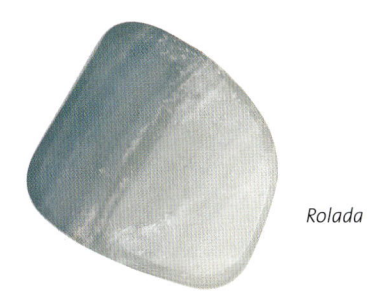

COR	Azul, azul esverdeado
APARÊNCIA	Cristal levemente ceroso e translúcido
RARIDADE	Raro
ORIGEM	Argentina

ATRIBUTOS A Calcita Aquatina® Lemuriana inaugura uma nova era e nos permite explorar as eras anteriores, pois tem uma conexão poderosa com a Lemúria e com outras civilizações antigas. Ela auxilia na recordação de vidas passadas, lendo os Registros Akáshicos* da jornada da sua alma para expandir a consciência de como é vasta a alma e ampla sua experiência. Esta pedra tem uma forte ressonância com a água e com as criaturas que habitam os oceanos do nosso planeta, auxiliando na comunicação telepática com esses seres.

Um cristal de amor infinito, a Calcita Aquatina® Lemuriana promove a empatia e a intuição em todos os níveis. Ela abre os chakras* da Coroa Superior para facilitar a comunicação com seres superiores multidimensionais e cria uma interface* energética, através da qual a informação é transmitida. Este cristal suave nutre profundamente os corpos emocional e etérico*. Encorajando a "dança com o fluxo da vida", esta pedra auxilia a contornar habilmente obstáculos em seu caminho. Facilitando o abandono de controles rígidos e do medo do futuro, alivia a ansiedade crônica, o estresse e a preocupação, instilando tranquilidade e confiança no intercurso. Este cristal ensina você a olhar para dentro de si mesmo para encontrar as vulnerabilidades que o deixam aberto a ataques psíquicos e mal-intencionados. Ele auxilia no reconhecimento de onde você sabota e ataca a si mesmo, revelando seu inimigo interior e como você projeta isso no mundo exterior. Seu inimigo aparente pode ser o maior aliado da sua alma, que está ajudando você a concluir lições, questões inacabadas ou imperativos* anímicos do passado. O cristal mostra quando é apropriado deixar tudo isso para trás e seguir em frente.

Este cristal ajuda a reestruturar programas emocionais da mente subconsciente ou do esquema etérico*, para que a alma não carregue mais constructos destrutivos. Ele dissolve entidades ou apegos e imperativos ancestrais, amarras, implantes, abertura para energia vampírica e assim por diante. A reprogramação percorre todo o histórico da alma para curar a fonte original, de modo que não haja mais uma estrutura de energia sutil através da qual a indisposição* possa invadir a vida presente.

A Calcita Aquatina® Lemuriana combina bem com o Quartzo Satayaloka®, para trazer luz e conhecimento a situações que tenham um propósito previamente oculto com base na alma. Ele leva você para uma dimensão mais elevada da situação e mostra como ela pode ser resolvida.

CURA Esta pedra age muito bem no nível sutil da cura, trazendo equilíbrio ao esquema etérico* e afetando a cura multidimensional e intercelular dos corpos físico e biomagnético*.

POSIÇÃO Segure a pedra, posicione-a ou use-a no gradeamento, conforme o caso, ou borrife a essência em volta da aura. Leve-a até os chakras do Soma ou das Vidas Passadas durante a meditação.

LISTA DE CRISTAIS

PEDRA ADICIONAL

A **Calcita Orquídea** ajuda você a olhar para o futuro com otimismo, ensinando como manifestar exatamente o que você precisa. Sustentando uma visão positiva do futuro, ela é o antídoto perfeito para premonições relativas à destruição global. Se você olha com nostalgia para o passado, ela o libera para seguir em frente com confiança, dissolvendo delicadamente medos e apoiando a sua jornada. Ela garante um bom sono, e acalma a ansiedade e os pensamentos. Ajudando-o a viver confortavelmente esta encarnação, ela ancora sua energia, mas o ensina a andar levemente sobre a terra. Esta Calcita pode ajudar na assimilação de vitaminas e minerais e na absorção de nutrientes.

Calcita Orquídea Rolada

CALCITA **MERKABITA®**

*Calcita Merkabita
Bruta*

COR	Branco brilhante
APARÊNCIA	Cristal leitoso, translúcido e luminoso
RARIDADE	Raro, só ocorre num único local
ORIGEM	Kansas, Estados Unidos

ATRIBUTOS Pedra de ascensão, a delicada Calcita Merkabita tem uma vibração extremamente alta e angelical que expande a consciência num campo cada vez mais amplo, abrangendo múltiplas dimensões interiores e exteriores e todas as estruturas temporais. A Merkabita cria uma escada para o Eu Superior, pela qual a alma se eleva em consciência. Foi dado a ela o nome Merkabita para nos lembrar que temos um corpo de luz* furta-cor representado pela Merkabá, a estrela de Davi multidimensional. Transcendendo as limitações do mundo físico, ela nos ajuda a continuar ancorados e operando de forma eficiente em nossa realidade atual, visto que ela liga dimensões superiores com o plano terrestre. Descrita como um elevador para uma consciência mais elevada, colocada sobre o

Terceiro Olho ela conecta os chakras* do Soma, da Coroa, da Estrela da Alma e do Portal Estelar e além, de modo que o conhecimento espiritual seja trazido à terra e ancorado no corpo de luz*.

Se você quer saber o propósito de sua alma, a meditação com a Calcita Merkabita permite que você acesse os Registros Akáshicos* da sua vida atual e das vidas futuras. Ela o conecta aos guias e seres superiores que estão ajudando na evolução da sua alma. Se você tem dificuldade para permanecer no momento presente, use a Merkabita para mantê-lo ancorado no eterno agora, independentemente da dimensão em que esteja.

A Merkabita incute clareza mental e elimina a confusão que muitas vezes acompanha uma mudança na frequência energética. Ela estimula o hemisfério direito do cérebro, aumentando a intuição e ajudando você a viver com sucesso no seu mundo.

CURA A Merkabita trabalha principalmente além do físico para criar harmonia nos corpos etéricos* e na alma. No entanto, se você segurá-la durante sessões de cura, ela fortalece a receptividade à energia de cura e a outros cristais.

POSIÇÃO Segure a pedra, posicione-a ou use-a no gradeamento, conforme o caso, ou borrife a essência em torno da aura.

CALCITA: FANTASMA

Também Conhecida como Pirita da Calcita

Formação natural

COR	Branco
APARÊNCIA	Linhas piramidais, pedra translúcida
RARIDADE	Rara
ORIGEM	Estados Unidos

ATRIBUTOS A Pirita na Calcita forma uma "escada para o céu". Ativando os chakras* superiores, ela cria portais metafísicos para proteger você durante viagens a dimensões superiores. Ela expande a percepção para a exploração de realidades mais amplas da consciência e para ancorar os lampejos intuitivos. Excelente para os que estão se iniciando nas viagens interdimensionais, ela nunca apressa o processamento das informações e ativa o chakra do Soma para trazê-lo de volta à realidade do dia a dia. Na nuca, ela ativa a memória e faz uma reprogramação mental.

CURA A Calcita Fantasma tem a fama de estimular as funções cerebrais, o sistema nervoso e os neurotransmissores, realinhando o corpo de luz*. Pode estimular a absorção dos minerais e ajudar na recuperação das articulações, dos músculos e dos ossos.

POSIÇÃO Posicione-a ou borrife a essência especialmente sobre a cabeça para abrir os chakras superiores.

CAROLITA

Carolita bruta na matriz

COR	De cinza claro a cinza-aço
APARÊNCIA	Pedra opaca de aparência metálica; pode ser tingida
RARIDADE	Rara
ORIGEM	Congo, Zaire, Estados Unidos

ATRIBUTOS Ensinando que o amor supera o medo, a Carolita dissipa delicadamente crenças negativas profundamente arraigadas e as causas de vidas passadas subjacentes a fobias, mostrando como você cria a sua própria realidade. Ela oferece uma ótica positiva da vida e ajuda você a moldar o seu futuro, aumentando a sua capacidade de manifestar exatamente o que precisa para o seu crescimento espiritual e pessoal.

CURA A Carolita atua além do físico, removendo as causas psicossomáticas da indisposição*.

POSIÇÃO Posicione-a, use-a no gradeamento ou borrife a essência conforme o caso.

LISTA DE CRISTAIS

CATLINITA

TAMBÉM CONHECIDA COMO PIPESTONE [PEDRA DO CACHIMBO]

Placa em estado bruto

COR	Cor-de-rosa avermelhado
APARÊNCIA	Pedra argilosa densa
RARIDADE	Rara, uma única fonte
ORIGEM	Minnesota, Estados Unidos

ATRIBUTOS Por milhares de anos, a Catlinita ou Pipestone foi uma pedra sagrada para os nativos norte-americanos e, como tal, deve ser tratada com o devido respeito. É com essa pedra altamente protetora que são feitos os "cachimbos da paz" e outros talismãs cerimoniais. Uma mistura potente de diásporo, pirofilita, moscovita e hematita, é a pedra perfeita para a cura e cerimônias de reconciliação. Sempre peça permissão antes de usar esta pedra e, sempre que possível, peça instruções a um nativo norte-americano sobre como usá-la. Mas você na verdade nem precisa ter uma Catlinita para acessar suas propriedades. Basta sintonizar a pedra num nível energético, especialmente se você viajar psiquicamente até a pedreira, com o intuito de se conectar com a "sua" pedra e captar sua energia.

LISTA DE CRISTAIS

A Catlinita é encontrada em placas. Os cristais em forma de placa são úteis para se trabalhar em vários níveis ao mesmo tempo, pois eles distribuem sua energia em camadas. A Catlinita ajuda você a chegar ao fundo das coisas. As manchas brancas na argila simbolizam o vasto céu noturno infinito, e a pedra desempenha um papel importante na cosmologia norte-americana.

A Catlinita promove uma conexão profunda com Tudo O Que É*, ou Grande Espírito, e une o mundo físico com o espiritual. Ela estimula orações e rituais no mundo cotidiano, mostrando que tudo é sagrado e não pode ser separado. É perfeita para cerimônias da roda medicinal e tem sido tradicionalmente usada para estabelecer contato com espíritos e antepassados. Use esta pedra para se reconectar com a sabedoria dos índios norte-americanos ancestrais e com sua profunda interligação com a natureza e a presença do divino no cotidiano. Ou use esta pedra para se conectar com a sua própria linhagem ancestral e se comunicar com o mundo espiritual.

Esta pedra tem uma capacidade incrível de trazer tudo para o agora. Ela irradia uma vibração holística, como se quisesse nos reconectar com

A Catlinita in loco, na Pedreira de Pipestone

o "eu universal". A ajuda para que vejamos o universo não é um mecanismo externo que ocorre em torno de nós, mas, ao contrário, é uma parte integrante do nosso constructo interior e da nossa consciência, e existe em todas as células do nosso ser.

Em muitos aspectos, a Catlinita lhe traz muito mais do que você espera e fortalece o processo de manifestação. É uma excelente pedra para meditar se você deseja criar sua própria paz interior profunda, uma quietude que não pode ser perturbada por influências externas. Quando você tem um centro tranquilo, irradia paz para o mundo. Coloque a Catlinita sobre o seu chakra da Base para se enraizar e ancorar-se na terra, de modo que você ande levemente sobre ela, honrando sua sacralidade. Use a Pipestone no gradeamento para levar paz para as áreas de discórdia ou danos ambientais. Ela retira do corpo físico qualquer indisposição* proveniente de vidas passadas e induz uma profunda sensação de paz e tranquilidade.

A Catlinita é usada na terapia de vidas passadas, em particular para tratar a culpa em relação a genocídios e maus-tratos de pessoas ou animais no passado, e para a tristeza e o ressentimento daqueles que foram vítimas de abuso ou racismo, ou que perpetraram tais abusos. Com o seu poder de promover o perdão e trazer paz interior, é uma pedra útil para amenizar a culpa, a vergonha ou a raiva de vidas passadas. Sobre o chakra da Estrela da Terra, esta pedra absorve os sentimentos negativos durante essas curas, e os desenergiza, enviando amor incondicional e dinâmico à Mãe Terra e à alma encarnada. Use-a no gradeamento para trazer a cura para um ambiente em que essas coisas ocorreram.

CURA A Catlinita promove uma cura profunda insuflando paz interior. Por tradição, ela é considerada um agente de cura para os pulmões, além de carregar o poder de cura do Grande Espírito, por isso é um grande aliado nos casos de doença ou indisposição.

POSIÇÃO Coloque-a sobre os chakras da Base ou da Estrela da Terra, ou use-a no gradeamento conforme o caso. Borrife a essência num cômodo ou ambiente.

LISTA DE CRISTAIS

CELESTOBARITA: REVESTIDA DE CALCITA

Pedaço bruto

COR	Laranja, cinza e branco revestido de branco
APARÊNCIA	Pedra opaca com bandas
RARIDADE	Rara
ORIGEM	Reino Unido

ATRIBUTOS Esta rara combinação surgiu na pedreira da qual se origina a inglesa Celestobarita, mas pode surgir em outros depósitos dessa pedra. Ela irradia uma profunda paz e estabilidade, que ajudam a enfrentar mudanças vibracionais e estabilizar a terra. Esta combinação representa as camadas multidimensionais do nosso ser. Esta é uma pedra que passou por enormes pressões. A camada de Celestobarita foi empurrada para cima e forçada a se dobrar sobre si mesma, e a pacífica e purificadora Calcita se acomodou em torno dela para acalmar e curar a transformação. A combinação facilita a expansão espiritual acelerada. Se você está buscando a sua própria transformação, medite ou durma com essa combinação embaixo do travesseiro.

A Celestobarita rompe bloqueios e leva você até o seu limite e além. Com uma forte energia de blindagem, esta excelente pedra talhada para viagens astrais* cria âncoras* xamânicas e cósmicas que conectam você entre o núcleo do planeta e o centro da galáxia. Ela mostra os dois lados de um problema, elucida o que não está claro, mas deixa-o decidir em que acreditar ou colocar em prática. Lembrando que nada permanece igual, ele ensina você a rir de si mesmo e dos absurdos da condição humana. Se você sente que falta pouco para receber uma resposta ou lampejo intuitivo, segure a Celestobarita para trazer a resposta para a superfície.

Uma purificadora poderosa de energia, a Calcita estimula a consciência superior e abre as capacidades metafísicas. Esta poderosa combinação ajuda a percepção sensorial a decolar, facilitando as viagens interiores ou para os mais distantes recônditos da galáxia e mais além, para buscar sabedoria e um caminho que a humanidade possa seguir. O componente Calcita oferece discernimento para distinguir entre a verdadeira sabedoria e o pensamento positivo ou o engano deliberado.

CURA A Celestobarita na Calcita propicia a cura multidimensional além do físico, mas ajuda a integrá-la no corpo físico. Ela estimula a eliminação de toxinas energéticas e ajuda a reorganizar vias neurais.

POSIÇÃO Segure a pedra, posicione-a no ambiente ou use-a no gradeamento, conforme o caso, ou borrife a essência ao redor da aura.

LISTA DE CRISTAIS

CERVANITA

Bruta

COR	Azulada
APARÊNCIA	Escamosa e quebradiça
RARIDADE	Rara
ORIGEM	Não confirmada

ATRIBUTOS Esta pedra tóxica contém antimônio, um produto da decomposição. No entanto, ela pode preencher o ambiente com vibrações espirituais, combatendo a depressão e humor sombrio, tanto pessoal como no todo maior. Programe-a para trazer alegria para a sua vida e trabalho, mas procure manuseá-la com cuidado.

CURA Só deve ser utilizada sob a orientação de um agente de cura qualificado.

POSIÇÃO Use-a no gradeamento ou posicione-a no ambiente com cautela. *CUIDADO: Tóxica, contém antimônio. Manuseie com cuidado e lave as mãos após o uso. Faça a essência pelo método indireto e não ingira.*

LISTA DE CRISTAIS

CALCANTITA

Bruta

COR	Azul profundo e brilhante
APARÊNCIA	Fibrosa ou em forma de cacho de uvas na matriz
RARIDADE	Rara
ORIGEM	Estados Unidos, Chile, Espanha, Portugal, Polônia, Namíbia (pode ser sintética)

ATRIBUTOS Criada por meio da oxidação do sulfato de cobre, a Calcantita é solúvel em água. Estimula a sintonia psíquica e a introspecção, aumentando a clarividência e avaliação intuitiva de pessoas ou situações, além de abrir o chakra* da Garganta, auxiliando a comunicação. Esta pedra ajuda você a fazer escolhas que levam à realização de desejos e objetivos pessoais. Dissipando sentimentos de abandono ou constrição, se você se sente travado ela desenergiza* o padrão para que você comece a avançar livremente.

CURA A Calcantita pode ser benéfica para a artrite, para artérias bloqueadas e em casos de retenção de líquidos. Ela pode combater distúrbios no sistema reprodutivo e agir como um antioxidante.

POSIÇÃO Segure a pedra, posicione-a ou use-a no gradeamento, conforme o caso. Borrife a essência em torno da aura. *AVISO: Certifique-se de fazer a essência pelo método indireto.*

COMBINAÇÃO DE PEDRAS
Calcantita com Coquimbita A Coquimbita roxa ou lilás contém a chama violeta da transformação e carrega a energia do Arcanjo Zadkiel. Transmutando a energia negativa, ela eleva as vibrações até um nível extremamente alto e auxilia na integração do corpo de luz*. Também prepara o sistema nervoso e os neurotransmissores para receber energias de alta vibração. A Calcantita com Coquimbita purifica seu eu espiritual e transforma a sua visão psíquica de modo que você acesse níveis multidimensionais, mantendo-se ligado à terra.

Coquimbita bruta

CALCEDÔNIA COM APOFILITA

Cristal natural

COR	Branco
APARÊNCIA	Pontiaguda
RARIDADE	Rara
ORIGEM	Não confirmada

ATRIBUTOS Esta bela combinação de pedras eleva a clarividência até um nível muito alto, franqueando o acesso a multidimensões e numerosas estruturas temporais. Abrindo os chakras* do Terceiro Olho e da Coroa Superior, a Calcedônia com Apofilita canaliza orientação e inspiração de seres iluminados, ligados ao Tudo O Que É*. Se você precisa de estimulação metafísica, esta é a combinação mais indicada para você.

CURA A Calcedônia com Apofilita atua principalmente além do físico para curar o esquema etérico*, mas pode atenuar dores de cabeça e enxaquecas causadas por bloqueios psíquicos.

POSIÇÃO Segure a pedra, posicione-a ou use-a no gradeamento, conforme o caso. Borrife a essência na aura ou no ambiente.

CALCÁRIO

Bruta

COR	Branco
APARÊNCIA	Pedra pulverulenta
RARIDADE	Fácil de obter
ORIGEM	Reino Unido, norte da Europa

ATRIBUTOS O Calcário tem um campo de informação coeso que se conecta com um passado remoto. Muitos locais sagrados estão em terrenos calcários, por causa da sua receptividade às energias espirituais e à fluidez que ele confere ao trabalho metafísico. Em combinação com a Pedra Azul Preseli, é uma bateria que abastece de energia positiva o ambiente, combatendo o esgotamento energético. Ele dá sustentação durante mudanças, auxiliando os instintos de sobrevivência. Altamente absorvente, elimina a toxicidade, limpa a aura e libera fluidos do corpo físico.

CURA Contendo um alto grau de cálcio, o Calcário abastece energeticamente o sistema esquelético e desintoxica os órgãos de eliminação. Também facilita a cura da terra*.

POSIÇÃO Use a pedra no gradeamento com a Pedra Azul (sulfeto de cobre) para criar uma bateria ambiental, ou segure-a ou posicione-a conforme o caso.

DIOPSÍDIO CROMO

Bruta

COR	Verde intenso
APARÊNCIA	Pedra facetada ou massa cristalina translúcida
RARIDADE	Rara
ORIGEM	Rússia

ATRIBUTOS Uma pedra de transmissão de energia intensa, o Diopsídio Cromo revitaliza os chakras e o corpo físico e combate doenças da mente e da psique. Pedra purificadora, ela incute profunda paz e tranquilidade, equilibrando e curando os corpos sutis* e a alma. Acreditava-se que tinha caído da Árvore da Vida, por isso ela era enterrada com os mortos para assegurar a renovação. Conecta o seu coração com o da Mãe Terra, ensinando-o a cuidar do planeta e de tudo que nele habita. Ajudando você a se lembrar do conhecimento esquecido, ela o reconecta com as energias de cura do reino vegetal e animal.

CURA O Diopsídio Cromo tem a fama de superar a fraqueza física e os espasmos musculares durante o exercício físico. O oligoelemento cromo facilita o metabolismo da glicose normal e a quebra de gorduras e proteínas. Esta pedra pode ajudar na manutenção do equilíbrio da glicose no sangue.

POSIÇÃO Segure a pedra, posicione-a ou use-a no gradeamento, conforme o caso. Coloque-a na testa para garantir bons sonhos, sobre o pâncreas para estimular a produção de insulina ou borrife a essência na aura.

PEDRA ADICIONAL
Enstatita com Diopsídio Uma pedra de grande determinação e decisão, a Enstatita, com base de ferro, estimula o espírito de competição e dá coragem para se obter sucesso. Mantendo a equidade e a justiça, esta combinação propicia uma natureza profundamente compassiva. Sintonizando a vontade pessoal com o Eu Superior, ela incentiva você a se colocar a serviço do planeta. A Enstatita com Diopsídio o ajuda quando você precisa ser franco e direto, mas com delicadeza. A combinação purifica e ativa o chakra da Base e o associa ao chakra do Sacro, impulsionando a criatividade, que transita para a garganta, para se expressar; e para o topo da cabeça, para ser colocada em ação. Esta pedra cheia de energia combate o desânimo e reenergiza o corpo e a mente. Ela ajuda você a dissipar a tristeza e a tirar seu fardo dos ombros, recuperando a alegria.

Ajudando com os ciclos normais de decadência e crescimento, essenciais para a homeostase do corpo, ela beneficia a memória celular* e combate a fraqueza física. Reequilibrando o sistema nervoso quando os chakras são alçados a uma nova vibração, ela ajuda na recuperação depois de cirurgias ou doenças graves. A Enstatita com Diopsídio atua principalmente além do físico para trazer equilíbrio energético para o corpo. Ela ajuda na assimilação e na utilização de ferro e pode levar um corpo alcalino a uma condição mais ácida.

Enstatita com Diopsídio

CRISÓTILO NA SERPENTINA

TAMBÉM CONHECIDA COMO PEDRA DA VIDA

Rolada

COR	Preto no branco, cinza ou verde
APARÊNCIA	Pedra bicolor opaca em camadas
RARIDADE	Fácil de obter
ORIGEM	Não confirmada

ATRIBUTOS Dotado de grande força e poder, o Crisótilo na Serpentina limpa os detritos do passado e a bagagem emocional dos corpos energéticos, de modo que seja possível acessar o núcleo do eu. Facilita a telepatia e a psicometria, e programa uma abordagem mais positiva para a sua vida. Use-o para facilitar a jornada xamânica com o objetivo de averiguar a vida pregressa e as causas emocionais de indisposições* ou bloqueios anímicos. Ele afasta entidades*, elimina da aura, dos chakras e dos corpos* etérico ou físico amarras ou apegos que não servem mais. Esta pedra ajuda você a entrar em contato com o seu verdadeiro eu e se alinhar com o seu destino. Se você está sendo manipulado ou controlado por outras pessoas, ou está fazendo isso com os outros, ela ajuda você a se libertar e deixar os outros serem livres. Esta pedra abre a sua mente para possibilidades infinitas.

CURA Esta combinação energizante auxilia aqueles que sofrem de fadiga crônica ou esclerose múltipla. Segundo relatos, combate problemas de garganta, enfisema e inflamações na pele, além de fortalecer os meridianos* energéticos do corpo e beneficiar a paratireoide e o tronco cerebral. Também pode corrigir distúrbios nas veias e artérias e equilibrar o açúcar no sangue.

POSIÇÃO Segure a pedra, posicione-a ou use-a no gradeamento, conforme o caso, ou borrife a essência em torno da aura. *AVISO: Use a pedra rolada. Se fizer a essência, opte pelo método indireto, pois a pedra contém asbesto. Lave as mãos após manuseá-la.*

LISTA DE CRISTAIS

CLINOHUMITA

Clinohumita (cristal tabular) e Cromita na Calcita

COR	Laranja, amarelo, marrom
APARÊNCIA	Transparente e brilhante quando facetada
RARIDADE	Gema muito rara
ORIGEM	Tadjiquistão, Sibéria, Tanzânia, Itália, Chipre, Paquistão

ATRIBUTOS A Clinohumita foi descoberta em 1876 em blocos de calcário resultantes da erupção do Monte Vesúvio, na Itália. É uma das mais raras pedras preciosas do mundo, mas novos depósitos foram descobertos mais recentemente. A Clinohumita é um ativador poderoso dos chakras* do Plexo Solar e do Sacro, estimulando a criatividade e removendo bloqueios emocionais. Ela liga esses chakras ao da Base, aliviando a depressão e incutindo energia. Especialmente na sua forma laranja e amarelo-canário, a Clinohumita é uma pedra de felicidade, que traz alegria para sua vida. Se você precisa de uma injeção de energia na parte da manhã, coloque-a sobre o plexo solar para despertar e revitalizar todo o seu corpo.

CURA A Clinohumita supostamente aumenta o fluxo sanguíneo através do sistema circulatório.

POSIÇÃO Utilize a pedra como joia, segure-a ou use-a no gradeamento, conforme o caso, ou borrife a essência ao redor da aura.

PEDRA ADICIONAL
Clinohumita e Cromita na Calcita Esta combinação incomum proveniente do Paquistão é composta da ensolarada Clinohumita (inclusões marrons) com a poderosa Cromita (inclusões pretas à base de ferro), dentro das energias puras da clara Calcita. Excelente para aumentar a sua vitalidade e combater a depressão, ela dá força, gentileza e otimismo, e é particularmente útil para aqueles que se sentem oprimidos por circunstâncias da vida e pela perda da esperança. Ajudando você a ficar sereno em meio à turbulência, ela o ajuda a avançar quando se deparar com retrocessos. Mantenha uma em seu bolso para manuseá-la com frequência.

COPROLITA

TAMBÉM CHAMADA DE COCÔ DE DINOSSAURO

Polida

COR	Cinza, preto, marrom, azul
APARÊNCIA	Pedra opaca mosqueada
RARIDADE	Facilmente obtida, especialmente na forma polida
ORIGEM	Reino Unido, Estados Unidos

ATRIBUTOS Como seria de se esperar de algo tão velho, a Coprolita, que são os restos fossilizados de excrementos de dinossauro, melhora a memória e facilita a regressão a vidas passadas. É particularmente útil para se chegar ao fundo das questões de sobrevivência e para reunir coragem para levar adiante o que pode vir a ser uma jornada difícil na vida. Mentalmente, fortalece a inteligência e aumenta a estabilidade intelectual, auxiliando com a assimilação de novas informações.

Melhorando a flexibilidade mental e a destreza dos processos de pensamento, a Coprolita abre a mente para novas ideias.

LISTA DE CRISTAIS

CURA A Coprolita pode beneficiar os ossos e o sistema digestivo, estimulando a assimilação de nutrientes e a eliminação das toxinas.

POSIÇÃO Posicione a pedra, coloque-a no ambiente ou use-a no gradeamento, conforme o caso.

PEDRA ADICIONAL
Osso de Dinossauro Osso de dinossauro fossilizado, esta pedra aumenta a energia física e fortalece os processos de memória e pensamento. É uma pedra excelente para regressão a vidas passadas, levando-o de volta ao passado para curar problemas básicos de sobrevivência. Dissipa a ansiedade e incute confiança no futuro. O Osso de Dinossauro é tradicionalmente utilizado para combater a paralisia e ossos quebrados, e para a reestruturação do crescimento ósseo desordenado. Ele supostamente melhora a audição, a vitalidade e a assimilação do fósforo. A pedra Osso de Dinossauro é utilizada para regular a temperatura do corpo, reduzindo a febre e controlando o processo de crescimento no interior das células.

Osso de Dinossauro (rolada)

Osso de Dinossauro (bruta)

CRIOLITA

Bruta

COR	Branca
APARÊNCIA	Cristal translúcido
RARIDADE	Rara
ORIGEM	Groenlândia (também pode ser sintética)

ATRIBUTOS Oficialmente sancionada como pesticida nos Estados Unidos, a Criolita é um mineral com base de alumínio, que deixa um resíduo tóxico de fluoreto: uma qualidade surpreendente numa pedra valorizada no mundo dos cristais por sua capacidade de elevar a consciência. Mas a Criolita natural purifica energeticamente os corpos sutis*, de modo que estados mais elevados de consciência possam ser alcançados com facilidade.

Usada na homeopatia, a Criolita é capaz de combater larvas, implantes e parasitas etéricos e bloqueios do controle da mente. Este cristal estimula o contato com o Eu Superior e com a alma* e ajuda você a se alinhar com a sua verdade espiritual e viver de acordo com o seu coração.

No nível emocional, a Criolita combate a indecisão. Também ajuda você a tomar uma resolução, libertando-o das limitações impostas por sistemas de crença obsoletos ou pelo condicionamento emocional. Ajuda a dar uma direção à vida e a identificar as rotas menos tortuosas para chegar lá.

CURA No nível energético, a Criolita pode beneficiar o funcionamento do cérebro e do estômago, e combater os problemas intestinais e neurológicos, a anemia, a tireoide, as erupções cutâneas e os problemas ósseos. Pode ser útil nos casos de indigestão crônica, úlcera, síndrome do intestino irritável, Doença de Crohn e para dissipar energeticamente o excesso de fluoreto.

POSIÇÃO Segure a pedra, posicione-a ou use-a no gradeamento, conforme o caso. Borrife a essência em volta da aura. *AVISO: a Criolita contém alumínio. Lave bem as mãos depois de usá-la e faça a essência pelo método indireto.*

CUMBERLANDITA

Bruta

COR	Preto esverdeado com inclusões brancas
APARÊNCIA	Pedra granular
RARIDADE	Rara, um local apenas
ORIGEM	Rhode Island, Estados Unidos

ATRIBUTOS Uma pedra antiga nascida de um vulcão, a Cumberlandita é a Pedra Oficial de Rhode Island, e era considerada sagrada pela Nação indígena dos nipmuck. Magnética e rica em ferro e titânio, a Cumberlandita era fundida para criar ferramentas e canhões durante a Guerra da Independência. Ela contém uma alta proporção de Olivina (peridoto), uma pedra de proteção e purificação que dissipa a "velha bagagem" e libera e neutraliza a inveja ou o ressentimento. Esta pedra desperta a sua curiosidade intelectual e o conecta à sua mente superior, estimulando a sua sede de saber.

Do ponto de vista psicológico, a Cumberlandita fortalece a acuidade mental e equilibra a energia nervosa, sendo útil para a hiperatividade, o transtorno de déficit de atenção e condições semelhantes; é altamente recomendada para professores. Dizem que ativa e equilibra ambos os lados do cérebro, e inspira calma quando se está sob estresse mental.

Do ponto de vista físico, a Cumberlandita auxilia na flexibilidade, mantendo o corpo elástico.

CURA A Cumberlandita pode ajudar nos casos de distúrbios cerebrais, da tireoide e das glândulas paratireoides; energeticamente, alinha o sistema nervoso simpático. Dizem que ela também ajuda na flexibilidade do corpo.

POSIÇÃO Segure a pedra, posicione-a ou use-a no gradeamento, conforme o caso.

CUPRITA COM CRISOCOLA

Também Conhecida como Sonora Sunrise [Nascer do Sol de Sonora]

Rolada

COR	Combinação turquesa e vermelha
APARÊNCIA	Pedra opaca com coloração vibrante e distinta
RARIDADE	Rara mas se tornando mais acessível
ORIGEM	México

ATRIBUTOS Duas pedras poderosas, a dinâmica Cuprita, que infunde energia no corpo, e a purificadora Crisocola, que estimula a comunicação e a expressão da verdade pessoal, se combinam na Sonora Sunrise. A Cuprita, uma pedra filosófica, ensina princípios humanitários e estimula a ajuda aos semelhantes. A combinação encoraja o serviço ao planeta.

Use a Cuprita com Crisocola para explorar vidas passadas e aprender com as experiências a que sua alma foi submetida. É excelente para você reformular padrões emocionais ou mentais destrutivos de qualquer período de tempo e para se sentir seguro em todas as situações. A Cuprita com Crisocola alivia a mente no que diz respeito às preocupações e situações sobre as quais você não tem controle, e fortalece a confiança de que tudo está bem. Superando dificuldades com um pai, guru, professor ou outra figura de autoridade, do presente ou do passado, ela libera você de deveres e obrigações rígidos e do controle mental. Alinhando sua vontade pessoal com a do seu Eu Superior, ela ajuda você a assumir a responsabilidade pela sua vida. A combinação atrai um mentor positivo quando necessário.

Fisicamente, a Cuprita com Crisocola oferece grande vitalidade e força. Ela é um grande amparo quando existe medo de uma doença grave e ajuda na superação de um diagnóstico terminal, atraindo o que você precisa para sobreviver do ponto de vista psicológico. Com uma forte vitalidade, ela rejuvenesce o corpo físico. Colocada sobre o coração, restaura a energia e fortalece o sangue. A Cuprita ajuda o corpo a captar Qi* ou prana do ar que você respira. Por meio do sangue, o Qi passa para as células do corpo, que são revigoradas, recuperando seu funcionamento normal. Esta pedra revitaliza os chakras da Base, ancorando o corpo físico, ativando a criatividade e restaurando a libido e a função sexual.

CURA A Cuprita com Crisocola supostamente fortalece e oxigena o coração e o sangue, o tecido muscular e o sistema esquelético, e combate desequilíbrios metabólicos. Além de beneficiar a garganta, há relatos de que equilibra o sistema hormonal feminino. Esta pedra trata energeticamente a AIDS, o câncer, as doenças do sangue, a retenção de líquidos, o mau funcionamento da bexiga e do rim, a vertigem e o mal das alturas. É útil para fumantes, pois fortalece os pulmões.

POSIÇÃO Use-a sobre o timo ou sobre a área que apresenta indisposição* ou baixa energia, ou nos chakras da Base e do Sacro. Coloque-a sobre os chakras das Vidas Passadas para ver o passado remoto. Borrife a essência em torno da aura ou no ambiente.

DIANITA

Polida

COR	De azul-celeste a azul-escuro
APARÊNCIA	Pedra opaca; pode ter marcas semelhantes a nuvens
RARIDADE	Procedente de uma mina apenas
ORIGEM	Sibéria

ATRIBUTOS Descoberta no ano que a princesa Diana morreu, a Dianita é uma pedra semelhante à Nefrita, que recebeu esse nome em homenagem à princesa. Irradiando uma sensação energética semelhante à Violane Azul, da Itália, a Dianita é uma mistura de quartzo, tremolita e anfibólio azul, e passou a ser considerada uma pedra de cura profunda para aqueles que passam por uma situação difícil. Ela acalma a hiperatividade e infunde paz no corpo, na mente e no espírito, permitindo que você ouça a sua voz interior. Uma pedra de alta vibração, ela é uma aliada na meditação profunda e para entrar em comunhão com o cosmos. Reforçando o crescimento espiritual e a conexão com o seu Eu Superior, a Dianita pode ser útil para corrigir uma autoimagem ruim e para combater a dismorfia corporal. Na cura, a Dianita aquece as extremidades e o coração daqueles que a seguram.

CURA A Dianita pode ajudar nos casos de artrite e inflamação das articulações. Ela é supostamente útil para a asma e as doenças nos brônquios e para a Doença de Raynaud.

POSIÇÃO Segure a pedra, use-a no gradeamento ou como joia, ou borrife a essência em torno da aura.

PEDRA ADICIONAL
Violane (Dioptásio Azul) De azul-claro a roxa, a pedra italiana Violane é semelhante em seus efeitos energéticos à Dianita, da Sibéria. O cristal potencializa as capacidades metafísicas e aumenta a intuição. Ele cria e ativa a ligação entre os chakras* do Coração Superior, do Soma e da Estrela da Alma. A Violane forma uma matriz ou teia energética na dimensão física, que se conecta diretamente com as energias universais. Ela cria um campo de informação para a cura e para o aprendizado superior. Ela ajuda você a entrar numa sintonia mais próxima a dos seus guias. Um agente de cura kármico* eficaz, ela purifica os chakras das Vidas Passadas, em seguida recalibra a energia para o momento presente. Use a Violane constantemente se você precisa aumentar sua vitalidade, visto que ela estimula o fluxo de Qi*. A Violane pode beneficiar os músculos e os órgãos genitais.

Polida

LISTA DE CRISTAIS

DIÁSPORO

TAMBÉM CONHECIDA COMO ZULTANITA

Bruta

Facetas de Diásporo

COR	Verde e amarelo mudando para o cor-de-rosa, dependendo da fonte de luz
APARÊNCIA	Cristal bruto translúcido em camadas, ou pedra facetada que muda de cor
RARIDADE	Raro
ORIGEM	Turquia (qualidade de gema), Rússia, Nova Zelândia, Estados Unidos, Brasil, Argentina, Reino Unido, China

ATRIBUTOS Uma das pedras preciosas mais raras do mundo, o Diásporo, de alta vibração (vendido com qualidade de gema com o nome de Zultanita), abre os chakras* da Coroa e da Coroa Superior e ancora uma energia de alta vibração na terra. A pedra bruta é usada em trabalhos metafísicos e de cura. Colocada na testa, esta pedra propicia sonhos lúcidos e aumenta as capacidades metafísicas. É útil se você faz leituras psíquicas para outras pessoas, uma vez que melhora a sua conexão espiritual. A cor vem do manganês, que absorve o espectro ultravioleta e parece diferente dependendo da direção da qual é visto. Você literalmente vê as coisas sob uma luz diferente com esta pedra.

Um componente fisiológico importante, com um poderoso fator antioxidante e função metabólica, o manganês é necessário para o correto desenvolvimento dos ossos, para a regeneração dos tecidos e para a assimilação de minerais dentro do corpo. O equilíbrio correto de manganês é essencial e o Diásporo irradia um impulso energético ou sedativo, conforme o necessário.

CURA O Diásporo tem a fama de ajudar o corpo a manter o equilíbrio ácido-alcalino correto e a remover os radicais livres e toxinas ou poluentes. Ele energeticamente libera a retenção de líquidos, promovendo a perda de peso e a remodelação corporal. Na cura com cristais, o Diásporo é usado nos casos de mal de Parkinson, para estimular a produção de células-T no sistema imunológico, na cicatrização de feridas e no desenvolvimento correto da ossatura.

POSIÇÃO Segure a pedra, use-a como joia ou no gradeamento, ou borrife a essência conforme o caso.

PEDRA DO DRAGÃO

Também Chamada Bastita

Bastita Rolada

Bastita do Dragão Australiana

COR	Verde e vermelha
APARÊNCIA	Pedra opaca bicolor
RARIDADE	Rara
ORIGEM	Austrália, África do Sul

ATRIBUTOS A Pedra do Dragão, encontrada no mundo todo, estimula a subida da energia kundalini*, ativando os chakras* e a criatividade em todos os níveis. Ela ativa a energia do dragão*, a kundalini da terra, ajudando na cura da terra e trazendo ordem a partir do caos. Ela aumenta a fertilidade e alinha os meridianos. Útil na terapia de vidas passadas, quando abusos no passado bloqueiam a vida sexual. Colocada em chakras menores, localizados nos joelhos, a Pedra do Dragão ajuda você a ser mais centrado e ancorado na terra.

CURA Usada nos casos de infertilidade e nas doenças relacionadas a um bloqueio do chakra da Base ou do Sacro. O Quartzo do Dragão possui as mesmas propriedades.

POSIÇÃO Posicione-a, coloque-a no ambiente ou use-a no gradeamento, ou borrife a essência em torno dos chakras da Base e do Sacro.

PEDRA DO ECLIPSE

Polida

COR	Amarelo e preto
APARÊNCIA	Pedra opaca com áreas coloridas distintas
RARIDADE	Rara
ORIGEM	Indonésia

ATRIBUTOS Uma pedra misteriosa, a Pedra do Eclipse parece uma poderosa combinação de Auripigmento em Ágata ou Jaspe Preta. É excelente para a fase da Anciã. A Anciã é a mulher sábia, a velha sacerdotisa que detém a sabedoria antiga e costumava ser honrada dentro da tribo. Com esta pedra, a mulher que está na menopausa recupera seu poder e seu lugar na sociedade. Em homens que tiveram uma crise de meia-idade ou têm sido desnecessários na maturidade, ela estimula um novo começo.

A Ágata ou Jaspe Preto é profundamente fortalecedora e o Auripigmento é um grande apoio durante os tempos de mudança. Melhorando a clareza de pensamento, ela ajuda você a planejar com antecedência e ainda ser flexível o suficiente para seguir o fluxo, se as circunstâncias mostrarem que o plano é inadequado para o seu crescimento espiritual. A Pedra do Eclipse dissolve o ódio, a inveja e o ressentimento, e enche seu coração de alegria e amor.

Esta pedra estimula as funções intelectuais, incentivando a análise e o pensamento lógico. Mantenha uma no bolso quando estiver estudando ou fazendo provas. Ela afasta tudo o que está escondendo a verdade e traz a sombra para a luz. Se um dos pais é excessivamente dominante, a Pedra do Eclipse reduz a influência dele, de modo que o efeito subconsciente do pai eclipsado seja compreendido. A pedra purifica o plexo solar, liberando bloqueios emocionais, memórias e padrões ancestrais.

Do ponto de vista espiritual, a Pedra do Eclipse estimula a visão interior e o discernimento, abrindo o caminho para a iluminação. Uma pedra da magia e da feitiçaria, ela leva você numa profunda viagem interior para explorar os aspectos sagrados, negligenciados e tabus da vida.

CURA A Pedra do Eclipse tem fama de amenizar os sintomas da menopausa e das doenças da meia-idade em homens e mulheres. Pode auxiliar nos distúrbios dos intestinos, do sistema circulatório e digestório, dos ouvidos, nariz e garganta.

POSIÇÃO Coloque-a sobre os chakras do Plexo Solar ou do Sacro ou use-a no gradeamento conforme o caso. *AVISO: O Auripigmento é tóxico. Lave as mãos após o uso e não faça a essência pelo método direto.*

LISTA DE CRISTAIS

ECLOGITO

Bruta

Polida

COR	Verde e cinza
APARÊNCIA	Pedra opaca
RARIDADE	Rara
ORIGEM	Alemanha

ATRIBUTOS O Eclogito potencializa a sua energia interior, especialmente quando você precisa de coragem ou resistência. Este pedaço da crosta oceânica foi empurrado das profundezas da terra para a superfície sob grande pressão. Ele ajuda a manter o Qi*, a força vital que sustenta o corpo, a mente e o espírito, e reforça a cura abrindo os meridianos* de energia no corpo. O Eclogito ativa os centros de energia mais elevados no corpo, de modo que o corpo de luz* e a consciência despertem ainda mais.

CURA O Eclogito sustenta o corpo e a alma e estimula as membranas celulares a manifestar o código genético mais benéfico possível.

POSIÇÃO Posicione a pedra, segure-a ou use-a no gradeamento. Use-a como amuleto ou como joia por longos períodos.

EOSFORITA

Bruta

COR	Cor-de-rosa, branco, marrom, laranja rosado.
APARÊNCIA	Cristal transparente a translúcido
RARIDADE	Rara
ORIGEM	Brasil, Canadá, Paquistão

ATRIBUTOS Oferecendo proteção na exploração de vidas passadas, a Eosforita transporta você para a situação nuclear que criou um padrão kármico*, desenergizando-o na sua origem para que seus efeitos não se prolonguem. Ela ajuda a superar antigos sentimentos de raiva ou de inferioridade, substituindo-os por uma atitude de autoconfiança. A Eosforita cor-de-rosa, particularmente, é útil para a abertura e purificação dos chakras* do Coração, de modo que você possa sentir alegria.

CURA Segundo relatos, a Eosforita ajuda na reparação das estruturas do RNA e do DNA, ativa as doze fitas do DNA e facilita a assimilação dos minerais necessários para o correto funcionamento celular.

POSIÇÃO Segure a pedra, use-a no gradeamento ou borrife a essência em torno do coração e da aura.

FLUORAPATITA

Cristal natural

COR	Cor-de-rosa, branco, amarelo, azul, roxo, verde, marrom
APARÊNCIA	Cristal translúcido, estriado
RARIDADE	Fácil de obter
ORIGEM	Estados Unidos, Paquistão, Suíça, República Tcheca, Alemanha, México, Rússia, Canadá

ATRIBUTOS Uma catalisadora para a mudança, a Fluorapatita é uma ferramenta útil para a resolução de conflitos, internos ou externos. Esta pedra da graça e da harmonia ajuda a dissipar a agressividade entre pessoas ou interesses conflitantes. Ela sintetiza um grupo, garantindo harmonia. Programe-a como for mais apropriado.

A hidroxiapatita, um componente do cristal, ocorre naturalmente na glândula pineal, que controla o efeito dos campos eletromagnéticos e regula o corpo em conformidade. Os místicos acreditam que essa glândula seja o Terceiro Olho e que a Fluorapatita estimula as capacidades metafísicas. Uma estrutura sem barreira hematoencefálica, a glândula pineal produz a melatonina, que regula o biorritmo e o ciclo circadiano. A

Fluorapatita ressoa com a hidroxiapatita na glândula pineal, ativando a visão interior e a conexão com o Tudo O Que É*. Considera-se que a glândula pineal segregue DMT (Dimetiltriptamina), a "molécula do espírito": um espelho neuroquímico. O DMT é um psicodélico natural que tem um papel nas viagens astrais*, nas experiências de quase morte e em outras experiências humanas que levam a alma a multidimensões.

A Fluorapatita tem sido muito utilizada para fertilizar e semear novas vibrações e ideias. Induzindo ao equilíbrio, ela bloqueia as exigências do mundo externo para que você encontre paz interior.

Do ponto de vista psicológico, ela atenua a irritabilidade. Use-a no gradeamento para promover a harmonia na casa.

CURA A Fluorapatita tem sido utilizada como coadjuvante energético no tratamento do câncer e nas doenças dos olhos, dos pulmões e das extremidades, e para reverter a perda do sentido do olfato. Pode beneficiar ossos e dentes.

POSIÇÃO Segure a pedra, posicione-a, use no gradeamento ou borrife a essência da gema em torno da cabeça.

PEDRA ADICIONAL
A **Fluorelestadita** tem muitas das propriedades da Fluorapatita.

GABRO

Gabro polida

COR	Verde profundo a cinza, azul
APARÊNCIA	Pedra fanerítica, granulosa, áspera, opaca
RARIDADE	Uma das rochas mais comuns
ORIGEM	No mundo todo

ATRIBUTOS Uma rocha plutônica formada quando o magma fundido se resfria e se torna uma massa cristalina, o Gabro sustenta a maior parte dos oceanos do mundo e grande parte da superfície da terra. Ele é pobre em sílica e rico em calcita. Minerais como o feldspato, clorita, serpentina, moscovita, piroxênio, hercinita, magnetita numa matriz, ele pode conter olivina, cromo granada, actinolita e biotita. O efeito sinérgico é incrivelmente potente. O Gabro ajuda a superar perturbações energéticas e coloca você em contato com o seu Eu Superior. Destacando mudanças necessárias em sua vida, ele dissipa a confusão e infunde força mental.

Esta pedra ajuda na sua libertação de contratos kármicos* e de crenças nucleares* anímicas que não lhe servem mais.

Esta pedra pacífica é extremamente solidária e profundamente ligada à terra. Ela conecta você à terra e coloca um escudo protetor ao seu redor, neutralizando energias negativas e a poluição eletromagnética causada pela comunicação Wi-Fi. Segure um Gabro na mão para filtrar os *downloads* de informações que ocorrem na mudança dimensional*. Ele estabiliza o seu contato com a terra fazendo com que essas informações cheguem

LISTA DE CRISTAIS

até esse nível. O Gabro torna você consciente da importância das experiências que pode ter negligenciado na época, apontando a dádiva no interior delas. Esta pedra é excelente para combater o estresse. Ela também pode regular, do ponto de vista energético, a apoptose, o processo biológico essencial de morte celular que permite que o ciclo de vida celular continue à medida que as células morrem, regeneram-se e renovam-se. Quando esse processo é interrompido, indisposições* tais como doenças autoimunes e o câncer podem ocorrer. Por supostamente auxiliar na localização do ponto de desarmonia energética dentro do corpo físico, o Gabro combate bloqueios de energia sutil* e é profundamente desintoxicante para todos os corpos.

Gabro com Pirita

CURA O Gabro tem a fama de tratar "ondas de calor", inchaço celular e infecções, distúrbios do sistema imunológico, contusões e entorses. Ele também pode aliviar os efeitos de geopatógenos* e febres, e equilibrar a alcalinidade no corpo.

POSIÇÃO Segure a pedra, coloque-a no ambiente, use-a como joia ou no gradeamento, conforme o caso. Borrife a essência em torno da aura ou no ambiente.

PEDRAS ADICIONAIS

Pedra Nevasca® Salpicada de branco sobre fundo preto, a Pedra Nevasca do Alasca é uma combinação de cloreto, serpentina, moscovita, piroxênio, hercinita, magnetita e feldspato branco. Proporcionando uma poderosa proteção contra a poluição eletromagnética de computadores etc., esta pedra fortalece o campo biomagnético*. Ela também ajuda você a viver a sua própria vida e deixar que as outras pessoas possam viver a delas. Unindo opostos, ela é útil para trabalhos de vidas passadas e para quem quer reconhecer o modo como o passado interfere no presente. A Pedra Nevasca® remove dos Registros Akáshicos* e do esquema kármico* quaisquer incidências de perseguição, preconceito, ódio ou discriminação

Pedra Nevasca®

LISTA DE CRISTAIS

racial, seja como perpetrador ou como vítima, restaurando a paz na psique e na alma. Segundo relatos, a Pedra Nevasca® é um agente metafísico especialista em erradicação do ódio, da violência e da opressão em nosso planeta. Ela reverte o comportamento antissocial e a agressividade e promove o perdão. Use-a no gradeamento sobre um mapa ou no ambiente em áreas de conflito. A Pedra Nevasca® combate bloqueios no corpo físico, fortalece o sistema imunológico e aumenta a sua sensibilidade ao tratamento radiônico.

O **Gabro com Pirita** é uma poderosa combinação sinérgica que mantém você protegido e aterrado durante o trabalho metafísico.

O **Gabro Índigo** leva você para viajar a multidimensões e o mantém ancorado, ao mesmo tempo, permitindo-lhe estar tanto "aqui" quanto "lá" simultaneamente. Um excelente apoio, segure-o durante os momentos traumáticos para elevar e estabilizar suas energias.

Merlinita Mística® A Merlinita Mística® de Madagascar é energeticamente semelhante à Merlinita. No Terceiro Olho, é uma das maneiras mais rápidas de abrir capacidades metafísicas, expandir a consciência e fazer contato com elementais e devas. Útil na cura de vidas passadas, a Merlinita Mística® ajuda a recolher partes fragmentadas da alma, purificando-as e devolvendo-as à alma encarnada ou ao Eu Superior, se não for apropriado para a parte da alma retornar à terra. Ela auxilia na exploração das partes ocultas da psique e na aplicação da retrocognição, para compreender melhor as situações que tiveram um efeito profundo sobre a forma como você vive agora.

Gabro Índigo

Merlinita Mística® (polida)

Merlinita Mística® (bruta)

GALAXITA

Polida

COR	Azul-profundo-preto salpicado de branco
APARÊNCIA	Pedra opaca com a aparência de céu noturno
RARIDADE	Rara
ORIGEM	Canadá

ATRIBUTOS Uma Microlabradorita no Feldspato, as altas vibrações da Galaxita conectam-se a todo o Cosmos e à imensidão da criação. Ela ajuda no estudo da astrologia ou astronomia; a viagem astral* com esta pedra leva você aos confins do nosso universo. Oferece proteção áurica durante o trabalho metafísico, mantendo-o conectado à terra. A Galaxita o ajuda a ter uma visão geral do desenvolvimento espiritual, sintonizando-o com o propósito da sua alma.

CURA A Galaxita pode ajudar o cérebro e os olhos ou em casos de distúrbios metabólicos. Ela supostamente ajuda na digestão, resfriados, reumatismo e gota, e dissipa a ansiedade e o estresse relacionados com indisposições*.

POSIÇÃO Segure a pedra, posicione-a no ambiente, use-a no gradeamento ou borrife a essência em torno da aura.

GRANADA NO PIROXÊNIO

Rolada

COR	Vermelho e cinza arroxeado
APARÊNCIA	Cores bem definidas na pedra opaca
RARIDADE	Rara
ORIGEM	Não confirmada

ATRIBUTOS As propriedades altamente energéticas da Granada são suavizadas e ancoradas pelo Piroxênio. Essa combinação inusitada é útil para eliminar bloqueios dos chakras da Base e do Sacro, de modo a estimular a criatividade em todos os níveis. Colocada ao longo da base do crânio, ela alinha e ativa o chakra Alta-Maior e abre as capacidades metafísicas.

CURA Como em todas as Granadas, esta combinação pode ajudar o fluxo de sangue e o coração. Ela também pode estimular a fertilidade e o metabolismo lento.

POSIÇÃO Segure a pedra, posicione-a ou use-a no gradeamento, conforme o caso.

GLAUCOFÂNIO

Polida

COR	Azul-cinza com branco e dourado
APARÊNCIA	Pedra opaca, brilhante, mosqueada
RARIDADE	Rara
ORIGEM	Regiões montanhosas da Europa

ATRIBUTOS Um anfibólio azul, o Glaucofânio parece uma galáxia suspensa no espaço, com estrelas cintilantes. O nome significa "azul aparecendo" e trata-se de uma rocha metamórfica rica em sódio, o que significa que ela foi submetida a grande pressão na sua longa vida. O Glaucofânio literalmente crepita na sua mão. Colocado sobre o Terceiro Olho, abre a visão metafísica e, sobre o chakra* da Garganta, permite que você comunique o que vê e compartilhe a sua visão espiritual. Sobre o chakra do Soma, esta pedra leva você para conhecer seres estelares e a encontrar o lar de sua alma. É uma pedra de ancoragem útil para fazer uma âncora cósmica no centro da galáxia, de modo que você se sinta ligado ao seu corpo, não importa a que distância possa estar. Esta pedra é excelente sempre que você precisa de esclarecimentos e pode ajudar a buscar soluções para problemas muito difíceis. Medite com ela ou coloque-a sob o travesseiro e peça para ter um sonho que lhe mostre o que está por trás de tais situações.

CURA O Glaucofânio é um poderoso agente de cura e potencializador do bem-estar. É particularmente útil para a garganta e indisposições* que surgem de pensamentos e sentimentos reprimidos ou experiências que nunca foram expressas em palavras.

POSIÇÃO Segure a pedra, posicione-a, use-a no gradeamento ou borrife a essência na aura, especialmente em torno da garganta e da cabeça.

GLENDONITA

Formação natural

COR	Marrom acinzentado claro para médio
APARÊNCIA	Muitas pontas protuberantes numa esfera opaca
RARIDADE	Rara
ORIGEM	Rússia

ATRIBUTOS Esta pedra de orientação e propósito espiritual ajuda você a descobrir sua intenção anímica na vida presente. Medite com ela para verificar se está seguindo a sua intenção presente em vez de se apegar a outra, obsoleta, que se prendeu ao seu campo de energia. A Glendonita desenergiza* o velho padrão e ajuda você a acessar uma intenção mais benéfica para a sua evolução espiritual.

Ativando todos os chakras*, especialmente os que estão no nível mais alto, a Glendonita facilita a aprendizagem. Ela permite que a informação transite livremente através do corpo e facilita o processamento rápido de pensamentos e percepções. Colocada sobre o Terceiro Olho, ela transfere *downloads* psíquicos e abre a clarividência e a visão interior.

A Glendonita ajuda a simplificar seus processos de pensamento e acelera a assimilação de informações, de modo que o assunto mais complexo se torne facilmente compreensível.

Uma pedra útil para transmutar os padrões emocionais que já não servem mais, a Glendonita cria um ambiente de amor e ajuda a superar uma história familiar disfuncional para criar uma família amorosa e que dá apoio na vida. Com esta pedra, você vive a vida como você é agora, e não como um produto do passado. É uma pedra de aprendizagem e descobertas pessoais, que ajuda você a se reunir com sua família espiritual.

CURA A Glendonita tem a fama de melhorar a insônia e dores de cabeça, especialmente quando elas têm uma causa emocional. Segundo relatos, facilita a cicatrização de fraturas, cortes e escoriações, além de fortalecer os dentes e os ossos e ajudar na regeneração celular.

POSIÇÃO Coloque a pedra no ambiente, posicione-a, use-a no gradeamento, conforme o caso, ou borrife a essência em torno da aura. *AVISO: Certifique-se de que a essência seja feita pelo método indireto.*

CORACALCITA DOURADA®

Bruta

COR	Dourado para amarelo leitoso ou branco
APARÊNCIA	Cristal opaco, esquelético, semelhante ao coral
RARIDADE	Raro
ORIGEM	Flórida, Estados Unidos, Caribe

ATRIBUTOS Esta fusão de alta vibração entre o coral e a calcita conecta os aspectos espirituais e físicos do seu ser e aumenta a sua intuição. A Coracalcita Dourada® ativa o corpo de luz* e o conecta ao corpo físico, através do sistema de chakras inferiores, e ao Tudo O Que É* através dos chakras de vibração mais elevada. Centra a sua intenção tornando possível a manifestação do que você mais deseja, no momento mais oportuno para a sua alma, à medida que você percorre o caminho evolutivo rumo à consciência superior.

CURA A Coracalcita Dourada® facilita a cura celular multidimensional. No nível físico ela ressoa com as estruturas ósseas do corpo, com o tecido conjuntivo, com os dentes, com os nervos e com os neurotransmissores.

POSIÇÃO Coloque a pedra num lugar, use-a no gradeamento, conforme o caso, ou borrife a essência em torno da aura.

SELENITA DOURADA

Também Conhecida como Sunset Gold [Ouro Pôr do Sol]

Formação natural

COR	Âmbar claro a dourado ou amarelo
APARÊNCIA	Pontos transparentes ou translúcidos num leito
RARIDADE	Rara mas se tornando cada vez mais disponível
ORIGEM	Peru, Canadá, sudoeste dos Estados Unidos

ATRIBUTOS Uma das formas mais refinadas de um cristal que já tem vibrações extremamente altas, a Selenita Dourada leva você suavemente a outra dimensão para oferecer uma visão geral da vida e do caminho da sua alma. Esta bela pedra ajuda a alinhar a sua vontade pessoal com a do seu Eu Superior, com a sua intenção anímica e com o plano divino. Um excelente cristal para manifestação, ele garante que o que você manifesta seja para o bem maior de todos e que a realidade que você cria seja alegre e evolutiva. Esta pedra facilita o acesso aos mais elevados níveis de orientação e aprendizagem da alma, facilitando as viagens multidimensionais e a exploração estelar.

Como a Selenita Dourada harmoniza a vontade, ela é extremamente útil na superação de vícios e obsessões de todos os tipos e para trazer harmonia para a mente, o corpo e o espírito. Toda Selenita é luz divina cristalizada, mas a Selenita Dourada também tem uma enorme infusão de luz solar e energia sem limites, que podem ajudar na depressão sazonal e na melancolia causada pela falta de luz solar no inverno. Mantenha a pedra perto de você em todos os momentos para superar a depressão ou letargia e trazer luz do sol espiritual.

CURA A Selenita Dourada pode ajudar na digestão, mas atua principalmente a partir dos níveis energéticos sutis, para restaurar a harmonia dos corpos sutis*.

POSIÇÃO Como a Selenita Dourada é delicada, posicione-a ou use-a no gradeamento com cuidado, conforme o caso, ou borrife a essência em torno da aura. *AVISO: Faça a essência pelo método indireto.*

QUARTZO ENFUMAÇADO GRÁFICO NO FELDSPATO

TAMBÉM CONHECIDA COMO ZEBRADORITA

Polida

Bruta

COR	Branco-bege a leitoso com cinza ou marrom
APARÊNCIA	Cristal translúcido estriado numa matriz densa
RARIDADE	Razoavelmente fácil de encontrar
ORIGEM	Madagascar, Estados Unidos

ATRIBUTOS O Quartzo Enfumaçado foi fortemente comprimido numa matriz de Feldspato. O Feldspato ajuda você a se ancorar e se equilibrar na encarnação física e o Quartzo Enfumaçado purifica suas energias e abre suas capacidades metafísicas. A combinação purifica e abre todos os chakras. Esta pedra o mantém fundamentado no aqui e agora enquanto você explora as vidas passadas e multidimensões. Sua energia suave e protetora tem sido descrita como "um anjo acariciando seus cabelos".

LISTA DE CRISTAIS

Extremamente útil se você quer viajar sem ser visto através dos reinos xamânicos inferiores, ela lhe dá a discrição de um gato e o ajuda a esconder os seus verdadeiros objetivos, acobertando as suas atividades em todos os níveis. No entanto, deve ser usada com integridade ou o tiro pode sair pela culatra. Ela ajuda você a encontrar uma forma mais criativa para abordar seus objetivos.

O Quartzo Enfumaçado Gráfico incute paz infinita durante um trauma físico ou emocional. Útil para superar a tragédia, ele oferece uma visão sobre experiências de grupo. Esta pedra ajuda a superar a baixa autoestima, induzindo confiança e estabilidade emocional. É útil se você precisa aprender a confiar nas pessoas novamente, enquanto ajuda a reduzir suas barreiras psicológicas. Com um efeito efervescente e revigorante sobre o corpo, infunde energia dinâmica e uma sensação de bem-estar. É usado para encontrar objetos perdidos.

CURA O Quartzo Enfumaçado Gráfico apoia estruturas do corpo, especialmente a coluna vertebral, e pode ajudar artérias, veias, nervos ou articulações comprimidas. Uma pedra desintoxicante, que remove detritos e traumas do corpo e supostamente cura os pulmões e a tuberculose.

Feldspato Rúnico

POSIÇÃO Segure a pedra, coloque-a no ambiente ou use-a no gradeamento, conforme o caso. Gradeie cada canto de um cômodo ou coloque-a aos seus pés para limpar energias negativas ou borrife a essência em torno da aura ou do ambiente.

PEDRA ADICIONAL

O **Feldspato Rúnico** é a Hematita comprimida em Feldspato. Embora seja do Hemisfério Sul, ela contém símbolos rúnicos e pode ser usada para acessar a mitologia dos deuses nórdicos e as práticas xamânicas da magia nórdica e da sua cultura milenar de cura.

GRANITO

*Granito Bruto
Cinza*

COR	Cinza, cor-de-rosa, preto
APARÊNCIA	Opaca muitas vezes cintilante, granulosa e com manchas
RARIDADE	Extremamente comum
ORIGEM	No mundo todo

ATRIBUTOS Com uma alta proporção de Quartzo e Feldspato, o Granito tem em sua superfície manchas cristalinas que capturam a luz, e essa pedra ressonante emite poderosas frequências paramagnéticas e mensuráveis. Em círculos de pedra e outros monumentos, ela aterra o poder dos céus. Uma pedra extremamente focada na terra e ligada a ela, ela ajuda as pessoas "aéreas" a se ancorar.

Com grande concentração de Qi*, o Granito transmite sua força vital para o corpo; portanto, se você mora numa casa ou numa área com granito, o seu campo de energia está estabilizado e energizado. Se você é propenso à depressão, a dureza dessa pedra pode levar à melancolia.

Pedras plutônicas tais como o granito podem regular energeticamente a apoptose, o essencial processo biológico de morte celular que permite que o ciclo celular continue e as células possam morrer, regenerar-se e renovar-se como necessário. Quando esse processo é interrompido, surgem indisposições* tais como as doenças autoimunes. Com seu efeito estabilizador sobre o campo de energia humano, o Granito realinha os

LISTA DE CRISTAIS

corpos sutis* com o físico, ativando a atividade elétrica nas células e estimulando a reação imunológica. A rocha neutraliza os efeitos nocivos das linhas de energia tóxicas da terra e reenergiza a grade magnética do planeta. É uma excelente pedra para gradeamento e para criar um espaço seguro e sagrado onde praticar magia e realizar rituais de transformação. Quando golpeada, é um litofone (espécie de xilofone feito com pedras) poderoso e ressonante para a cura pelo som. O Granito o ajuda a ver o quadro todo antes de formar sua opinião. É útil para promover a diplomacia e o tato e para manter o equilíbrio num relacionamento.

CURA O Granito acelera a cicatrização, estabilizando os corpos sutis com o físico. Tradicionalmente ele cura os olhos, raquitismo, reumatismo e infertilidade, além de problemas capilares, no rosto e na cabeça.

POSIÇÃO Segure a pedra, coloque-a no ambiente ou use-a no gradeamento ao redor do corpo para criar uma matriz estável para que a cura se potencialize. Coloque um pedaço de Granito em cada canto da sua cama para atrair ressonâncias transformacionais que aumentam o fluxo de energia através de todos os seus corpos e abrem seu chakra da Semente do Coração. Borrife a essência em torno da aura ou do ambiente.

Granito Assuã Cor-de-Rosa

PEDRAS ADICIONAIS

Em complementação às propriedades genéricas do Granito, as pedras a seguir têm propriedades adicionais.

O **Granito Assuã Cor-de-Rosa** facilita a religação com a vida templar e com o conhecimento arcano do antigo Egito. Este granito tem a maior ressonância paramagnética de todos, e os obeliscos aproveitam o poder do deus

LISTA DE CRISTAIS

solar Rá para fertilizar a terra. Os antigos egípcios conheciam o seu efeito transformador sobre o campo de energia humana. Ele faz com que o campo bioenergético apresente uma ressonância mais elevada e incentiva a humanidade a olhar para as estrelas ao buscar suas origens. Os egípcios a utilizavam para atrair o poder dos Deuses para a terra e para ajudar o faraó em sua jornada xamânica às estrelas. Utilizava-se Granito em pó para o tratamento de manchas brancas no olho e para imbuir força e durabilidade. Como se trata de uma substância irritante, costuma-se colocar uma pedra rolada sobre os olhos.

Granito Texano Cor-de-Rosa

O **Granito Texano Cor-de-Rosa** tem uma ressonância semelhante, embora com uma ressonância paramagnética menos potente que o Assuã. Sua frequência pode ser permanentemente reforçada colocando-o sobre um Granito Assuã por uma ou duas horas.

Granito Indiano

Granito Indiano Esta pedra suave tem um poderoso efeito transformador e estabilizador sobre o campo de energia humano ou no ambiente. É uma grande aliada em situações traumáticas e mudanças energéticas.

Rubi no Granito e Granada no Granito A poderosa força vital do Rubi ou Granada é ampliada e focada por sua matriz de Granito. Ela auxilia o transporte de Qi* ao redor do corpo, energizando cada célula. Excelente para reparar um coração partido, física ou psicologicamente.

Rubi no Granito (rolado)

Granito Cor-de-Rosa

LISTA DE CRISTAIS

GREENSAND

Bruta

COR	Bege esverdeada
APARÊNCIA	Rocha granular arenosa
RARIDADE	Fácil de encontrar como pedra usada em construção
ORIGEM	No mundo todo

ATRIBUTOS Esta forma particular de arenito contém ferro, o que dá à rocha uma tonalidade esverdeada. A elevada quantidade de sílica da Greensand emite energia de alta frequência e era muito valorizada pelos povos antigos. A borda da faixa de Greensand, especialmente onde ela se encontrava com o calcário, era um lugar privilegiado nos círculos de pedra e em outros monumentos. Era um espaço quase imperceptível: um portal mágico para outra dimensão. A "pedra do altar" em Stonehenge é uma Greensand, com inclusões de Granada, trazida das montanhas Preseli.

Como acontece com todas as rochas sedimentares, a pedra reflete a maneira com que as almas são depuradas e seu caráter refinado através das mudanças e pressões da vida cotidiana. É a companheira perfeita na jornada para a maturidade, pois traz para a superfície estratégias de sobrevivência que podem ser úteis ou podem precisar ser postas de lado, a fim de que a pessoa possa evoluir. Ela ajuda você a se adaptar às circunstâncias atuais, mesmo se não forem ideais.

Do ponto de vista ambiental, a Greensand é usada no tratamento de água para filtrar as impurezas. Ela faz a mesma purificação nos fluidos do corpo.

CURA A Greensand pode ajudar a regular o sistema linfático e sanguíneo do corpo, liberando a retenção de água e combatendo a acumulação de líquido nas extremidades inferiores.

POSIÇÃO Segure a pedra, use-a como joia ou posicione-a no ambiente, conforme o caso. Use uma pedra polida para estimular a drenagem linfática, trabalhando dos pés até o coração, e da cabeça até o coração. Borrife a essência se for o caso.

PEDRA GUARDIÃ®

Bruta

COR	Preto, cinza e branco
APARÊNCIA	Pedra arenosa pintada
RARIDADE	Rara
ORIGEM	Oregon, Estados Unidos

ATRIBUTOS Como o nome sugere, a Pedra Guardiã® é extremamente protetora e auxilia você a se sentir seguro e confortável dentro do seu corpo. Uma combinação de egirina, analcita, apatita, biotita, feldspato, nefelina, olivina e riebeckita-arfvedsonita, ela auxilia na recuperação de traumas e dissolve o medo e vibrações negativas, ajudando assim na manutenção do fluxo de energia positiva.

CURA A Pedra Guardiã® aumenta o bem-estar geral.

POSIÇÃO Segure a pedra, posicione-a ou use-a no gradeamento, conforme o caso.

HAUSMANITA

Bruta

COR	Cinza, preto, marrom prateado
APARÊNCIA	Pontas piramidais metálicas sobre matriz granulosa
RARIDADE	Rara
ORIGEM	África do Sul, Alemanha, Suécia

ATRIBUTOS Formada sob enorme pressão em fendas hidrotermais, a Hausmanita ajuda a estabilizar as energias durante o processo de transformação. Esta pedra evoca as energias de cura necessárias para a recuperação de indisposições* e distúrbios na estrutura dos corpos físico e sutis*.

CURA A Hausmanita é supostamente utilizada para doenças nos ossos e na estrutura celular, e para beneficiar o cabelo, a pele e os vasos sanguíneos. Era usada no tratamento da hemorragia nasal.

POSIÇÃO Segure a pedra, posicione-a no ambiente ou use-a no gradeamento, conforme o caso.

HILULITA

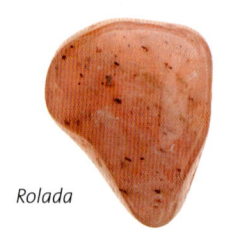

Rolada

COR	Branco, laranja-preto, vermelho
APARÊNCIA	Pedra translúcida com áreas coloridas mais claras
RARIDADE	Extremamente rara
ORIGEM	Sri Lanka

ATRIBUTOS Uma combinação incomum e altamente energética de Granada, Zircônio, Geotita e Quartzo, a energia da Hilulita é extremamente positiva, atingindo dimensões elevadas. Mas também age como uma pedra de aterramento, permitindo que você esteja "aqui" e "lá" ao mesmo tempo, durante o trabalho psicológico ou metafísico. A Hilulita o ajuda a valorizar a si mesmo e a reconhecer o papel que está aqui para desempenhar na evolução da consciência.

CURA A Hilulita tem fama de ajudar a circulação.

POSIÇÃO Segure, posicione-a ou use no gradeamento, conforme o caso, ou borrife a essência em torno da aura.

HUBNERITA

Bruta

COR	Amarelo-marrom, vermelho-preto, preto
APARÊNCIA	Pedra de translúcida a opaca
RARIDADE	Rara como cristal de cura, obtida com comerciantes de pedras
ORIGEM	Peru, Cazaquistão, Estados Unidos

ATRIBUTOS Criada em fendas geotérmicas, a Hubnerita sofreu uma enorme pressão e passou por uma evolução acelerada, por isso dá suporte durante mudanças energéticas rápidas, ajustando seu corpo físico a essas mudanças. Ela tem uma resistência que o ajuda através de desafios prolongados.

CURA A Hubnerita é considerada uma boa pedra para se usar no tratamento de distúrbios associados ao excesso de ferro. Dizem que equilibra oscilações de açúcar no sangue e fortalece a visão fraca, além de ajudar no alinhamento correto das vértebras.

POSIÇÃO Mantenha-a com você em todos os momentos.

ILMENITA

Bruta

COR	Preta
APARÊNCIA	Cristais tabulares ou em forma de roseta, opacos e grossos, com brilho metálico ou gemas facetadas
RARIDADE	Raros na forma de cristais brutos para a cura
ORIGEM	Ontário, Rússia, Noruega, Suíça, Zaire, Sri Lanka, Índia, Madagascar

ATRIBUTOS A Ilmenita oferece orientação filosófica sobre as mais profundas questões da vida. Reforçando o trabalho ritual, colocada sobre o Terceiro Olho estimula a percepção psíquica e no chakra* do Soma promove viagens astrais*. A Ilmenita dissipa ilusões que surgem do passado e é extremamente útil para explorar os seus efeitos sobre o presente. Ela libera implantes e entidades*, especialmente aqueles que afetam também os ancestrais.

CURA A Ilmenita é supostamente uma excelente pedra de cura, uma vez que oferece apoio aos corpos sutis* e físico.

POSIÇÃO Segure a pedra, posicione-a e use-a no gradeamento, conforme o caso.

SIDERITA

Polida

Bruta

COR	Marrom-escuro, cinza, preto
APARÊNCIA	Pedra densa, arenosa, às vezes com bandas
RARIDADE	Comum
ORIGEM	Reino Unido, Estados Unidos, África do Sul, e outros

ATRIBUTOS Geomagnética e protetora, a Siderita é um arenito extremamente duro, rico em ferro, com grãos de quartzo embutidos. Uma excelente pedra de ancoramento, ela estabiliza o gradeamento ou traz você de volta à terra depois do trabalho metafísico. Os antigos a usavam para cobrir túmulos, como um portal para o outro mundo. Incorporada a igrejas, ela canaliza poder sagrado para a terra. Uma pedra energética, faz as coisas avançarem de uma forma pragmática e sensata.

CURA Na cura da terra ou na cura pessoal, esta pedra restaura a vitalidade e a estabilidade da matriz energética e pode curar as estruturas do corpo.

POSIÇÃO Segure a pedra, posicione-a ou use-a no gradeamento, conforme o caso.

JADE: AFRICANO

Também Conhecido como Budd Stone

Rolada

COR	Azul-verde
APARÊNCIA	Pedra opaca
RARIDADE	Rara
ORIGEM	África do Sul

ATRIBUTOS O Jade Africano é excelente para aterrar "cabeças de vento", pois ele abre o chakra* da Estrela da Terra e o ajuda a se ancorar ao núcleo do planeta. Ativando o chakra Alta-Maior, ele ajuda você a lidar com os aspectos práticos da realidade cotidiana e estimula o crescimento por meio do mundo físico. Colocado atrás da orelha, o Jade Africano abre o ouvido interno e o sintoniza com as vozes do espírito, com o seu Eu Superior e com a sua própria intuição, ajudando-o a encontrar o caminho certo. Ele auxilia na compreensão dos ruídos que o seu corpo faz quando capta sinais sutis. Levando ordem ao caos, ele limpa a negatividade ambiental. A seus pés durante a meditação, ele sugere soluções práticas. Ao passar esta pedra ao redor do campo biomagnético*, ela limpa impedimentos sutis ao crescimento. Ela também limpa e

LISTA DE CRISTAIS

purifica as energias, o que lhe permite avançar no ritmo certo. Esta pedra contribui com o fluxo de energia ou com o fluido no interior do corpo, melhorando o Qi* e a circulação.

Eficaz para trazer mais luz e promover decisões éticas, se o caminho da sua alma inclui o trabalho no mundo do comércio. Esta pedra facilita transações comerciais e negociações que exigem requinte e percepções agudas de interesses escusos. Ela reúne grupos com interesses comuns. Com a ajuda da Budd Stone você vence habilmente ciladas para chegar a um desfecho bem-sucedido.

CURA Como essência, a Budd Stone pode ajudar em casos de doenças degenerativas ou causadas por fungos nos pés. Ele supostamente amplifica a audição.

POSIÇÃO Segure a pedra, posicione-a ou coloque-a no ambiente, conforme o caso. Borrife a essência ao redor da cabeça e do chakra da Estrela da Terra. Use como uma varinha de pressão na reflexologia ou em tratamentos com técnicas metamórficas.

PEDRA ADICIONAL

A **Bowenita** ("o **Novo Jade**") ajuda você a liberar as emoções bloqueadas ou reprimidas e a encontrar uma solução por meio de um sonho. Coloque-a sob o travesseiro e peça um sonho perspicaz sempre que se sentir impedido de avançar ou diante de um problema insolúvel. Diga a si mesmo que você vai se lembrar da solução quando acordar. Use a Bowenita para aprofundar sua meditação e pedir orientação ao seu Eu Superior. Esta pedra é um poderoso agente de cura do coração, que estimula a subida do kundalini*. Ela proporciona proteção psíquica contra mal-intencionados e forças negativas. Incentiva a fidelidade e o vínculo nos relacionamentos. A Bowenita também auxilia no diabetes e na hipoglicemia e trata doenças da cabeça e do couro cabeludo.

Bowenita (o "Novo Jade")

JAMESONITA

Bruta

COR	Cinza-preto
APARÊNCIA	Pedra fibrosa, iridescente, metálica
RARIDADE	Rara
ORIGEM	Bolívia, Alemanha, Hungria, Eslováquia, México

ATRIBUTOS A Jamesonita tem uma forte carga energética que desintoxica os corpos sutis, físico e mental. Se você precisa distinguir a verdade da mentira, mantenha esta pedra perto de você. Clareando os seus pensamentos, ela o ajuda a manter a harmonia enquanto você defende a sua verdade.

CURA A Jamesonita é uma pedra de resfriamento e estabilização que auxilia o corpo a manter o bem-estar do ponto de vista energético.

POSIÇÃO Segure a pedra, posicione-a ou use-a no gradeamento, conforme o caso. *CUIDADO: Lave as mãos após a utilização. Faça a essência pelo método indireto.*

JASPE: CHOHUA

Chohua entalhada como Crânio de Dragão

COR	Branco, azul, vermelho, cinza, marrom
APARÊNCIA	Pedra opaca, muitas vezes listrada ou manchada
RARIDADE	Só existe num lugar, mas é fácil de obter
ORIGEM	Rio Lijing, China

ATRIBUTOS O Jaspe Chohua é uma pedra energética que pode estimular a subida do kundalini* através dos chakras, purificando-os e ativando-os à medida que passa. Ela estimula o amor e a paixão. As várias cores transportam a energia do dragão*: a vermelha, a do dragão de fogo; a branca, a do dragão do ar; a azul, a do dragão da água, a marrom, a do dragão da terra. Se você perdeu a sua integridade ou se a sua honra foi manchada, use o Jaspe Chohua para recuperar a sua reputação e a confiança em si mesmo.

LISTA DE CRISTAIS

CURA O Jaspe Chohua auxilia a circulação e o coração, e fortalece as artérias e veias. Ele estimula o sistema imunológico e os rins, e pode melhorar as condições da pele. De acordo com a cor, ele pode ajudar a equilibrar a pressão arterial e atenuar a depressão. A variedade vermelha da pedra aumenta a vitalidade e o bem-estar e pode ajudar na convalescença.

POSIÇÃO Segure a pedra, posicione-a ou use-a no gradeamento, conforme o caso. Borrife a essência na aura ou ao redor do quarto para estimular a paixão.

Jaspe Pintado

PEDRAS ADICIONAIS

O **Jaspe Pintado** é suave e protetor. É a pedra ideal para aqueles que foram traumatizados ou que são tímidos demais para interagir com o mundo. Auxilia na meditação e na conexão com Tudo O Que É*, acalma transtornos emocionais e angústia mental. É útil para as terminações nervosas e pele escamosa, atenua inflamação e indisposições* tais como herpes zoster ou psoríase. Pode ajudar o baço e o fígado.

Jaspe Sedimentar Marinho Esta pedra macia parecida com o Jaspe é encontrada no fundo do mar e muitas vezes é infundida de várias cores para fabricação de joias. Sua energia é suave, refrescante e calmante. Ela pode trazer à tona problemas de vidas passadas para resolução, e oferece proteção e segurança durante circunstâncias traumáticas.

Jaspe Sedimentar Marinho

JASPE: **CINÁBRIO**

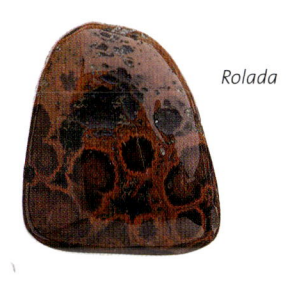

Rolada

COR	Vermelho intenso
APARÊNCIA	Espirais e orbes de cores
RARIDADE	Raro
ORIGEM	Não confirmada

ATRIBUTOS Esta combinação sinérgica infunde a magia alquímica do Cinábrio numa das pedras mais profundamente solidárias, o Jaspe Vermelho. Tal como acontece com todas as pedras sinérgicas, a combinação é mais do que a soma de suas partes e esta pedra altamente energética transforma o seu mundo, colocando-o de cabeça para baixo, e lhe dá uma nova perspectiva sobre o seu caminho de vida e a razão por que você tem sofrido experiências que apuram sua alma. Ela ensina que tudo é perfeito exatamente como é.

Do ponto de vista psicológico, o Cinábrio no Jaspe transmuta a raiva e o ressentimento ou a impotência psicológica numa afirmação dinâmica e carismática que alimenta a vida e manifesta tudo o que você precisa. Útil para acalmar pessoas que têm pavio curto, a combinação protege

LISTA DE CRISTAIS

contra a raiva de outras pessoas. Colocado um palmo abaixo da axila direita, ela elimina amarras e desenergiza* a raiva implantada em qualquer vida.

O Jaspe sempre foi usado para acelerar a cura e esta é uma pedra excelente para levar com você, se estiver se sentindo física ou mentalmente exausto e incapaz de enfrentar os desafios da vida. Mantenha-a com você em todos os momentos.

CURA O Jaspe energiza todos os sistemas de energia do corpo e beneficia os órgãos sexuais. O Jaspe e o Cinábrio têm uma longa tradição de cura do sangue, do fígado, do baço e do sistema circulatório, e pode ajudar a superar a anemia.

POSIÇÃO Use a pedra como joia, coloque-a em algum lugar ou posicione-a, conforme o caso, por longos períodos. Borrife a essência na aura ou esfregue sobre o fígado. *AVISO: O Cinábrio é tóxico. Use a pedra rolada e faça a essência só pelo método indireto.*

PEDRA ADICIONAL
Jaspe Policromo De origem próxima ao hoje extinto Jaspe Oceânico, o Jaspe Policromo é altamente protetor nas viagens astrais* entre os mundos. Ele ajuda você a sentir que pertence à terra, como parte do clã da humanidade, e o ajuda a fazer contato com outras pessoas que estejam sem forças mas não necessitadas. Resolvendo dualidades, ele ajuda você a se integrar no todo. Uma pedra útil se você procura o seu aliado de poder.

Jaspe Policromo

JASPE: **KAMBABA**

TAMBÉM CONHECIDO COMO ESTROMATÓLITO OU JASPE CROCODILO

Polida

COR	Preto retinto e verde-claro
APARÊNCIA	Orbes de cor mais escura ou mais clara numa pedra opaca
RARIDADE	Raro mas fácil de obter como peças de joalheria ou esferas
ORIGEM	Madagascar

ATRIBUTOS Este Jaspe fossilizado também é chamado de Jaspe Crocodilo devido à sua semelhança com o couro desse animal. Os fósseis de três bilhões de anos, alguns dos mais antigos do mundo, são estromatólitos, criados por uma alga azul esverdeada ou cianobactérias. Acredita-se que as cianobactérias foram responsáveis pela criação da atmosfera de oxigênio da terra e o Jaspe Kambaba possui uma energia telúrica antiga e profundamente sábia. O Jaspe Kambaba atua diretamente nos seus alicerces, trazendo estabilidade – física e de propósito. Uma pedra profundamente aterrada, ela o harmoniza com os ciclos do mundo natural, sintonizando o seu biorritmo pessoal com o do planeta.

O Jaspe Kambaba é benéfico para os pulmões, não só do corpo humano, mas do planeta. Esta pedra o leva de volta às suas raízes e o reconecta com a energia da Mãe Terra e com o seu propósito de encarnar aqui. Ele o sintoniza com os ciclos e ritmos mais profundos do planeta. Medite com ele para ouvir a sabedoria que a natureza tem para oferecer e encontrar um mentor sábio para o seu caminho espiritual.

O Jaspe Kambaba ressoa com a parte mais antiga do tronco cerebral e dos processos autonômicos do corpo. Colocado na base do crânio, ele remove bloqueios e programas profundamente enraizados e incentiva a assimilação dos novos padrões. Ajuda nas terapias baseadas nos meridianos*, como a Técnica de Liberação Emocional, aumenta a função cerebral e beneficia os neurotransmissores.

CURA O Jaspe Kambaba supostamente ajuda o sistema digestório, particularmente a eliminação de toxinas e a assimilação de vitaminas e minerais. Controlando o fluxo de bile, ele limpa a vesícula biliar. Estimulando a desintoxicação e curando no nível celular, fortalece as estruturas do corpo e auxilia na recuperação de doenças graves ou indisposições* psicossomáticas. Auxilia o cerebelo, que pode ser útil em doenças tais como o mal de Parkinson, e equilibra o corpo em todos os níveis, propiciando bem-estar.

POSIÇÃO Segure a pedra, posicione-a ou use-a no gradeamento conforme o caso, ou borrife a essência em torno da aura, especialmente nos pés. Gradeie o Jaspe Kambaba em torno da cama para estimular a fertilidade e nos cantos de um jardim ou campo para incentivar o crescimento das plantas.

AVISO: Ver também Estromatolita nas páginas 332-333.

JASPE: **AZUL OCEÂNICO**

Polida

COR	Azul-claro e escuro
APARÊNCIA	Orbes azuis numa pedra opaca
RARIDADE	Veios originais esgotados
ORIGEM	Madagascar

ATRIBUTOS O Jaspe Azul Oceânico é uma forma de Jaspe do Oceano que tem forte ligação com o antigo conhecimento da Atlântida e da Lemúria. Ele invoca orbes: as estranhas bolas de luz que aparecem nas fotografias; em locais sagrados, em torno da cabeça das pessoas ou perto dos cristais de alta vibração. Muitas teorias são apresentadas a respeito do que são esses orbes, incluindo a de que são corpos de luz*, anjos ou espíritos de pessoas desencarnadas. O Jaspe Azul Oceânico auxilia na transcrição das mensagens que esses seres de energia transmitem.

LISTA DE CRISTAIS

Se você encontrou a morte pela água numa existência anterior, a Azul Oceânico o ajuda a reformular a experiência e a se sentir em casa na água. Ele ajuda a liberar o trauma emocional do corpo emocional sutil e cura a indisposição* psicossomática. Os "olhos" do Azul Oceânico oferecem proteção e podem ser usados como amuleto quando você passar por lugares escuros, físicos ou psíquicos. Eles ajudam no aterramento da informação numa aplicação prática na terra.

CURA Um agente de cura que apoia o sistema imunológico, nervoso e linfático e neurotransmissores. Ele pode reduzir o inchaço e o edema.

Polida

POSIÇÃO Posicione a pedra, coloque-a no ambiente e use-a no gradeamento conforme o caso. Borrife a essência na aura ou no ambiente.

PEDRA ADICIONAL

Jaspe Mamangaba [Bumblebee Jasper] Nascido nas fumarolas de um vulcão da Indonésia, mas também encontrado na Austrália, este Jaspe surpreendentemente colorido é um excelente agente de cura para os problemas no chakra do Sacro. É semelhante à Pedra do Eclipse e tem praticamente as mesmas propriedades (ver página 129). Incentivando a total honestidade consigo mesmo, esta pedra representa o triunfo sobre o impossível, como uma mamangaba, que do ponto de vista aerodinâmico não é projetada para voar. Uma das suas qualidades mais óbvias é apoiar a população em risco desse inseto, além de incentivar a "polinização" de novos projetos e, como todos os jaspes, é extremamente reconfortante. *CUIDADO: Pode ser tóxico, por isso lave as mãos depois de manuseá-lo.*

Jaspe Mamangaba

JASPE: **FOLHA PRATEADA**

Polida

COR	Preto-prateado-cinza-verde-vermelho
APARÊNCIA	Pontos e espirais semelhantes a folhas na pedra opaca
RARIDADE	Razoavelmente fácil de obter
ORIGEM	Índia, Rússia, França, Alemanha

ATRIBUTOS O Jaspe Folha Prateada coloca um escudo ao redor dos corpos sutis* e do físico, e mantém você ancorado. Dá proteção em viagens por lugares perigosos, por isso serve como escudo durante experiências fora do corpo. Leve um com você, se as energias de um ambiente ou situação o afetam negativamente ou se precisa de um amuleto de proteção. Esta pedra concentra seus poderes intuitivos e funciona como uma interface* nos trabalhos psíquicos ou de cura energética.

Use o Jaspe Folha Prateada como joia se você tiver dificuldade para dizer não ou se costuma colocar as necessidades dos outros acima das suas. Ele fortalece a sua força de vontade, ajuda-o a identificar suas necessidades claramente e a encontrar uma maneira de ter essas necessidades atendidas sem infringir os direitos ou necessidades das outras pessoas. Com a ajuda dele, você tem satisfação em seus relacionamentos e cuida com carinho daqueles ao seu redor enquanto recebe o mesmo afeto. Este Jaspe o ajuda a ter mais clareza mental. Tenha-o sempre consigo se você tem tendência para se confundir ou lhe falta senso de direção, pois ele o ajuda a se concentrar.

CURA O Jaspe Folha Prateada é uma pedra excelente para o bem-estar físico, pois ela lhe dá força e ajuda a superar indisposições* em qualquer nível.

POSIÇÃO Segure a pedra, posicione-a ou use-a como joia, conforme o caso. Borrife a essência em torno da aura ou no ambiente.

PEDRA ADICIONAL

Jaspe Concha (Mármore Concha) Como convém a uma pedra contendo calcita e fósseis, esta pedra macia e suave incute serenidade e contentamento, ao mesmo tempo que propicia ancoramento e proteção. Paradoxalmente, ela revigora você no nível mental, físico e emocional, além de ajudá-lo a fazer uma conexão espiritual muito prática e segura. O Jaspe Concha auxilia energeticamente a estrutura dos ossos e dos dentes e o ajuda no alinhamento da coluna vertebral. Borrife a essência ao longo da coluna vertebral.

Jaspe Concha

JASPE: **TRUMMER**

Rolada

COR	Branco e marrom
APARÊNCIA	Pedra opaca
RARIDADE	Rara
ORIGEM	Não confirmada

ATRIBUTOS O Jaspe Trummer afeta o cerne da força do corpo. Ele neutraliza energeticamente qualquer coisa no ambiente, no corpo ou na psique que interfira no seu bem-estar. Levando o corpo do estado de indisposição* para o de equilíbrio, ele dissipa a energia negativa e a substitui por positiva. O Jaspe ajuda você a reverter uma autoimagem negativa, a falta de confiança ou a dúvida quanto ao seu próprio valor, de modo que se torna uma pessoa confiante, otimista e que se sente bem consigo mesmo. Essa atitude positiva causa uma melhora em todos os aspectos da sua vida.

CURA Dando apoio durante doenças crônicas ou graves, o Jaspe Trummer ajuda no caso de indisposições causadas por poluição ambiental ou na síndrome do edifício doente. Ele supostamente neutraliza vírus e bactérias, e apoia ossos quebradiços.

POSIÇÃO Deixe a pedra no lugar por longos períodos. Use-a no gradeamento para manter o ambiente limpo ou em torno do leito. Borrife a essência em volta da aura ou no ar.

KEYIAPO

Bruta

COR	Cinza-marrom esverdeado
APARÊNCIA	Densa e nodosa
RARIDADE	Rara
ORIGEM	Estados Unidos

ATRIBUTOS Uma mistura de Pirita Ferro e Quartzo, a pedra Keyiapo ancora a energia no corpo, no espírito e na matéria. Fornecendo um escudo protetor, enquanto incentiva a consciência a alcançar as dimensões mais elevadas, ela ancora a alma mais profundamente na encarnação, mantendo uma forte ligação com o Eu Superior. Canalizando a energia para os chakras* da Base e do Sacro, ela os fortalece e alinha com o plexo solar e com os chakras do Coração, promovendo estabilidade emocional. O Keyiapo ajuda você a ler os Registros Akáshicos* e facilita a viagem astral* a vidas passadas.

CURA O Keyiapo purifica os corpos áuricos e o esquema kármico*, eliminando a indisposição*, afastando entidades e incutindo um sentimento de bem-estar.

POSIÇÃO Segure a pedra, posicione-a ou use-a no gradeamento, conforme o caso. Segure-a sobre os chakras das Vidas Passadas ou da Estrela da Alma para acessar os Registros Akáshicos*. Borrife a essência em torno da aura.

KUTNOHORITA

Formação natural

COR	Cor-de-rosa, cinza esverdeado
APARÊNCIA	Crosta botroidal bolhosa ou cristal opaco ou translúcido com nervuras
RARIDADE	Raro
ORIGEM	África do Sul, País de Gales, República Tcheca

ATRIBUTOS Uma grande agente de cura do coração, a Kutnohorita opera numa frequência refinada que lhe permite viver a partir do seu coração. Atuando com o chakra* da Garganta, ela acalma a ansiedade e esclarece como você se expressa. Embora suave, ela transporta energia masculina e unifica seus aspectos masculinos e femininos interiores para apoiarem um ao outro, promovendo e aumentando o amor incondicional e a aceitação. Esta pedra encoraja o senso de comunidade, unindo as pessoas para que pensem sobre como elas podem ajudar umas às outras em vez

LISTA DE CRISTAIS

de apenas a si mesmas. Conectando o chakra da Semente do Coração com o chakra da Estrela da Alma, ela infunde o amor divino em nosso mundo e nas células do corpo físico. Ideal para aqueles que estão atuando nos mais altos níveis de transmutação e da cura da alma, ela promove o equilíbrio kármico*. A Kutnohorita o conecta à jornada de sua alma e ao propósito da sua encarnação. Ela revela como você opera nas multidimensões da consciência, onde o passado, o presente e o futuro são uma coisa só, extraindo dádivas de sabedoria espirituais do tempo e do espaço mais além.

Esta pedra suave irradia paz e tranquilidade num ambiente cujo terreno está perturbado ou tem acúmulo de energia humana. Uma pedra de perdão, ela ajuda a transmutar a dor, o medo e o ressentimento em aceitação e libertação.

A Kutnohorita o ajuda a perceber o quadro maior. Ela dissolve feridas emocionais, sentimentos e pensamentos antiquados arraigados, especialmente aqueles baseados nos medos e em traumas passados, que impedem sua mente de se expandir rumo ao seu verdadeiro potencial. A Kutnohorita é uma excelente pedra para o trabalho de renascimento e de recuperação da alma*.

CURA A Kutnohorita retifica padrões de sono irregulares. Tem base de manganês, um antioxidante potente e regulador metabólico, essencial para o correto desenvolvimento dos ossos, para a reparação dos tecidos e para a assimilação de minerais no organismo. A Kutnohorita é útil para aliviar a dor da artrite, as dores de cabeça ou as dores nas articulações que têm um componente emocional. Pode ajudar nos transtornos psiquiátricos e nas disfunções cerebrais que surgem devido a falhas nos neurotransmissores do esquema etérico* que têm impacto sobre o físico. A Kutnohorita age nos níveis sutis para corrigir os esquemas etéricos e kármicos*. Restaura a harmonia de um local.

POSIÇÃO Como a Kutnohorita é delicada, é melhor colocá-la no ambiente ou, com cuidado, no corpo, em vez de usá-la como joia. Borrife a essência em torno da aura. *AVISO: Faça a essência pelo método indireto.*

KIMBERLITA

Polida

COR	Cinza azulado
APARÊNCIA	Rocha sólida e pesada
RARIDADE	Comum, mas pode ser difícil de obter
ORIGEM	África do Sul, Tanzânia, Zimbábue, oeste da África, Austrália, Estados Unidos

ATRIBUTOS Guardando coisas preciosas com segurança, a Kimberlita as leva à superfície quando é a hora certa. Matriz para diamantes, ela aprendeu a sobreviver e o ajuda quando você está passando por um trauma ou transformação. Protetora, a Kimberlita ensina a deixar de lado a resistência. Ela promove a meditação profunda, as viagens astrais* para multidimensões, e fortalece a visualização. A Kimberlita ajuda você a concluir projetos ou o seu propósito de vida. Ela promove a flexibilidade e a capacidade de adaptação.

CURA A Kimberlita tem a fama de auxiliar na desacidificação e a regular o equilíbrio mineral no corpo. Ela também envia cura à distância.

POSIÇÃO Segure a pedra, posicione-a ou use-a no gradeamento, conforme o caso.

KINOÍTA

Cristal bruto na matriz

COR	Azul-claro cristalino
APARÊNCIA	Manchas na matriz transparente ou translúcida
RARIDADE	Rara
ORIGEM	Arizona, Estados Unidos

ATRIBUTOS Esta pedra tem uma vibração muito mais leve do que a maioria dos cristais à base de cobre. Ela abre todos os dons metafísicos, amplia a consciência e é excelente para a escriação ou *kything**, uma vez que transporta você com segurança através de multidimensões. Medite com esta pedra para se libertar de delírios e crenças autolimitantes.

CURA A Kinoíta pode ajudar a artrite. Ela supostamente aumenta a resistência e a vitalidade física, e auxilia os dentes, a garganta e o sistema nervoso.

POSIÇÃO Segure a pedra, coloque-a no ambiente ou use-a no gradeamento, conforme o caso. Borrife a essência ao redor da aura.

KLINOPTILOLITA

Formada

COR	Cinza esbranquiçado
APARÊNCIA	Calcária com pontinhos na superfície
RARIDADE	Rara, mas se tornando cada vez mais fácil de obter
ORIGEM	Turquia, Nova Zelândia, Austrália, Estados Unidos, Rússia

ATRIBUTOS A Klinoptilolita é matéria-prima de uma poderosa droga quimioterápica. Pesquisas indicam que esta pedra pura absorve poluentes eletromagnéticos, radioatividade e outras formas de energia negativa que prejudicam a função das células. Ela auxilia o sistema digestório a se livrar das toxinas e regenera o seu revestimento. Também leva o corpo de volta ao equilíbrio e melhora o sistema imunológico, estimulando a produção de células-T, a defesa natural do corpo. Segundo relatos, a Klinoptilolita abastece o sistema metabólico com os minerais essenciais necessários ao funcionamento ideal.

A Klinoptilolita estimula energeticamente os processos de desintoxicação e aprimora o mecanismo de autocura do corpo. Ela remove metais pesados e radicais livres do corpo, melhorando a memória e a função cerebral e motora. Superando indisposições psicossomáticas, também mobiliza toxinas energéticas liberando implantes, dispositivos de rastreamento, entidades, ganchos e constructos negativos de todos os tipos, de modo que o corpo se regenere energeticamente até um nível mais adequado de funcionamento.

CURA Evidências indicam que a Klinoptilolita beneficia o tecido conjuntivo, combate tumores e processos celulares fora de controle, melhora a absorção de nutrientes e estimula e desintoxica o sistema digestório. Há também evidências de que pode diminuir tumores e cistos. Um antioxidante que reduz o excesso de acidificação, dizem que é benéfica para o fígado e os rins, equilibrando a homeostase e estimulando a oxigenação das células. A pedra ou essência é uma medida de emergência para picadas de insetos, queimaduras leves, feridas, impurezas na pele e infecções fúngicas, especialmente nos pés.

POSIÇÃO Posicione a pedra como for mais apropriado por longos períodos ou borrife a essência em torno da aura ou sobre o corpo.

KORNERUPINA

Bruta

COR	Verde
APARÊNCIA	Pedra translúcida, pode ser gema facetada
RARIDADE	Rara
ORIGEM	Alemanha, Canadá, Madagascar, Groenlândia

ATRIBUTOS A Kornerupina é repleta de aceitação e amor incondicional dinâmicos. Sobre o coração, ela ajuda você a valorizar cada momento que passa na terra, a reconhecer a beleza deste planeta e o papel que você desempenha na evolução dele. Se você vive confuso ou iludido, coloque esta pedra sobre o Terceiro Olho para penetrar a realidade cotidiana até o Tudo O Que É*. As possibilidades que você vai encontrar podem surpreendê-lo. A Kornerupina é extremamente eficaz para revelar causas ocultas por trás de uma indisposição* e das situações da vida.

CURA Uma pedra de cura holística que restaura o bem-estar na mente, no corpo e na alma, a Kornerupina supostamente auxilia no tratamento de doenças do tecido conjuntivo tais como a Síndrome de Marfan.

POSIÇÃO Segure a pedra, posicione-a ou use-a no gradeamento, conforme o caso. Borrife a essência em torno da aura ou no ambiente. Coloque a pedra sobre o coração.

LISTA DE CRISTAIS

LARVIKITA

Também Conhecida como Pedra da Lua Norueguesa

Bruta

Rolada

COR	Manchas luminosas azuis-claras
APARÊNCIA	Pedra iridescente
RARIDADE	Muito fácil de obter
ORIGEM	Noruega

ATRIBUTOS Uma pedra de magia e metafísica que intensifica as viagens astrais através de multidimensões, de diferentes estruturas temporais e dos reinos tenebrosos do submundo xamânico, a Larvikita estimula as capacidades metafísicas e facilita experiências visionárias. Ela mostra o que está por trás da fachada exterior de pessoas e situações. Útil para regressão a vidas passadas e para entender a amplitude das experiências da sua alma, bem como a conexão com o seu Eu Superior, esta pedra tem uma ligação com a terra e com a propriedade de aterramento que mantém a alma e o corpo em harmonia, especialmente durante o trabalho de vidência ou *kything**. Útil na magia com os elementos, esta pedra supostamente neutraliza magias e repele energias negativas. Historicamente, grandes blocos de Larvikita foram colocados no norte da Inglaterra para repelir invasores. Ela cumpre pacificamente essa função ainda hoje, liberando amarras e entidades espirituais da bainha biomagnética e bloqueando sua reincidência.

A Larvikita é excelente se você quiser entrar em contato com a natureza em todas as suas formas. Esta pedra intensa carrega espíritos elementais da terra e da água e tem uma conexão poderosa com a água, especialmente com a chuva e as tempestades. Na magia do tempo, ela traz chuva a terras atingidas pela seca ou drena terrenos inundados. A água flui facilmente, contornando obstáculos ou levando-os embora. A Larvikita também ajuda você a viver de forma flexível, incentivando-o a não pensar nos problemas, mas em ser adaptável. Um apoio emocional na cura, ela vai fundo em seu eu para encontrar e liberar as causas das indisposições*. A Larvikita o auxilia a ser o melhor que você pode ser. Ajudando-o a ver por detrás da fachada que as pessoas apresentam, essa pedra o ajuda a conhecer os verdadeiros desejos e interesses dos outros, quando mantida no bolso.

Embora ela tenha o poder de agilizar situações, a Larvikita ensina o valor de conhecer o tempo certo para cada coisa e viver em sincronia com os ciclos naturais. Ajuda na tomada de decisões baseadas no bom senso e no raciocínio analítico, e não no condicionamento emocional. Se você precisar de ajuda durante períodos intensos de aprendizagem ou quando trabalhar em magia, a Larvikita auxilia sua mente a processar e assimilar novas informações e pode criar novas vias neurais no cérebro.

CURA A Larvikita infunde vitalidade e juventude ao corpo físico. Tem um efeito energeticamente desintoxicante sobre os tecidos, as células e a linfa e estudos de casos sugerem que ela reduz a pressão arterial. Ela é usada para acalmar e estabilizar o sistema nervoso.

Polida

POSIÇÃO Segure a pedra, posicione-a ou use-a no gradeamento, conforme o caso, ou borrife a essência em torno dos pés.

ANGELITA LAVANDA

Também Conhecida como Anidrita Lavanda

Angelita Lavanda na matriz

COR	Lavanda delicada
APARÊNCIA	Massa cristalina em matriz granulosa e arenosa
RARIDADE	Rara
ORIGEM	Canadá

ATRIBUTOS Esta pedra de alta vibração evoca as qualidades de proteção e transformação do Arcanjo Zadkiel e também a presença desse Arcanjo. Use-a se quiser descobrir o que os Arcanjos solicitam de você, no entanto prepare-se para ficar a serviço do planeta ao fazer isso, em vez de acessar essa força angélica por motivos egoístas, não importa o quanto eles possam estar bem disfarçados.

CURA A Angelita Lavanda atua além do nível físico.

POSIÇÃO Medite com esta pedra. Segure-a, posicione-a ou use-a no gradeamento, conforme o caso, ou borrife a essência no ambiente e ao redor da aura. *AVISO: Faça a essência pelo método indireto.*

LINARITA

Cristal bruto na matriz

COR	Azul-celeste brilhante
APARÊNCIA	Massa cristalina numa matriz
RARIDADE	Rara
ORIGEM	Novo México, Estados Unidos, Reino Unido, Namíbia, Austrália

ATRIBUTOS A Linarita estimula o melhor em você. Um grande apoio para as almas frágeis, com pouca fé em sua capacidade de agir com eficiência, ela incute confiança e a capacidade para utilizar talentos herdados de outras vidas. Mostrando a dádiva que existe no cerne de experiências traumáticas ou destrutivas, a Linarita ajuda você a entender como e por que viver dentro das limitações e ajuda você a transcendê-las quando apropriado. Ela atua como um guia e mentor ao longo da vida.

CURA No que diz respeito à cura, a Linarita trabalha no nível da alma.

POSIÇÃO Segure a pedra, posicione-a ou use-a no gradeamento, conforme o caso. Borrife a essência em torno da aura para instilar confiança e amor-próprio.

LORENZITA

TAMBÉM CONHECIDA COMO RAMSAYÍTA

Cristal bruto na matriz

COR	Transparente, cinza, rosada, marrom, preto acastanhado
APARÊNCIA	Losango opaco
RARIDADE	Mineral titânio raro
ORIGEM	Península de Kola, Rússia, Groenlândia, norte do Canadá

ATRIBUTOS A Lorenzita é uma pedra de proteção extremamente útil quando você já tentou de tudo. Ela combate ataques psíquicos repetitivos que partem daqueles que entendem como os cristais atuam e sabem contornar a proteção conferida por pedras mais comuns. A Lorenzita cria um escudo impenetrável para as camadas sutis mais distantes da aura.

CURA A Lorenzita ajuda a estabilizar e harmonizar os corpos mental e físico.

POSIÇÃO Posicione-a, use-a como joia ou no gradeamento, conforme o caso. Borrife a essência ao redor da aura diariamente.

PEDRA DE MACHU PICCHU

Polida

COR	Esverdeada; várias, de acordo com o mineral que contém
APARÊNCIA	Pedra opaca com marcas de paisagem
RARIDADE	Rara mas encontrada como cabochões
ORIGEM	Peru

ATRIBUTOS Esta é uma pedra bela e suave que propicia a sensação de ser acariciado por seres poderosos, com o seu bem maior em mente. Ela contém, em harmonia energética, cuprita, manganês (rodocrosita), psilomelana (merlinita), calcita e quartzo, e o efeito é profundo. Use-a em viagens astrais* para visitar os incas e culturas antigas da Mesoamérica. Se você esteve envolvido em sacrifícios ou culturas dizimadas, esta pedra propicia a cura e desenergiza* as memórias para manter a sua alma em paz.

CURA A Pedra de Machu Picchu cura a alma, em oposição ao corpo físico.

POSIÇÃO Segure a pedra, posicione-a ou use-a no gradeamento, conforme o caso. Borrife a essência no ambiente ou em torno da aura.

LISTA DE CRISTAIS

PEDRA MADALENA

TAMBÉM CONHECIDA COMO DEDO DE BRUXA

Rolada

COR	Transparente com preto, prateado, dourado e inclusões coloridas
APARÊNCIA	Pedra arredondada, rolada, com inclusões visíveis
RARIDADE	Rara
ORIGEM	Zâmbia

ATRIBUTOS Esta pedra, quando rolada, tem suas energias totalmente transformadas, visto que ela é despojada de suas arestas afiadas. Mágica e mística, a Pedra Madalena é altamente eficaz para a jornada xamânica* ou a cura da terra*. Contendo Quartzo Enfumaçado, rutilo, turmalina, clorita, anfibólio e hematita enfumaçada, ela promove uma limpeza profunda na alma, nos corpos sutis e no físico. Eliminando o que está superado, foi rejeitado ou é suscetível à indisposição*, ela substitui tudo isso pela luz espiritual do Tudo O Que É*, estabelecendo uma conexão com o arquétipo sagrado de Madalena, companheira de Jesus Cristo.

CURA A Pedra Madalena funciona melhor no nível metafísico da cura, para equilibrar a alma.

POSIÇÃO Segure a pedra, posicione-a ou use-a no gradeamento, conforme o caso. Medite com ela para remover as impurezas de sua alma.

MALACHOLA

Rolada

COR	Verde e turquesa
APARÊNCIA	Retalhos coloridos em espiral
RARIDADE	Razoavelmente fácil de obter
ORIGEM	África

ATRIBUTOS A Malachola combina as propriedades energéticas da Malaquita e da Crisocola numa pedra poderosa de comunicação, especialmente do que se tem escondido. Um excelente desintoxicante em todos os níveis, ela regenera todo o sistema dos chakras e meridianos dos corpos sutis* e físico. Esta pedra ajuda você a manter o seu poder e pode ser usada para gradear áreas de instabilidade ambiental.

CURA A Malachola pode ajudar em espasmos, infecções, doenças do sangue, problemas nos órgãos excretores e desequilíbrio de insulina no sangue.

POSIÇÃO Segure a pedra, posicione-a ou use-a no gradeamento, conforme o caso. Borrife a essência da gema na aura. *AVISO: Lave as mãos depois de manuseá-la. Faça a essência pelo método indireto.*

MANGANO VESUVIANITA

Bruta

COR	Cor-de-rosa e cinza azulado
APARÊNCIA	Cristais drusiformes na matriz cristalina
RARIDADE	Rara
ORIGEM	Não confirmada

ATRIBUTOS Esta combinação de alta frequência de Mangano Calcita com Idócrase leva o amor a um nível mais profundo. O Mangano Vesuvianita ainda fornece um elo inquebrantável com seu Eu Superior e o reino angélico, para que você sinta um afluxo de compaixão pelo seu eu encarnado. Esse amor pode ser enviado para toda a humanidade e para o nosso planeta. Uma pedra maravilhosa para dissipar tristeza e desgosto, ela desenergiza* padrões emocionais desgastados.

CURA O Mangano Vesuvianita é um agente de cura celular multidimensional, que auxilia veias e combate indisposições* que são o resultado de traumas ou tumulto emocional.

POSIÇÃO Segure a pedra, posicione-a ou use-a no gradeamento, conforme o caso. Borrife a essência da gema na aura. *AVISO: Faça a essência pelo método indireto.*

MÁRMORE

Polida

COR	Varia de acordo com o tipo
APARÊNCIA	Pedra opaca com veios e bandas
RARIDADE	Fácil de obter
ORIGEM	No mundo todo

ATRIBUTOS O Mármore é uma Calcita que sofreu intensa transformação e passou por condições severíssimas em sua metamorfose. Uma excelente pedra para acompanhá-lo através dos desafios espirituais e mudanças traumáticas ou energéticas, ela estimula sua resistência e instintos de sobrevivência, para que você reconheça que é um ser eterno passando por mais uma transformação. Esta pedra tranquilizadora ensina que tudo passa e que tudo um dia será transformado, portanto a única segurança que existe está no seu eu interior. Apesar de sua natureza terrena, esta

LISTA DE CRISTAIS

pedra também ajuda você a olhar para as estrelas e a trazer energia celestial para a terra.

Com a ajuda do Mármore, você submete a sua alma a um "polimento", até que seu brilho claro irradie para o mundo. Se você se sente empacado, medite com o Mármore para vislumbrar as mudanças necessárias para trazer esperança e alegria, ou para intuir estratégias de enfrentamento que o ajudem a enxergar a dádiva de sua experiência presente. Se sua vida está caótica, use o Mármore para não se desviar do seu propósito. Esta pedra intransigente ajuda você a sair da letargia e seguir com a vida.

CURA O Mármore tem a fama de combater o estresse e as indisposições* a ele associadas.

POSIÇÃO Segure a pedra, posicione-a ou use-a no gradeamento, conforme o caso. Mantenha um pedaço de mármore em seu bolso durante mudanças energéticas ou de vida.

PEDRAS ADICIONAIS
Além das propriedades genéricas do Mármore, as seguintes pedras têm propriedades adicionais:

Pórfiro

Pórfiro: Um tipo de mármore, o Pórfiro traz energia divina para a terra, e é por isso que era usado na decoração de igrejas. Sobre um piso desse mármore, você literalmente anda sobre a energia divina e é elevado. Ele liga você à visão antiga de que o divino devia ser encontrado em tudo e facilita a conexão com o divino dentro de si mesmo. Medite com este mármore para reconhecer as lições da alma nos menores detalhes da vida e aprender que a alma é sempre livre para fazer uma escolha, não importa quais sejam as circunstâncias externas. Ele fortalece sua conexão com a sua orientação interior, para que você confie em seus *insights*. Abrindo sua visão interior, ele

LISTA DE CRISTAIS

também ajuda você a confiar nos outros, porque lhe permite ver o coração das outras pessoas e verificar a integridade delas com relação a você. Com a assistência desse tipo de mármore, você é capaz de inspirar confiança, fazendo brilhar o seu coração ou sua luz, e exibindo a sua integridade espiritual aos olhos do mundo. O Pórfiro beneficia as veias e as estruturas do corpo.

A **Pedra Picasso** é um tipo de mármore que auxilia na comunicação e estimula a clareza de pensamento. Fortalecendo a intuição e ajudando-o a se conectar com a mente superior, ela coloca você em contato com a eterna sabedoria. Medite sobre seus símbolos abstratos para organizar os pensamentos caóticos e superar desafios.

Pedra Picasso

MARIALITA

Natural

COR	Incolor, branco, cinza, roxo, amarelo, verde, cor-de-rosa, marrom
APARÊNCIA	Pedra opaca vítrea, perolada
RARIDADE	Rara
ORIGEM	Madagascar, Tanzânia, Estados Unidos

ATRIBUTOS A Marialita o estimula a ter opinião própria e o ajuda a definir metas alcançáveis enquanto você avança com confiança através da vida. Ela propicia um impulso para a mudança assertiva e, se você sentir que tem sido um bode expiatório ou martirizado nesta ou noutra vida, ela o ajuda a desenergizar* velhos padrões e avançar na vida. Colocada sobre os olhos, ela o ajuda a ver seu caminho de maneira clara.

CURA A Marialita acelera a recuperação após cirurgias e reprograma a memória celular*. É tradicionalmente utilizada no tratamento de varizes, veias, catarata, glaucoma e doenças ósseas.

POSIÇÃO Segure a pedra, posicione-a, use-a no gradeamento ou borrife a essência em torno da aura.

MAW SIT SIT

Polida e facetada

COR	Verde com veios escuros
APARÊNCIA	Pedra opaca com veios e manchas, parecida com o jade
RARIDADE	Rara
ORIGEM	Birmânia (Myanmar)

ATRIBUTOS A Maw Sit Sit tem uma composição química variável composta de pelo menos seis minerais. O verde intenso vem do cromo. Ela brilha como vidro quando polida e é útil para a reflexão interior e a meditação. Encontrada no sopé do Himalaia, foi submetida a enormes pressões da terra. Esta pedra energizante e estimulante mostra a alegria de estar vivo e ajuda você a sair da depressão. Se você tem uma natureza melancólica, use-a constantemente.

CURA O oligoelemento cromo normaliza o metabolismo da glicose e a quebra de gorduras e proteínas. A Maw Sit Sit pode auxiliar na manutenção do equilíbrio correto do açúcar no sangue.

POSIÇÃO Use-a constantemente como joia ou sobre o pâncreas. Borrife a essência na aura.

TURQUESA MOJAVE

Polida

COR	Azul, roxo, amarelo, dourado, bronze, verde brilhantes
APARÊNCIA	Pedra polida com manchas
RARIDADE	Fácil de obter
ORIGEM	Variedade sintética da Turquesa Americana

ATRIBUTOS Fragmentos de turquesa natural são tingidos e comprimidos para produzir esta pedra de cores brilhantes, extremamente popular em joias. Além das propriedades habituais da turquesa (proteção, abertura metafísica, abundância, consolo para o espírito e cura para o corpo), a Mojave melhora a sua sensação de bem-estar interior e eleva o seu espírito.

Devido à maneira como seus componentes são ligados, ela ajuda a solidificar grupos ou famílias. Ajudando você a saber que é uma parte do Tudo O Que É* e a agir de acordo com tudo ao seu redor, ela expande a consciência da unidade. Use esta pedra para se lembrar de andar com leveza sobre a terra.

LISTA DE CRISTAIS

CURA A Turquesa Mojave conserva as propriedades de cura da Turquesa, embora estas possam ser drenadas pelo processo de morte.

POSIÇÃO Devido à sua natureza frágil, a Turquesa Mojave é mais bem aproveitada quando incrustada em prata.

PEDRA ADICIONAL
A **Turquesa Navajo Roxa** se forma de maneira parecida e as duas têm uma aparência muito semelhante. A pedra fundamental é de um azul poderoso, reforçado com corante vermelho. A Navajo Roxa ajuda você a estabelecer uma conexão de amor com os outros.

Turquesa Navajo Roxa

MOHAWKITA

Formação natural

COR	Cinza ou marrom prateado-acobreado-dourado
APARÊNCIA	Pedra metálica nodosa; ocasionalmente com cristais cúbicos
RARIDADE	Encontrada apenas em um local
ORIGEM	Michigan, Estados Unidos

ATRIBUTOS À base de cobre com vestígios de níquel, ferro, prata e cobalto, a Mohawkita combina a estabilidade e percepção do metal com as possibilidades transmutacionais do cobalto. Particularmente útil para atuar numa dimensão mais elevada e ao mesmo tempo dentro da frequência da terra, ela fundamenta a mudança vibracional e protege campos energéticos* sutis. Igualmente eficaz dentro do corpo humano ou da terra, ela reenergiza e harmoniza a grade* etérica, os chakras e os meridianos para suportarem o nível físico do ser. É excelente para o ancoramento e blindagem, e é particularmente útil para manter o espaço de um gradeamento*.

A Mohawkita facilita a consciência da unidade e também cria uma interface entre sua psique e a de outra pessoa, de modo que você tenha total empatia sem se sentir oprimido pelo que percebe, enquanto ao mesmo tempo honra sua unidade de espírito.

Com a sua capacidade de se mover através do tempo, a Mohawkita é um eficaz agente de cura da linhagem ancestral*, enviando energia de cura para o passado distante e para o futuro, de modo que as novas gerações fiquem livres dos débitos kármicos* e de crenças nucleares* básicas que moldaram a realidade da família ao longo do tempo. Um agente de cura eficaz para a terra, esta pedra limpa e reestrutura áreas de indisposição* e ancora a grade do planeta. Ela alinha seu corpo físico à terra. Incute força mental e de propósito, estabilizando e protegendo. Ela incentiva a abertura para si mesmo e para os outros, fazendo você se sentir totalmente seguro dentro de seu ambiente, interno ou externo. Se você cultiva crenças obsoletas e atitudes prejudiciais para o seu bem-estar, tais como a aversão por si mesmo, ou se costuma fazer julgamentos, ela o ajuda a se libertar disso e a renegociar com figuras internas como o sabotador ou crítico.

Uma pedra de equilíbrio, a Mohawkita estabiliza extremos de emoção, trazendo equilíbrio interior. Esta pedra estimula o livre fluxo de energia através dos meridianos e órgãos.

CURA Esta pedra é fortalecedora para o corpo todo, particularmente no nível energético.

POSIÇÃO Segure a pedra ou posicione-a, conforme o caso, especialmente em redes ou em mapas para a cura da terra, ou borrife a essência em torno da aura. *AVISO: A Mohawkita é à base de arseniato, por isso manuseie com cuidado e lave bem as mãos depois de usar. Faça a essência do cristal pelo método indireto.*

MONAZITA

Bruta

COR	Amarelo, marrom, castanho avermelhado, laranja, cinza-verde
APARÊNCIA	Forma cristalográfica ou losango num cristal formado
RARIDADE	Raro
ORIGEM	Brasil, Estados Unidos, Noruega, Índia, Madagascar

ATRIBUTOS A Monazita contém raros elementos da terra, que são muito valorizados pela indústria, o que significa que raramente ela é encontrada como cristal de cura, mas é muito eficaz para trabalhos com energia da terra em áreas de perturbação ou desconexão da grade. Ela repara meridianos* e restabelece o equilíbrio.

CURA A Monazita funciona melhor para a cura da terra*.

POSIÇÃO Use no gradeamento da paisagem ou num mapa. Borrife a essência no ambiente.

MONTEBRASITA

Bruta

COR	Cinza, amarelado, azul, branco
APARÊNCIA	Translúcido ou opaco e vítreo
RARIDADE	Raro
ORIGEM	França, Paquistão, Brasil, Estados Unidos

ATRIBUTOS A Montebrasita tem uma vibração leve e ensolarada que combate a depressão e a ansiedade e estabiliza oscilações bipolares. Criando um centro de calma com o qual enfrentar serenamente as mudanças ou dificuldades da vida, ela ajuda a reconhecer quando a ação é apropriada. Fortalecendo a força de vontade, se você sofre de procrastinação ou começa mas nunca termina projetos, esta é a pedra certa para você. Ela estimula a criatividade e alinha todo o sistema de chakras, integrando os chakras superiores ao campo de energia do corpo.

CURA A Montebrasita supostamente auxilia em casos de problemas digestivos, como na síndrome do intestino irritável, azia e úlceras, distúrbios genéticos e hiperatividade. Ela harmoniza os sistemas elétricos do corpo.

POSIÇÃO Segure a pedra, posicione-a ou use-a no gradeamento, conforme o caso. Borrife a essência na aura.

PEDRA DA LUA: PRETA

Polida

COR	Preto-cinza
APARÊNCIA	Pedra opaca raiada ou translúcida
RARIDADE	Fácil de obter
ORIGEM	Madagascar

ATRIBUTOS Nome comercial de um tipo de Labradorita, a Pedra da Lua Preta, é excelente para atividades metafísicas de todos os tipos, visto que protege e abre seu campo de energia para vibrações mais elevadas. Se você precisa de um mentor ou guardião espiritual, segure a Pedra da Lua Preta e peça que um guia adequado venha de dimensões superiores ou da esfera física. Estabelecendo uma poderosa conexão com o divino feminino, ela está associada à energia transformadora da Madona Negra ou Madalena.

Esta pedra neutraliza os efeitos indesejáveis das emanações eletromagnéticas, especialmente dos telefones celulares, dos computadores e Wi-Fi, e bloqueia a radiação e os raios X. Ajudando aqueles emocionalmente mais sensíveis, ela filtra as informações energéticas que você capta de outras pessoas para que só perceba o que é útil. Gradeie a Pedra da

Lua Preta em sua casa para atrair abundância e para criar um ambiente calmo e sereno. Ela estabiliza relações difíceis e auxilia a angústia adolescente. Esta pedra fortalece a concentração, por isso use-a para o estudo ou a criatividade.

Fisicamente, esta pedra aumenta a sua resistência e auxilia crianças com dispraxia para que fiquem mais focadas e tenham uma coordenação melhor. Ela ajuda os adultos que têm dificuldades motoras ou que não têm concentração a focar sua atenção.

CURA A Pedra da Lua Preta é supostamente útil para o cólon, os rins, o fígado, o baço, o estômago e os órgãos reprodutores femininos. Pode estimular a recuperação de um acidente vascular cerebral e ser benéfica para o mal de Parkinson e indisposições* semelhantes. Esta pedra é tradicionalmente usada para equilibrar o ciclo hormonal feminino e auxiliar durante a menopausa.

POSIÇÃO Segure a pedra, posicione-a ou use-a no gradeamento, conforme o caso.

PEDRAS ADICIONAIS
Em adição às propriedades genéricas da Pedra da Lua, as pedras a seguir têm outras propriedades.

Adulária Um Ortoclase Feldspato alcalino, a delicada Adulária abre o Terceiro Olho e ajuda a sua visão interior. Uma pedra calmante, ela ajuda a dissipar as ilusões e a histeria que surgem do excesso de sensibilidade às energias de um lugar ou de outras pessoas. Esta pedra facilita a distinção entre o verdadeiro "ver" e as percepções psíquicas originárias do que você acredita ou das profecias geradas pelo medo e pelos delírios. É útil para enxaquecas causadas por bloqueios psíquicos ou pelo fato de você estar muito aberto às emanações ao seu redor.

Adulária bruta

LISTA DE CRISTAIS

Gabro com Pedra da Lua A combinação de Gabro com Pedra da Lua é energeticamente confusa para algumas pessoas; a pedra parece que não sabe se está profundamente ligada à terra ou flutuando para fora do planeta. Naqueles que estão sintonizados com ela, essa pedra ajuda a estar "aqui" e "lá" ao mesmo tempo, enquanto você navega nas camadas multidimensionais da consciência. Naqueles que não estão em sintonia com ela, esta pedra pode tornar difícil ancorar na terra as informações recebidas nessas esferas ou retornar à terra depois das viagens astrais*. Se você tiver apenas um ponto de apoio nesta encarnação, esta não é a pedra para você.

Gabro com Pedra da Lua

Pedra da Lua Roxa Uma Pedra da Lua suave e em forma de coração, que ajuda você a ter compaixão por si mesmo e pelos outros. A cor pode ser artificial.

Pedra da Lua Roxa

Rubi na Pedra da Lua Essa combinação dinâmica é excelente para curar corações partidos por perda e luto. Ela ajuda você a superar a dor e a desenvolver a compaixão por si mesmo e pelos outros.

Rubi na Pedra da Lua

MTROLITA

TAMBÉM CONHECIDA COMO CALCEDÔNIA CROMO

Mtrolita bruta na matriz

COR	Verde
APARÊNCIA	Pedra opaca
RARIDADE	Rara
ORIGEM	Canadá

ATRIBUTOS A Mtrolita é uma pedra calmante e centralizadora que permite que você enfrente as mudanças vibracionais ou situacionais com equanimidade, por mais traumáticas e tumultuadas que sejam. Estimulando a capacidade de lidar com os problemas, ela infunde serenidade no meio do tumulto e o ajuda a encarar as circunstâncias com calma aceitação. A Mtrolita também o ajuda a ficar aberto às mudanças e ao mesmo tempo viver no momento presente. Se você protesta contra a sua situação atual, medite com Mtrolita para encontrar a intenção da sua alma por trás dessa experiência. Você pode aceitá-la ou, se necessário, alterá-la e seguir em frente. A Mtrolita acalma todo o campo áurico. Uma pedra do chakra do Coração, a Mtrolita é o cristal perfeito para trazer paz e harmonia ao seu mundo.

A Mtrolita supostamente apoia aqueles que praticam a homeopatia ou a fitoterapia. Ela é uma Calcedônia cromo e o cromo é necessário no nosso organismo para a correta assimilação da glicose, que regula o metabolismo das gorduras e das proteínas. À medida que envelhecemos, a capacidade de assimilar o cromo diminui e pode ser preciso tomar suplementos. Uma maneira de fazer isso é usar a Mtrolita em contato com a pele, de modo a que esta absorva uma dose de ressonância homeopática.

CURA Colocada sobre o local, a Mtrolita pode ajudar a combater dores nas costas e outras dores. Segundo relatos, ela desintoxica e fortalece o sistema nervoso e o fígado, e pode auxiliar na estabilização de desequilíbrios de açúcar no sangue.

POSIÇÃO Segure a pedra, posicione-a ou coloque-a no ambiente, conforme o caso, ou borrife a essência em torno da aura.

OBSIDIANA: FOGO

Polida

COR	Preto com brilhos cintilantes furta-cor
APARÊNCIA	Pedra preta densa ou com brilhos ígneos
RARIDADE	Rara
ORIGEM	Oregon, Estados Unidos

ATRIBUTOS O efeito ígneo da Obsidiana Fogo é criado por finas camadas de Magnetita dentro da pedra, que capta a luz quando lapidada e polida com cuidado. Esta pedra ajuda a aprimorar a sua alma para que ela fique o mais brilhante possível. Com um efeito vítreo natural formado pela lava quente que borbulha na água, a Obsidiana é conhecida pelas suas grandes qualidades metafísicas de proteção, libertação e ancoragem. Ela absorve e transforma a escuridão dentro de si mesma. Combine isso com as propriedades poderosas de atração da Magnetita e você tem uma pedra que atrai energias metafísicas para você e desencadeia o processo de transformação para o seu ser espiritual. Esta é uma pedra com uma altíssima vibração espiritual.

LISTA DE CRISTAIS

CURA A Obsidiana Fogo auxilia na recuperação energética de uma doença grave ou indisposição* psicossomática, mas atua principalmente além do corpo físico para transformar a alma.

POSIÇÃO Coloque a pedra sobre os chakras inferiores para inflamar a criatividade espiritual e estimular a subida da energia kundalini*. Borrife a essência em torno da aura.

Esplendor Mogno

PEDRAS ADICIONAIS

Esplendor Mogno Esta variação de Obsidiana Mogno carrega uma vibração mais leve e refinada, que traz questões para a superfície suavemente e as transforma. Ela oferece uma poderosa proteção para a aura e o corpo de luz*, e ajuda a sua alma a brilhar.

Teia de Aranha Esta bela Obsidiana ajuda você a reconhecer os padrões que o prendem no passado, os controles que você mesmo criou e o modo como manipula a si mesmo e as outras pessoas para proteger o seu *status quo*. Ela simboliza a teia que você teceu para sobreviver. Como todas as Obsidianas, a Teia de Aranha traz à luz tudo o que você um dia escondeu. Ajudando a romper todos os padrões do passado, ela o coloca a nu e revela a beleza no cerne da sua alma. Com a ajuda dela você traz seus projetos mais íntimos à superfície e cria conscientemente uma teia de luz para apoiar o que mais deseja. Gradeie esta Obsidiana para apoiar os meridianos de energia dos corpos sutis* e físico, ou a terra, dando-lhe força em tempos de necessidade. Ela supostamente fortalece os joelhos e os quadris e beneficia a terapia da fala. Também combate a melancolia.

Teia de Aranha

NUNDERITA

Rolada

COR	Verde-marrom com verde-azul
APARÊNCIA	Pedra opaca com listras ou borrões
RARIDADE	Rara
ORIGEM	Nova Gales do Sul, na Austrália

ATRIBUTOS Uma combinação de Jadeíta e Feldspato, a Nunderita é uma excelente pedra de ancoramento. Ela propicia um centro tranquilo e silencioso no qual ancorar as suas energias em tempos de turbulência, mudança ou viagens multidimensionais. Mostrando-lhe formas criativas para atingir os seus objetivos, a Nunderita incentiva a cooperação e atrai pessoas que pensam como você. O componente do Feldspato coloca as coisas em movimento, mudando literalmente as energias de modo que atinjam uma frequência diferente e o ajudem a se adaptar a mudanças de amplitude quando a vibração se elevar. A porção Jadeíta ajuda você a enfrentar a mudança com equanimidade. A combinação auxilia no equilíbrio das energias novas e as coloca em movimento. Esta pedra tira da sua vida quem não é para o seu bem maior.

A Nunderita facilita a proteção psíquica multidimensional, criando uma interface impenetrável nas camadas exteriores da aura. É altamente eficaz se você tem estado sob ataque psíquico prolongado. Ela também purifica a aura e a carrega com luz. Se você é alvo de vampirismo emocional, a Nunderita o ajuda a selar a sua aura e proteger o seu baço, desenergizando* amarras e ganchos, de modo que você mantenha a sua própria energia em vez de alimentá-la para outra pessoa.

A Nunderita é uma pedra útil para aqueles que não têm autoconfiança, pois ela dá força emocional e coragem para seguir em frente. Encorajando você a ser autossuficiente, mas não egoísta, ela o ajuda a se mover para a frente na direção de quem você pode ser, e não do que você tem receio de ser.

Por tradição, esta pedra beneficia os rituais de magia do tempo, trazendo chuva para zonas afetadas pela seca ou sol para combater o excesso de água.

CURA A Nunderita é um calmante para o baço, os rins e as suprarrenais estressadas. Ela pode auxiliar no equilíbrio de líquidos no corpo e no equilíbrio do ácido-alcalino.

POSIÇÃO Segure a pedra, coloque-a ou use-a no gradeamento, conforme o caso. Fixe-a sobre o chakra do baço para que a sua energia não seja sugada por vampiros psíquicos. Borrife a essência da gema ao redor dos rins, e sobre o baço e o plexo solar.

LISTA DE CRISTAIS

OCEANITA

TAMBÉM CONHECIDA COMO ÔNIX AZUL

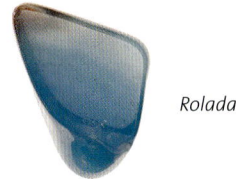

Rolada

COR	Azul
APARÊNCIA	Pedra com veios
RARIDADE	Rara
ORIGEM	Argentina

ATRIBUTOS Fortalecendo o corpo físico e a alma, a Oceanita oferece apoio em tempos desafiadores. Ela alinha seus desejos com o propósito da sua alma e acessa a orientação do seu Eu Superior. Ela ajuda a curar traumas, incluindo os de vidas passadas, e comunica seus sentimentos de forma mais clara. Útil se você precisa resolver contradições inerentes, como personas conflitantes de vidas passadas, ela harmoniza dualidades.

CURA A Oceanita é particularmente útil se você sofre de ansiedades, medos ou fobias agudas, pois acalma seu corpo emocional.

POSIÇÃO Segure a pedra, use-a como joia ou no gradeamento, conforme o caso. Borrife a essência na aura. *AVISO: A Ônix Azul Oceanita é, do ponto de vista energético, muito diferente da pedra preciosa lapidada de mesmo nome.*

LISTA DE CRISTAIS

CALCÁRIO OOLÍTICO E CRINOIDAL

Bruta

COR	Várias
APARÊNCIA	Várias de acordo com o tipo
RARIDADE	Encontrada no mundo todo
ORIGEM	Mundo todo

ATRIBUTOS O Calcário foi criado a partir de trilhões de pequenas criaturas que morreram, caíram no fundo do mar e renasceram como rocha ao longo de um longuíssimo período de tempo. A pedra ainda mantém a força vital essencial dessas criaturas. Quando escavado, o Calcário é macio e pode ser esculpido, mas o revestimento exterior endurece com o tempo. Ele representa a forma como a nossa alma é moldada ao longo de sua longa jornada, e nos ajuda a enfrentar as mudanças criando uma interface* com o mundo exterior que protege sua estabilidade básica.

Meditando com esta pedra, ou morando num prédio construído com ela, você pode reconhecer o enorme significado do modo como foi moldado pelas pessoas e pelo ambiente à sua volta, ao longo das eternidades. Se necessário, o Calcário ajuda você a se afastar desse padrão enraizado e seguir o seu próprio roteiro. Ele o incentiva a viver um estilo de vida equilibrado, que inclua atividades físicas e momentos de quietude, para garantir a paz e a felicidade. Os antigos egípcios usaram o Calcário na construção das pirâmides e construíram uma bateria solar enorme que armazenava os raios do sol e facilitava as viagens e a comunicação inter e multidimensional.

O Calcário Crinoidal foi criado a partir de crinoides, equinodermos primitivos com cinco ou mais braços com pelinhos que saem de um disco central. Tal como acontece com todos os fósseis, esta pedra ajuda você a explorar as suas raízes e questões muito enraizadas, e a encontrar estabilidade no âmago do seu ser.

CURA O Calcário auxilia na cura da linhagem ancestral*. Fisicamente ele restaura o equilíbrio energético e apoia o sistema esquelético. Pode ajudar nas moléstias abdominais causadas por bloqueios energéticos nos chakras da Base ou do Sacro.

POSIÇÃO Segure a pedra, coloque-a ou use-a no gradeamento, conforme o caso.

Calcário Crinoidal

OPALA: DA ETIÓPIA

Opala da Etiópia bruta laranja na matriz

COR	Vermelho, laranja, amarelo, verde, amarronzado, branco
APARÊNCIA	Cristal opalescente ígneo dentro de matriz nodular
RARIDADE	Raro
ORIGEM	Etiópia

ATRIBUTOS Esta bela pedra de alta vibração é um cristal de expansão infinita que queima o karma* do passado e abre caminho para o renascimento. Carregando vibrações extremamente altas e sabedoria antiga, a Opala da Etiópia estimula todos os dons metafísicos. Ela carrega uma holografia da alma que dá acesso ao passado, ao presente e ao futuro, oferecendo proteção enquanto você viaja através de multidimensões ou no interior do seu próprio ser.

Uma pedra de grande visão, a Opala da Etiópia é um veículo para os elementais do fogo e da terra, que traz purificação através de uma "caminhada pelo fogo" interior e ancora a transmutação para o corpo físico. Como tal, ela ajuda você a enfrentar seus medos mais profundos e a transformá-los em suas maiores dádivas. Esta pedra coopera com sua alma para projetar situações que liberam e desenergizam* camadas profundas de emoções reprimidas, medo e trauma, abrindo caminho para que novos padrões se estabeleçam. A Opala da Etiópia provoca uma espécie de "esfoliação" na alma, eliminando suavemente camadas incrustadas, de modo que um novo crescimento possa ocorrer. Programe-a para possibilitar as mudanças que você precisa fazer – segure a Opala na mão para que seu Eu Superior possa lhe dizer que mudanças são essas e o que de melhor elas podem oferecer. A meditação com essa pedra revela as causas originárias de vidas passadas para algumas situações, facilitando a cura destas, por meio de uma perspectiva anímica mais elevada no estado entre-vidas*.

A Opala da Etiópia carrega a positiva energia do dragão*, pessoal e planetária. Ela une, purifica e ativa os chakras da Base e do Sacro, para estimular a sua criatividade e uni-los com o amor dinâmico e incondicional do chakra do Coração Superior e as capacidades mentais refinadas do chakra Alta-Maior, para que você manifeste sua vontade mais elevada na terra. Colocada na base e no topo da coluna vertebral, ela inflama o kundalini* e, na base do crânio, abre o chakra Alta-Maior. Colocada no meio do crânio, auxilia na transmutação da raiva, transformando-a numa vontade alegre e ativa e num desejo de paz interior e exterior. Colocada em pontos de poder sobre a terra, ela auxilia a limpeza e a regeneração ambiental, estimulando a fertilidade e o realinhamento dos meridianos* da terra e criando um escudo contra as vibrações negativas.

A Opala da Etiópia demonstrou ser capaz de auxiliar na perda de peso tratando as causas psicológicas subjacentes, especialmente quando estão relacionadas com sentimentos de vulnerabilidade ou raiva profunda. Ela leva todos os corpos sutis* ao equilíbrio, liberando bloqueios e impressões negativas, de modo que todas as funções do corpo induzam harmoniosamente ao bem-estar. No entanto, sendo uma pedra ígnea, verificou-se que a razão de cura da Opala da Etiópia é a descarga rápida, especialmente durante uma cura traumática ou durante a preparação da essência, e essa pedra pode precisar de uma recarga considerável antes de poder ser usada novamente. Limpe as pedras esgotadas após o uso: deixe-as de lado por um tempo e coloque-as ao sol sobre um Quartzo por um longo período para recarregar.

O trabalho regular com esta pedra ajuda a melhorar a sensibilidade energética e a consciência, aumentando sua sintonia com as energias cristalinas, pessoais, telúricas e planetárias.

Talvez você precise usar uma pedra de blindagem, tal como o Ouro de Curandeiro, que facilita o trabalho na interface* se as sensações se tornarem muito agudas.

CURA A Opala da Etiópia funciona melhor no nível sutil* ou psicossomático da cura anímica. Ela purifica e fortalece o campo biomagnético* e o corpo emocional, e equilibra o esquema etérico*, de modo que a mudança se manifeste no corpo físico. Pode ajudar no caso de problemas de pele, especialmente aqueles com base psicossomática.

POSIÇÃO Posicione a pedra, coloque-a no ambiente ou use-a no gradeamento, conforme o caso, ou borrife a essência em torno da aura. Limpe-a e recarregue-a com frequência.

CORES ESPECÍFICAS
Tal como acontece com outras variedades de Opala, cada cor tem propriedades específicas.
O **Brilho do Arco-Íris** promove a transmutação da alma.
O **Brilho Branco** carrega o registro da alma para a vida atual.
O **Brilho Laranja** estimula a criatividade, dissipando os bloqueios kármicos, os ganchos ou os implantes nos chakras inferiores.
O **Brilho Roxo ou Cor-de-Rosa** carrega a chama violeta da transmutação e purifica os chakras de alta vibração.
O **Brilho Verde** auxilia as viagens interdimensionais e o *kything**.
O **Brilho Vermelho** transporta a energia do dragão*, estimulando o fluxo da kundalini da terra e a criatividade em todos os níveis.
O **Brilho Marrom** ajuda a desenergizar* e reprogramar padrões que afetam negativamente a fisicalidade e a manifestação.
AVISO: Faça a essência pelo método indireto.

Brilho Vermelho bruta

LISTA DE CRISTAIS

OPALA: **MEL**

Bruta

COR	Cor de mel intenso e creme
APARÊNCIA	Opaca, como mel solidificado
RARIDADE	Rara
ORIGEM	Não confirmada (pode ser sintética)

ATRIBUTOS A alegre Opala Mel ajuda você a tirar o máximo partido das oportunidades. Auxilia na recuperação de mágoas e facilita o dar e receber amor. Segure esta pedra na mão para ter coragem de falar sobre o que não conseguiu revelar previamente. A Opala Mel suaviza pessoas difíceis, sempre na defensiva, que sofreram abuso mental, físico ou emocional, em qualquer espaço de tempo. Trazendo as questões suavemente para a superfície de modo que sejam desenergizadas* e liberadas, ela restaura a autoconfiança e a consciência do valor pessoal inato.

LISTA DE CRISTAIS

Esta pedra suave é excelente para pessoas sensíveis, que acham outros cristais muito fortes. Programe-a para irradiar paz e harmonia fora do seu ambiente e dissipar indisposições* de qualquer tipo.

CURA A Opala Mel é considerada um antibiótico natural para febres, resfriados e gripes.

POSIÇÃO Segure a pedra, posicione-a ou use-a no gradeamento, conforme o caso. Borrife a essência na aura especialmente em torno do coração e do plexo solar. *AVISO: Faça a essência pelo método indireto.*

PEDRA ADICIONAL
A **Opala Lavanda-Roxa** é uma forma muito suave de Opala que purifica os chakras do Terceiro Olho, do Soma e da Coroa Superior, permitindo o discernimento e a visão espiritual.

Opala Lavanda-Roxa na matriz

OPALA: **OURO DA LEMÚRIA®**

Bruta

COR	Amarelo dourado intenso
APARÊNCIA	Pedra opaca translúcida cintilante
RARIDADE	Rara
ORIGEM	Madagascar

ATRIBUTOS Supostamente conectada à antiga Lemúria, a Opala Ouro da Lemúria®, uma pedra de alta vibração, aumenta a sua sensibilidade energética e a sua consciência de mudanças vibracionais. Esta é uma pedra poderosa para aumentar a intuição e a ligação com o conhecimento do passado distante, quando a energia e a matéria eram menos sólidas do que são agora. Esta é um opala da época em que a alma era "levemente revestida de pele", e como tal ela faz aflorar as lembranças da luz que encarnou naqueles tempos distantes.

A meditação com esta pedra ajuda você a se reconectar com a sua consciência desde os tempos antigos e para a *extravaganza* multidimensional que é a sua alma. Saber quem você é na sua totalidade melhora a confiança em si mesmo e no universo, acalma a ansiedade com relação à mudança e reduz os níveis de estresse.

CURA A Opala Ouro da Lemúria® funciona melhor no nível energético ao curar, restaurar a harmonia e reimprimir um padrão de luz nas células.

POSIÇÃO Posicione a pedra, use-a no gradeamento ou borrife a essência em torno da aura. *AVISO: Faça a essência pelo método indireto.*

PEDRA ADICIONAL

A **Opala Honduras** é um pedra suave e garimpada de maneira ética das rochas de basalto, cortada de modo a formar uma matriz para suportar a pedra e refletir sua cor cintilante. Fitar esta Opala ajuda você a ver o espírito brilhando dentro do seu ser interior. O garimpo dessa Opala garante renda à população local e atrai abundância para você.

Opala Honduras polida

OPALA: **VERDE DA MACEDÔNIA**

Bruta

COR	Verde
APARÊNCIA	Pedra opaca com aparência de resina
RARIDADE	Rara
ORIGEM	Sérvia (perto da fronteira da Macedônia)

ATRIBUTOS Estimulando os chakras do Coração, a Opala Verde da Macedônia cura as feridas emocionais de qualquer período de tempo. Dissipando memórias presas aos corpos sutis*, ela traz a luz. Útil no tratamento de depressão e apatia espiritual, ela dispersa energias negativas e transforma a raiva numa autoafirmação alegre. Promovendo a confiança e estimulando a criatividade, ela ajuda você a se expressar no mundo. A Opala Verde da Macedônia oferece uma explosão de energia física para superar a exaustão, e promove uma dieta saudável. É útil durante a convalescença e períodos prolongados de estresse.

CURA Esta Opala tem a fama de ser útil para resfriados, gripe e febres, e para fortalecer o sistema imunológico.

POSIÇÃO Segure a pedra, posicione-a ou use-a no gradeamento, conforme o caso. Coloque sobre o timo para estimular o sistema imunológico. Borrife a essência na aura ou no ambiente. *AVISO: Faça a essência pelo método indireto.*

OPALA: MONTE SHASTA

Bruta

COR	Azul
APARÊNCIA	Pedra vítrea na matriz
RARIDADE	Rara
ORIGEM	Monte Shasta, Estados Unidos

ATRIBUTOS Uma Opala que vem de um dos sete grandes vórtices de energia do planeta, a Opala Monte Shasta tem uma vibração alta e de profundo carinho, que é extremamente suave e terapêutica. Esta pedra coloca você em contato com a proteção espiritual oferecida por Arcanjos e seres maiores. Medite com esta pedra para invocar assistência ou segure-a na mão para se conectar com a energia do vórtice desse lugar. Ela liga você aos Arcanjos Gabriel e Miguel, e ao Mestre Ascensionado Saint Germain. Uma poderosa pedra xamânica, a Opala Monte Shasta o ajuda a viajar sem ser percebido durante trabalhos metafísicos de todos os tipos, mas é particularmente útil para jornadas menores pelo mundo e para o resgate da alma*. O Monte Shasta é considerado um dos postos avançados da antiga Lemúria, e a meditação com esta Opala auxilia você a se reconectar com aqueles tempos e abrir um portal cósmico através do qual o antigo conhecimento e a cura estelar possam passar. No entanto, antes de abrir esse portal, é aconselhável verificar se os seres que teriam acesso à Terra através dele têm só o nosso bem mais elevado em mente. Nem todos os seres estelares são companheiros benéficos que desejam ajudar na evolução da nossa consciência. Programe a Opala Monte Shasta para permitir que passem através do portal apenas energias que forem benéficas para a evolução do nosso mundo.

Abrindo e purificando todos os chakras, mas especialmente o do Coração e o do Coração Superior, a Opala Monte Shasta infunde amor no corpo emocional e na mente para criar um espaço interior tranquilo e silencioso. Útil para a cura emocional, em qualquer nível, ela dispersa o estresse. Colocada na garganta, ela ajuda você a se comunicar de forma clara e com a intenção focada. É uma pedra de fidelidade e lealdade.

CURA A Opala Monte Shasta pode ajudar na insônia e combater os efeitos do estresse.

POSIÇÃO Segure a pedra, posicione-a ou use-a no gradeamento, conforme o caso. Borrife a essência em torno da aura ou no ambiente. *AVISO: Faça a essência da gema pelo método indireto.*

OPALA: AZUL OWYHEE

Cristal bruto na matriz

COR	Azul (a cor pode mudar com a exposição ao ar)
APARÊNCIA	Pedra opalescente
RARIDADE	Rara
ORIGEM	Estados Unidos

ATRIBUTOS O azul-celeste de alta vibração da Opala Azul Owyhee conecta você à mais alta orientação angélica e aos seus próprios mentores de luz. Uma pedra onírica, ela abre suas capacidades metafísicas e fortalece a intuição. Tem sido muito utilizada para a jornada xamânica* e exploração multidimensional, uma vez que fornece proteção e blindagem durante a viagem astral* e deixa você mais receptivo ao que encontra. Esta Opala em particular liga o chakra da Garganta com o chakra do Terceiro Olho para facilitar o *kything** e a comunicação com seres superiores. A Opala Azul Owyhee dissipa a timidez e a ansiedade, ajudando-o a ser mais confiante e decidido, e a alcançar os objetivos que você definiu para si mesmo.

Ela auxilia na ativação e atração do seu próprio poder pessoal, sem deixá-lo dramático ou arrogante. Se você sofre de confusão mental, coloque esta Opala entre seus chakras do Terceiro Olho e do Soma ou na parte de trás do crânio. Ela limpa os padrões mentais e as expectativas negativas, e incute clareza mental.

Pedras azuis ajudam na comunicação e, num nível físico, esta pedra pode ser benéfica para o excesso de tensão nas cordas vocais e para ajudar cantores e oradores. Ela auxilia a encontrar exatamente as palavras certas para cada situação.

CURA A Opala Azul Owyhee pode ajudar energeticamente em doenças da garganta, especialmente infecções bacterianas ou virais, e no Mal de Parkinson. Esta Opala acalma os olhos e ajuda a regularizar o açúcar no sangue.

POSIÇÃO Segure a pedra, posicione-a ou use-a no gradeamento, conforme o caso, ou borrife a essência em torno da aura. *AVISO: Faça a essência pelo método indireto.*

COR E TIPO ADICIONAL
A **Opala Verde** é particularmente útil para a superação de doenças crônicas e muco excessivo. Ela dá sustentação e vitalidade durante a convalescença.

Opala Verde bruta

KIANITA LARANJA

Formação natural de Kianita Laranja com mica

COR	Laranja
APARÊNCIA	Pedra estriada cintilante
RARIDADE	Cada vez mais fácil de obter
ORIGEM	Tanzânia

ATRIBUTOS Uma pedra de imensa criatividade, a cor da Kianita Laranja vem do manganês que existe dentro do seu núcleo, e seu brilho vem dos flocos de mica incorporados dentro de suas estrias. A pedra não sustenta energia negativa, que se transmuta instantaneamente. É um poderoso instrumento para purificar e abrir os chakras*, derramando luz nos corpos energéticos. Esta é uma pedra útil para abrir a sensibilidade para os seus bons instintos, seu "saber" instintivo. Ela abre seus canais psíquicos e sua sensibilidade cinestética.

A Kianita Laranja é uma grande pedra para estimular o seu poder pessoal. Ela lembra você do que lhe dá prazer. Leva-o para dentro de si mesmo e o reconecta com seus recursos próprios, evitando que você se volte para fora em busca de apoio; ela energiza a sua libido e renova a sua paixão pela vida.

A Kianita Laranja retira de você a energia de outras pessoas, especialmente a partir dos chakras da Base e do Sacro. Ela o libera dos resíduos energéticos de encontros sexuais anteriores e dissolve bloqueios kármicos*. No nível físico, esta Kianita reprograma sua abordagem a esta encarnação física, dissipando indisposições* energéticas.

CURA A Kianita Laranja supostamente combate a anorexia, a bulimia, vícios, a disfunção sexual, a TPM, a depressão, e aumenta a fertilidade. É útil na depressão profunda e aumenta a libido. Ela ajuda a regular desequilíbrios de açúcar no sangue.

POSIÇÃO Coloque a Kianita Laranja sobre o seu chakra do Sacro, segure-a, use-a no gradeamento ou borrife a essência em torno da aura. *AVISO: Faça a essência pelo método indireto.*

PARGASITA

Cristal bruto na matriz

COR	Verde-lima, marrom a preto, verde-azul
APARÊNCIA	Cristal característico numa matriz ou pedra granulosa
RARIDADE	Rara
ORIGEM	Finlândia, Paquistão, Chile, Itália, Suécia, Reino Unido, Estados Unidos

ATRIBUTOS A Pargasita tem uma energia suave que proporciona orientação e apoio emocional. Suavizando até o mais duro dos corações, ela desmonta defesas construídas ao longo de muitos anos e desenergiza* as questões que se encontram por trás delas. A Pargasita libera os bloqueios no corpo emocional e abre os chakras do Coração para que você sinta empatia, expressando compaixão e perdão por si e pelos outros. Valorizada pela sua capacidade de controlar o ciúme ou a inveja, a Pargasita ajuda a combater a baixa autoestima e a autoimagem ruim.

CURA A Pargasita é benéfica para tratar as doenças psicossomáticas do coração, da garganta e da circulação. Segundo relatos, ela combate as doenças de pele.

POSIÇÃO Segure a pedra, posicione-a ou use-a no gradeamento, ou borrife a essência em torno da aura.

PENTAGONITA

Rolada

COR	Azul-turquesa
APARÊNCIA	Pedra opaca rolada ou longas agulhas
RARIDADE	Fácil de obter
ORIGEM	Índia

ATRIBUTOS A cor brilhante da Pentagonita abre o Terceiro Olho e ativa a visão interior, expandindo a consciência. Ativando o chakra do Soma, ela permite que você viaje para dimensões maiores para se comunicar com os seres que habitam esses reinos e conscientemente trazer dali sabedoria. Se você sofre de perturbação emocional, a meditação com a Pentagonita acalma suavemente a alma. Coloque a pedra sob o travesseiro para aliviar os terrores noturnos e induzir sonhos agradáveis.

CURA A Pentagonita pode ser benéfica para os olhos e a garganta. No nível energético, ela harmoniza os sistemas imunológico e endócrino.

POSIÇÃO Posicione a pedra, coloque-a no ambiente ou use-a no gradeamento, conforme o caso. Borrife a essência da gema em torno da aura. *AVISO: Faça a essência com uma pedra rolada pelo método indireto.*

PERUMAR®

TAMBÉM CONHECIDA COMO RODOCROSITA AZUL

Bruta

COR	Azul-celeste claro
APARÊNCIA	Pedra opaca com veios e bandas
RARIDADE	Rara
ORIGEM	Peru

ATRIBUTOS A Rodocrosita Azul ou Perumar® tem uma energia suave que cura o coração e infunde amor altruísta e compaixão. As suas pequenas falhas nos lembram de perdoar tanto as nossas próprias imperfeições quanto as dos outros, e ter compaixão. A Perumar® incentiva uma visão positiva do futuro. Medite com esta pedra sobre o chakra do Terceiro Olho ou do Soma para entrar em contato com a antiga sabedoria dos incas e dos seus locais sagrados.

CURA A Perumar® atua como um filtro para remover a negatividade dos corpos energéticos, preenchendo o corpo físico com um tranquilo bem-estar.

POSIÇÃO Segure a pedra, use-a como joia ou no gradeamento, ou borrife a essência na aura, especialmente em torno do coração.

LISTA DE CRISTAIS

MADEIRA PETRIFICADA

Lasca polida

COR	Marrom, amarelo, vermelho, cor-de-rosa, preto, branco
APARÊNCIA	Pedra bandeada semelhante ao tronco das árvores
RARIDADE	Fácil de obter
ORIGEM	Mundo todo

ATRIBUTOS A protetora Madeira Petrificada é de valor inestimável para ancorar vibrações elevadas na terra. Esta pedra se forma quando uma árvore viva cai dentro da água e elementos como o manganês, o ferro e o cobre são quimicamente absorvidos. Em muitos casos, a madeira torna-se sílica brilhante e a pedra muitas vezes contém Aragonita, um poderoso agente de cura da terra*. Cada mineral produz uma cor específica: carbono, preto; cobre, cobalto e cromo, azul-verde; óxidos de ferro, vermelho, marrom e amarelo; manganês, rosa-laranja e óxidos de manganês, preto e amarelo. Cada oligoelemento tem um efeito energético específico, por isso escolha a sua Pedra Petrificada de acordo com a sensação que ela lhe provoca.

O poder da Madeira Petrificada reside na sua sabedoria antiga e no longo serviço ao planeta. Conecte-se com ela para encontrar um mentor. Há muitas lendas sobre as propriedades terapêuticas das árvores, e a pedra é útil para trabalhar vidas passadas, uma vez que pode ser lida como um livro, com cada anel revelando uma página dos Registros Akáshicos*. Ajudando você a se sentir em casa na terra, ela o lembra de que você é mais do que um espírito preso dentro do mundo material e que um dia você vai novamente assumir uma outra forma de ser, mas que, enquanto isso, há serviço para prestar à nossa casa terrena.

A Madeira Petrificada ampara a alma durante desafios e tribulações da evolução espiritual e revela as dádivas da alma no seu coração. Ela facilita a retirada das camadas incrustadas no cerne do seu ser, liberando o que não serve mais, mantendo o que é útil. Com a assistência da pedra você anda sobre a terra com graça, honrando a sabedoria das eras.

Uma pedra calmante, a Madeira Petrificada ajuda você a se preocupar menos especialmente com coisas de pouca importância. Ela o ajuda a aceitar serenamente o que não pode mudar, fazer as alterações que são possíveis e usar a sua sabedoria para conhecer a diferença. Use esta pedra para ser tudo o que você pode ser.

Imensamente benéfica ao corpo, a Madeira Petrificada auxilia a mobilidade em todos os níveis. Se o potencial do DNA foi bloqueado pela memória genética ancestral ou se uma doença se manifestou, a Madeira Petrificada desenergiza o velho campo de informações celular e ativa o potencial no novo. Ela reativa as doze fitas do DNA. Também ajuda quando você está na fase crônica ou de recuperação de uma indisposição* ou está enfrentando uma doença progressiva, especialmente na velhice.

A Madeira Petrificada ajuda a estabilizar o ambiente e é benéfica para pessoas que moram em edifícios antigos, especialmente naqueles com problemas estruturais. Uma pedra de arqueólogos, historiadores e bibliotecários, ela tem fama de contrariar o preconceito de idade no local de trabalho e de ajudar os outros a reconhecer a sabedoria e o valor da maturidade.

CURA A Madeira Petrificada é benéfica para o sistema imunológico, articulações, músculos, ossos, pés, costas, sistema nervoso e pulmões. Segundo relatos, ajuda na motilidade e interrompe o processo de envelhecimento, a desintegração e a calcificação, e combate a obesidade. Pode ser benéfica para padrões instáveis de sono, Síndrome de Fadiga Crônica e distúrbios genéticos, auxiliando na recuperação de doenças graves.

POSIÇÃO Segure a pedra, posicione-a, use-a no gradeamento ou borrife a essência em torno da aura ou do ambiente.

PEDRA ADICIONAL

A **Madeira Amendoim** é uma madeira fossilizada australiana. Ela ajuda aqueles que têm dificuldade para caminhar sobre a terra, quer física ou energeticamente, e os ajuda a se sentirem em casa no planeta. Tal como acontece com todas as Madeiras Petrificadas, é uma excelente auxiliar para ancorar a energia no corpo físico e para manter esse corpo ancorado à terra. Uma pedra estável e calmante, que dá suporte durante traumas e cura ou desafios emocionais. Uma pedra útil para a cura de vidas passadas, ela facilita a exploração de vidas passadas e ajuda você a ir até as raízes da sua alma. É conhecida por ajudar na perda de peso e é útil em casos de incontinência ou, se colocada atrás das orelhas, de zumbido no ouvido e problemas de audição.

Madeira Amendoim

FENACITA NA FLUORITA

Bruta

COR	Branco na matriz colorida
APARÊNCIA	Cristalina
RARIDADE	Combinação rara
ORIGEM	Não confirmada

ATRIBUTOS Esta é uma combinação impressionante para despertar sua conexão com a mente universal e para garantir que a comunicação com outras dimensões parta das fontes mais elevadas. Ela instila clareza mental, combate a confusão e ajuda você a fazer conexões intuitivas à medida que harmoniza a sua mente para que ela atinja um alto grau de lucidez.

CURA Esta combinação funciona para além do físico, mas é excelente para combater a confusão mental. Coloque na base do crânio para melhorar as vias neurais e a integração dos hemisférios cerebrais.

POSIÇÃO Coloque sobre os chakras da Coroa Superior e do Soma, do Terceiro Olho ou das Vidas Passadas.

FLOGOPITA

Cristal natural na matriz

COR	Marrom-claro, esverdeada, amarela, incolor, cinza
APARÊNCIA	Pedra em camadas, semelhante a um prato
RARIDADE	Rara
ORIGEM	Groenlândia, Sibéria, Rússia, Canadá

ATRIBUTOS A Flogopita filtra energeticamente a poluição eletromagnética. Ela abre as capacidades metafísicas e ativa todos os chakras. Use-a para encontrar os dons escondidos nos cantos mais escuros da sua alma ou para remover os bloqueios ao desenvolvimento espiritual. Ela se conecta aos quatro pontos cardeais e é a pedra ideal para a Roda da Medicina ou para cerimônias da Mãe Terra e *kything**.

CURA A Flogopita mantém os corpos sutis* e físico livres de energia poluente. Seu alto teor de magnésio fortalece energeticamente os ossos e o esmalte dos dentes, ajuda na assimilação de nutrientes e vitaminas, na atuação da enzima, na transferência de energia e no funcionamento correto do corpo.

POSIÇÃO Segure a pedra, coloque-a no ambiente ou use-a no gradeamento, conforme o caso. *AVISO: Prepare a essência só pelo método indireto.*

FOLOCOMITA

Lasca bruta

COR	Prata arroxeado ou sujo de preto, esverdeado, amarelado, amarronzado, cinza
APARÊNCIA	Camadas cintilantes semelhante à mica
RARIDADE	Rara
ORIGEM	Rússia, Finlândia, Groenlândia, Canadá

ATRIBUTOS Esta pedra suave ajuda a retirar as camadas de condicionamento mental ou emocional, incluindo o de vidas passadas, para revelar sua essência e ajudar você a acessar o propósito de sua alma na vida presente. Ela libera o controle da mente e implantes mentais oriundos de qualquer estrutura de tempo ou dimensão.

CURA A Folocomita atua sobre as causas energéticas sutis da indisposição*.

POSIÇÃO Segure a pedra, posicione-a, ou use-a no gradeamento. Borrife a essência em torno da aura. *AVISO: Faça a essência pelo método indireto.*

FOSFOSSIDERITA

Polida

Rolada

Bruta

COR	Orquídea, roxa, vermelha, marrom
APARÊNCIA	Pode ser obtida em forma de gema polida ou raiada
RARIDADE	Rara
ORIGEM	Chile, Argentina, Alemanha, Estados Unidos, Portugal

ATRIBUTOS Uma pedra para estabilização, a Fosfossiderita abre os chakras superiores e os corpos sutis* para você assimilar os *downloads* de energia de alta vibração. Esta pedra de imensa energia e poder acessa os Registros Akáshicos* e as vidas passadas, facilitando a visão objetiva de acontecimentos do passado, evitando o envolvimento com dramas emocionais. Ela desenergiza* a raiva ou respostas emocionais negativas, infundindo alegria no corpo kármico.

CURA Rica em ferro, a Fosfossiderita supostamente trata a pele e o cabelo.

POSIÇÃO Segure a pedra, posicione-a, ou use-a no gradeamento. Borrife a essência em torno da aura.

LAZURINA COR-DE-ROSA® E QUARTZO LAVANDA RUBI®

Lazurina Cor-de-rosa

Quartzo Lavanda Rubi

COR	Cor-de-rosa a magenta, lilás profundo-roxo-vermelho
APARÊNCIA	Vidro transparente a translúcido
RARIDADE	Fácil de obter
ORIGEM	Vidro feito em laboratório ótico

ATRIBUTOS A Lazurina Cor-de-Rosa® e o Quartzo Lavanda Rubi® supostamente são da mesma fonte, mas a primeira raramente é facetada; ela é simplesmente moldada e criada com platina. O Quartzo Lavanda Rubi® é facetado para refletir sua natureza bicolor. Criadas a partir do quartzo bruto e ricas em neodímio, essas pedras imensamente poderosas carregam o conhecimento da Atlântida e mais além. Existem muitos mitos em torno da sua criação e o modo como elas chegaram a ser cristais de cura. Devido à refração, o cristal muda de cor quando visto de diferentes ângulos, dando-lhe visões alternativas das facetas de si mesmo e dos outros. A Lazurina Cor-de-Rosa® ou o Quartzo Lavanda Rubi® aumentam a intuição e ajudam no processo de ascensão*. Use-os para se conectar com seu Eu Superior/seres angélicos.

Esses cristais cheios de compaixão ativam o chakra do Coração Superior com amor universal e abrem o âmago do seu ser para que você o contemple. Ajudando você tanto a receber amor quanto a dar amor a si mesmo e aos outros, elas são pedras do perdão infinito e reconciliação. A Lazurina é excelente para curar traumas causados por abuso ou falta de amor na infância. A meditação com ela é como se lavar numa fonte de amor divino que dissolve qualquer indisposição* emocional ou trauma, proporcionando um núcleo centrado e tranquilo.

O Quartzo Lavanda Rubi® carrega uma vibração extremamente alta e a chama violeta transformacional de Saint Germain, ligando você aos reinos dos anjos e dos mestres ascensionados. Ele conecta as dimensões espirituais mais elevadas com o plano terrestre. Essa pedra mantém a chama do amor eterno. Com um forte poder de amplificação energética, ela filtra energias de modo que apenas o espectro certo chegue até você. Essa pedra aumenta a sua intuição e pode ser usada como uma lente, através da qual você pode ver a aura. O trabalho com ela libera traumas ou bloqueios emocionais profundamente enraizados de vidas passadas e desenergiza* padrões registrados no esquema kármico*.

Muitas pessoas consideram esses cristais como as pedras com mais alta frequência vibratória. Canalizando o amor incondicional, ambas podem incentivá-lo a abrir os chakras do Coração Superior e da Semente do Coração, fazendo com que você abra seu coração para as outras pessoas e tenha compaixão por elas. Elas ajudam você caso tenha lhe faltado o carinho de mãe, ligando-o ao divino feminino.

CURA A Lazurina Cor-de-Rosa® atua além do físico para curar a alma, e mantém os meridianos* energéticos e a harmonia entre todos os corpos de quartzo. A cura com o Quartzo Lavanda Rubi® ocorre no nível microcelular e através de campos energéticos do corpo.

POSIÇÃO Posicione as pedras, coloque-as no ambiente, use-as como joias ou no gradeamento, ou borrife a essência em torno da aura.

Lazurina Roxa®

PEDRA DO SOL COR-DE-ROSA

Rolada

COR	Amarelo rosado
APARÊNCIA	Pedra translúcida
RARIDADE	Pode ser encontrada entre as Pedras do Sol amarelas
ORIGEM	Estados Unidos e outros lugares

ATRIBUTOS A cor da Pedra do Sol Cor-de-Rosa vem de uma infusão de hematita dentro da pedra básica. Esta pedra brilhante e altamente energética traz alegria e regeneração sempre que você segurá-la. Use-a quando se sentir esgotado. Ela ajuda você a se conectar com a orientação superior, restaurando sua confiança na vida e no caminho da sua alma.

CURA Os estudos de caso sugerem que a Pedra do Sol Cor-de-Rosa pode retificar uma contagem baixa de plaquetas e equilibrar oscilações de açúcar no sangue. É excelente para superar a depressão e o transtorno afetivo sazonal, a letargia e a insônia a ela associada.

POSIÇÃO Segure a pedra, posicione-a ou use-a no gradeamento, conforme o caso. Borrife a essência em torno da aura ou no ambiente.

PLANCHEÍTA

Bruta

COR	Verde azulado, azul
APARÊNCIA	Pedra translúcida sedosa
RARIDADE	Rara
ORIGEM	Zaire

ATRIBUTOS A Plancheíta, com base de cobre, pode ser confundida com a Shattuckita. Útil para astrólogos e adivinhos, ela auxilia na conexão com os seres estelares e planetários do nosso sistema solar e além. Essa pedra dá grande força mental, especialmente durante discussões intelectuais, e sua capacidade de aumentar a intuição permite que você pense fora da caixa e chegue a soluções inovadoras.

CURA Pode ajudar no caso de doenças como a artrite, e supostamente elimina bloqueios intercelulares e coágulos sanguíneos.

POSIÇÃO Segure a pedra, posicione-a ou use-a no gradeamento, conforme o caso. Coloque a Plancheíta sobre o mapa astral para ajudar na cura astrológica. *AVISO: Faça a essência pelo método indireto.*

POLDERVARITA

Bruta

COR	Cor-de-rosa claro até o marrom
APARÊNCIA	Pedra opaca drúsica ou semelhante a cachos de uva
RARIDADE	Tornando-se cada vez mais fácil de obter
ORIGEM	África do Sul

ATRIBUTOS Descoberta em 1997, a Poldervarita foi encontrada nos campos de manganês que produzem Sugilita, uma pedra de amor incondicional. A pacífica Poldervarita surgiu para ensinar que o amor incondicional não é passivo, permitindo ou tolerando abusos, mas é dinâmico e ativo, estabelecendo limites apropriados ao mesmo tempo que aceita a pessoa exatamente como é e lhe dá espaço para se comportar como quiser, não como você acha que ela deveria ser. Ela demonstra como ficar em silêncio sem julgar, enquanto a pessoa segue seu próprio caminho de crescimento, e como seguir de forma independente o seu próprio caminho para a iluminação.

Uma pedra altamente criativa, a Poldervarita ajuda você a encontrar um caminho através de situações difíceis e mostra como expressar sua essência em cada e todo momento. Ela infunde clareza mental e o ajuda a concentrar sua intenção.

CURA Segundo relatos, a Poldervarita ajuda nos casos de insônia e confusão mental. Ela trabalha principalmente além do nível físico, mas seu alto teor de cálcio significa que ela pode ajudar o sistema esquelético, os dentes e as articulações.

POSIÇÃO Segure a pedra, posicione-a ou use-a no gradeamento conforme o caso. Pulverize o ambiente com a essência. *AVISO: Faça a essência pelo método indireto.*

POLUCITA

Bruta

COR	Branco ou cinza-pálido
APARÊNCIA	Pedra translúcida a opaca e luminosa
RARIDADE	Pode ser obtida via internet ou no comércio especializado
ORIGEM	Paquistão, Canadá, Afeganistão, Elba, Itália

ATRIBUTOS Esta pedra de regeneração auxilia os praticantes de Reiki* e outros agentes de cura, uma vez que estimula uma resposta rápida e profunda às energias de cura. Use-a para recarregar todos os chakras, incluindo aqueles acima do chakra da Coroa. Ela ajuda você a acessar os reinos angélicos e a fazer contato com os espíritos que já fizeram sua transição. Supostamente o objetivo da Polucita é levar todas as nações a se unir e viver em paz.

CURA Atua além do nível físico da cura para regenerar o esquema etérico* e infundir energia nos processos celular e elétrico.

POSIÇÃO Segure a pedra, posicione-a ou borrife a essência em torno da aura.

PORFIRITA

TAMBÉM CONHECIDA COMO PEDRA LETRA CHINESA

Rolada

Rolada

COR	Verde-claro e escuro, azul
APARÊNCIA	Pedra opaca riscada
RARIDADE	Rara
ORIGEM	China

ATRIBUTOS A Porfirita restaura a confiança no seu Eu Superior, no seu eu interior, na sua alma e nas outras pessoas. Ela o encoraja a falar a sua verdade, não importa quanto medo você possa estar sentindo. Se você duvida da sua própria intuição, ela o ajuda a ouvir e confiar em sua orientação interior. Desenergizando* padrões, evasivas e negações que têm impedido você de enfrentar a verdade, a Porfirita ensina que a verdade real vem de dentro de sua alma.

Se você já teve problemas ou dúvidas com relação à sua própria integridade no passado, a Porfirita o auxilia a ser mais confiável no momento presente. Ela também o ajuda a lidar com questões ancestrais que passaram de geração em geração na sua família, especialmente quando envolvem segredos e mentiras de família. Com a assistência desta pedra, a matriz energética que apoiava a falsa fachada é desmantelada para que a verdade possa emergir. Cura, perdão e reconciliação podem ocorrer. No nível emocional, esta pedra alivia a depressão, desconstruindo padrões emocionais ou de crenças negativas e elevando energias "pesadas" que oprimem a alma. É excelente para a cura emocional kármica*, uma vez que funciona sem que você precise necessariamente saber a causa (embora auxilie na leitura dos Registros Akáshicos* se necessário).

CURA A Porfirita atua principalmente além do físico para curar questões da alma.

POSIÇÃO Segure a pedra, posicione-a ou use-a no gradeamento, conforme o caso.

PREHNITA COM INCLUSÕES DE EPÍDOTO

Rolada

COR	Verde-maçã e preto amarronzado
APARÊNCIA	Cristal opaco translúcido com riscos
RARIDADE	Fácil de obter
ORIGEM	Mali

ATRIBUTOS Gentil e benéfica, irradiando amor incondicional, o Epídoto aumenta a percepção e a intuição, reforçando o poder pessoal e o despertar espiritual. A Prehnita traz alegria ao coração e paz para a mente. Estimulando a capacidade de olhar para o futuro, a combinação cria um santuário de cura interior que lhe permite reconhecer o seu verdadeiro eu e olhar para o futuro. Sobre o plexo solar, ela dissipa os bloqueios e cura feridas kármicas. Rejuvenesce o corpo e a mente depois de extremo cansaço, excesso de trabalho ou traumas.

CURA A Prehnita com Epídoto supostamente auxilia os rins, a bexiga, os pulmões, a tireoide e o timo. Ela solta as articulações e os ombros, beneficia o cérebro e auxilia a pele e o sistema nervoso.

POSIÇÃO Segure a pedra, use-a no gradeamento ou borrife a essência em torno da aura.

PEDRA DA PROFECIA

TAMBÉM CONHECIDA COMO PEDRA DA VIDA

Formação natural

COR	Branca ou amarronzada
APARÊNCIA	Pedra opaca um tanto brilhante e nodosa
RARIDADE	Rara
ORIGEM	Saara, Botswana

ATRIBUTOS Encontrada nos desertos, esta pedra, como o nome sugere, aprimora suas capacidades metafísicas, incluindo a leitura dos Registros Akáshicos*, o *kything** e a capacidade de acessar o futuro. A brancura da pedra transporta a energia intuitiva da lua e as partes acastanhadas, a energia da terra, de modo que as duas dimensões se unam. Ela conecta os chakras do Terceiro Olho, da Coroa e da Estrela da Alma, para que a orientação seja canalizada a partir de uma fonte muito elevada e trazida para a terra. Com a assistência desta pedra você concretiza seus sonhos e, ao meditar com ela, viaja através de multidimensões, para entender o propósito da sua alma. A Pedra da Profecia reúne pessoas afins com um objetivo comum, facilitando o serviço silencioso pelo planeta.

Esta pedra harmoniza todos os corpos sutis* e ancora o corpo de luz* no físico. É particularmente útil para a criação de uma âncora xamânica, para manter o corpo em segurança na encarnação.

CURA A Pedra da Profecia atua principalmente no nível metafísico, mas pode ajudar no caso de varizes e dissolver energeticamente cálculos dentro do corpo, apoiando os sistemas respiratório e circulatório.

POSIÇÃO Coloque-a no ambiente, posicione-a ou use-a no gradeamento, conforme o caso. Olhe para a pedra quando estiver meditando.

PEDRA ADICIONAL

Pedra da Solidariedade Esta pedra une pessoas afins e as reúne num grupo. Uma construtora de pontes, ela é útil quando gradeada para resolver conflitos, uma vez que destaca concordâncias em vez de pontos de discordância. Também é útil se você quer encontrar novos amigos. Use esta pedra para expressar o divino dentro de si mesmo e abrir a consciência* da unidade. A Pedra da Solidariedade auxilia energeticamente processos de oxigenação no corpo e apoia o sistema imunológico.

Pedra da Solidariedade

PIRITA: PENA

Rolada

COR	Ouro prateado com preto
APARÊNCIA	Padrões de teia de aranha ou de pena numa pedra opaca metálica
RARIDADE	Rara
ORIGEM	Leste das montanhas Harz, na Alemanha

ATRIBUTOS Na Pirita Pena, a energia é suavemente separada em camadas, que irradiam para o corpo ou para o ambiente, harmonizando os meridianos* de energia sutil e levando o todo à harmonia. Ela cria um escudo energético em cada camada individual da aura, formando uma intrincada teia que não pode ser penetrada por energias negativas. Esta pedra transmite a confiança e a resistência necessárias para se obter sucesso.

CURA A Pirita Pena ajuda o sangue, os vasos capilares, as paredes celulares, o sistema linfático e as fibras neurais para transmitir Qi* ao redor do corpo e levá-lo ao funcionamento ideal. A Pirita pode ajudar os ossos e os processos celulares e aumentar o fornecimento de sangue para os órgãos.

POSIÇÃO Segure a pedra, posicione-a ou use-a no gradeamento, conforme o caso. Borrife a essência em torno da aura. *AVISO: Faça a essência pelo método indireto.*

LISTA DE CRISTAIS

PEDRAS ADICIONAIS
As Piritas a seguir têm propriedades mais específicas, além das genéricas.

Pirita Pele de Cobra Uma grande Pirita para qualquer pessoa que esteja passando por uma mudança energética ou que esteja presa ao passado, a escamosa Pirita Pele de Cobra permite que você solte rapidamente as suas impressões da energia antiga e o protege enquanto você está nesse espaço vulnerável. Tendo retirado o resíduo de muitas vidas, ela revela o novo padrão esperando para emergir debaixo da escória. A Pirita Pele de Cobra estimula a mudança benéfica e transmite o vigor necessário para avançar novamente. Deixe uma na sua escrivaninha se você está em busca de uma promoção ou novas oportunidades. É particularmente útil para chegar à raiz das doenças psicossomáticas ou kármicas*. Evidências indicam que esta pedra repara danos no DNA, alinha meridianos, fortalece o sistema digestório e neutraliza toxinas, além de trazer benefícios para os sistemas circulatório e respiratório e aumentar o oxigênio no sangue.

Pirita Pele de Cobra

Pirita Iridescente Com supostamente 350 milhões de anos, a antiga e rara Pirita Iridescente azul-esverdeada melhora as capacidades metafísicas e fornece um escudo de proteção durante viagens astrais*. Contemplá-la ajuda você a se concentrar na sua intuição e percorrer multidimensões, mantendo-se plenamente presente na realidade do dia a dia. Use-a se achar que regressar ao seu corpo é difícil ou deprimente. Excelente para a proteção contra vampirismo psíquico* e pessoas que o deixam exaurido, ela

Pirita Iridescente do Sol

LISTA DE CRISTAIS

cria uma interface* energética que lhe permite perceber o que está acontecendo, sem se envolver nos problemas dos outros. Ela auxilia na transformação suave da situação, de modo que a pessoa se torna consciente do que vem acontecendo. Use-a como joia ou a mantenha por perto.

Pirita Iridescente

Pirita na Magnesita Uma combinação extremamente forte, que protege e ancora o corpo físico, mantendo os corpos sutis* ligados com segurança. Use-a para ancorar-se, se você tem tendência a flutuar durante o trabalho metafísico, pois ela lhe dá um caminho de volta para o seu corpo. Do ponto de vista psicológico, a Pirita na Magnesita alivia a ansiedade e a frustração e aumenta a sua autoestima e confiança. Úteis para os homens que se sentem inferiores, uma vez que reforça a confiança em sua masculinidade, a Magnesita diminui qualquer tendência à agressividade machista e apoia a autoafirmação. Ela ajuda as mulheres a superar a servidão e complexos de inferioridade, e a descobrir o seu próprio poder, sem se deixar levar pelo ego ou por uma agressividade injustificada. Esta combinação apoia as pessoas nervosas e com medo e ajuda a superar a irritabilidade e a intolerância.

A Magnesita contém um alto nível de magnésio e auxilia sua absorção no corpo. Segundo relatos, ela desintoxica o organismo e age como um antiespasmódico e relaxante muscular. A Pirita na Magnesita tem fama de ajudar o crescimento dos ossos, combater problemas nos dentes e nos processos celulares e ativar os meridianos energéticos nos corpos sutis e no corpo físico. Ela aumenta o suprimento de oxigênio para os órgãos. A Magnesita exerce um efeito calmante nas emoções, ajudando a tolerar o estresse emocional. Esta combinação pode combater problemas menstruais e de estômago, cólicas intestinais e problemas vasculares, e a dor associada à vesícula biliar e a pedras nos rins.

Pirita na Magnesita (rolada)

Tradicionalmente, a Magnesita é usada para tratar epilepsia e estabilizar convulsões. Esta combinação auxilia nas dores de cabeça, especialmente na enxaqueca e diminui a coagulação do sangue, mas acelera o metabolismo da gordura e supostamente combate o colesterol ruim, prevenindo a arteriosclerose e a angina. Devido ao alto teor de magnésio, é um preventivo homeopático para as doenças cardíacas. Tem uma dupla ação sobre a temperatura corporal, diminuindo febres e calafrios.

Pirita no Quartzo Uma combinação poderosa e energética, a Pirita no Quartzo elimina até mesmo os mais arraigados bloqueios ou atitudes intransigentes. Esta combinação também ajuda a protegê-lo quando tem que se aventurar em lugares perigosos, físicos ou energéticos. Uma pedra de saúde e bem-estar, ela aumenta a vitalidade e supera o cansaço, bloqueando vazamentos de energia do corpo físico e da aura. Na cura, esta combinação é extremamente rápida em sua atuação, trazendo à tona a causa do mal-estar a ser examinado e liberado. A Pirita é útil para a melancolia e o desespero profundo. Ela aumenta o suprimento de oxigênio para o sangue e fortalece o sistema circulatório.

A Pirita no Quartzo facilita a ativação de capacidades latentes e desbloqueia seu potencial, estimulando o fluxo de ideias. Ela acelera o desenvolvimento evolutivo e aumenta a resistência para se ter sucesso. As evidências sugerem que esta combinação acelera a reparação de danos no DNA, alinha os meridianos e combate o sono agitado devido a problemas gástricos. Ela fortalece o sistema digestório e neutraliza toxinas ingeridas, beneficia os sistemas circulatório e respiratório e aumenta o oxigênio no sangue. A Pirita no Quartzo é benéfica para os pulmões, além de aliviar a asma e a bronquite.

Pirita no Quartzo

Pirita com Esfalerita Uma combinação útil para dissipar bloqueios físicos, emocionais ou mentais enraizados, embora outros cristais possam ser necessários para curar o sistema, depois que o processo foi desencadeado. A Pirita com Esfalerita ensina a ver por trás de uma fachada o que

Pirita com Esfalerita

realmente está acontecendo e ajuda a lidar diplomaticamente com uma situação. Ela também é útil para os cuidadores ou agentes de cura, pois ajuda a prevenir o contágio num nível energético. A Pirita com Esfalerita é um excelente escudo energético. Ela bloqueia geopatógenos e poluentes em todos os níveis, protegendo os corpos sutis* e o corpo físico, afastando o mal e o perigo. A atividade mental é acelerada pela Pirita, uma vez que ela aumenta o fluxo sanguíneo para o cérebro e a Esfalerita acrescenta clareza e planejamento cuidadoso à mistura. Ela pode aumentar a sua intuição e também avisá-lo de fraude ou engano.

Esta combinação melhora a memória e a recordação. Mantenha-a perto de você, se quiser seguir sua vocação. A Pirita na Esfalerita é rica em zinco, enxofre e minério de ferro, que estimulam o sistema imunológico e o cérebro e os transmissores neurais, além de ainda acalmar os nervos.

PIROMORFITA

Formação natural

COR	Marrom dourado, verde, laranja, branca
APARÊNCIA	Drusa cristalina característica de pedra metálica
RARIDADE	Rara
ORIGEM	Alemanha, México, Estados Unidos, Espanha

ATRIBUTOS A Piromorfita é uma pedra à base de chumbo, com excelente poder de blindagem. Mais eficaz quando mantida no ambiente para desviar energias poluentes, ela é encontrada na forma de uma impressionante pedra preciosa lapidada, que pode ser usada para fins de proteção. A Piromorfita repara a estrutura energética da aura e dos meridianos* dos corpos sutis*, dissipando os bloqueios de cada camada. Colocada sobre um lugar com perturbação, combate entidades, formas-pensamento, impressões energéticas ou ganchos do corpo sutil ou físico. Use no gradeamento ou como joia para evitar a reincidência do problema.

CURA Como sugere sua forma, a Piromorfita estabiliza energeticamente as formações energéticas, celulares e esqueléticas do corpo.

POSIÇÃO Coloque a pedra no ambiente, posicione-a ou use-a no gradeamento, conforme o caso. Coloque-a em volta da cama à noite ou durante a meditação ou no espaço de cura. *AVISO: Tóxica. Faça a essência só pelo método indireto.*

PIROXMANGITA

Rolada

COR	Cor-de-rosa avermelhada
APARÊNCIA	Vítrea, perolada, translúcida, transparente
RARIDADE	Rara
ORIGEM	Brasil, Estados Unidos, Japão, Austrália, Suécia

ATRIBUTOS Este cristal bonito, poderoso e altamente energético está disponível em forma de gema facetada ou pedra rolada, ou como a menos atraente pedra bruta, que é igualmente adequada para fins de cura e pode ser a mais apropriada para se colocar no ambiente ou em volta do corpo. Com seu alto teor de manganês, a Piroxmangita cura o coração e pode ser utilizada em conjunto com a Rodonita, a Rodocrosita ou a Tugtupita para abrir os chakras do Coração Superior e da Semente do Coração e invocar uma infusão do amor divino no corpo de luz*. Colocada sobre o coração, a Piroxmangita expande esses chakras cardíacos através de todos os corpos sutis* e permite que você viva dentro da câmera do seu próprio coração etérico. Quando vive a partir de um lugar de amor, você fica em equilíbrio e harmonia com a sua alma e seu propósito de vida.

CURA O manganês na Piroxmangita pode combater energeticamente a doença cardíaca ou os problemas circulatórios que têm uma causa psicossomática subjacente.

POSIÇÃO Segure a pedra, posicione-a ou use-a no gradeamento, conforme o caso. Borrife a essência em torno dos chakras cardíacos. *AVISO Prepare a essência pelo método indireto.*

Bruta

LISTA DE CRISTAIS

QUARTZO: **AGNITITA®**

Cristal natural

COR	Transparente a leitoso com matiz ou inclusão vermelha
APARÊNCIA	Quartzo translúcido e sedoso
RARIDADE	Rara
ORIGEM	África

ATRIBUTOS Nomeado com a palavra sânscrita para fogo, o Quartzo Agnitita® é um quartzo com base de hematita considerado uma das pedras de vibração mais alta para a transformação espiritual e transferência de energias dimensionais elevadas. Este poderoso Quartzo alimenta o seu fogo interior. Quando colocado no chakra da Base, seu poder sobe pela coluna vertebral e dispara na direção do topo da cabeça, abrindo os chakras da Coroa Superior antes de descer novamente através do corpo para fertilizar suas células. Ele precisa ser usado com cuidado caso você ainda não tenha trabalhado com cristais de alta vibração. A subida muito rápida da energia kundalini* provoca desequilíbrios físicos e espirituais, "fundindo a sua cuca" ou suas células e causando distúrbios físicos. Por isso que outras pedras como a Mohawkita ou o Quartzo Enfumaçado Elestial podem ser necessárias para auxiliar na integração e no ancoramento dessas novas energias. Acelerando a frequência do corpo físico, o Quartzo Agnitita® integra o corpo de luz* e aumenta a ressonância energética do todo.

Este cristal estimula a criatividade pessoal e a conexão de grupo. Se o Quartzo Agnitita® acessar uma conexão anímica ou grupal, o fogo resultante no chakra da Base pode, inicialmente, ser interpretado como desejo de contato físico. Pode ser sábio abster-se de sexo até que as energias se aquietem, pois o objetivo pode não ser o contato, mas simplesmente o reconhecimento de um antigo parceiro de alma do passado, com o qual você tenha um novo propósito na vida presente. Uma ação precipitada pode subverter ou prejudicar esse propósito.

Quando você estiver preparado, no entanto, esta é uma excelente pedra para despertar rapidamente suas próprias energias vibracionais mais elevadas. Ela funciona num nível celular e celestial, trazendo luz de alta vibração para as células.

Com a ajuda dela, você aumenta o nível de consciência da sua estrutura celular para que seu corpo ressoe com frequências dimensionais mais altas. Essa energia passa através do chakra da Estrela da Terra, embaixo dos seus pés, para fertilizar as energias crescentes da Mãe Terra. É uma agente de cura ambiental muito útil para gradear os meridianos da terra, quando ativada em lugares onde eles foram danificados ou estão dormentes.

CURA A Agnitita pode auxiliar o sangue e as células.

POSIÇÃO Segure a pedra ou posicione-a conforme o caso, particularmente sobre os chakras da Base e da Estrela da Terra ou posicione-a ou gradeie-a no chão ou em um mapa, ou borrife a essência em torno da aura.

QUARTZO: AJO

Polida

Polida

COR	Branco-azulado
APARÊNCIA	Pedra translúcida
RARIDADE	Rara
ORIGEM	Estados Unidos, África do Sul, Zimbábue

ATRIBUTOS Contendo a essência da Ajoíta, um dos cristais de mais alta vibração da Nova Era, o Quartzo Ajo traz essa bela energia para uma vibração suave, com que todos podem lidar. É excelente para estimular a sua evolução espiritual e para facilitar o contato com uma orientação elevada ou com seres angelicais. Nos chakras da Coroa Superior ele os abre e alinha com o corpo de luz*, de modo que os *downloads* energéticos sejam transferidos para o plano físico com facilidade.

Sobre o chakra da Garganta, esta pedra facilita a comunicação de experiências e conhecimentos espirituais. Gradeie* o Quartzo Ajo para criar um espaço sagrado seguro no qual meditar, entrar na consciência expandida e juntar-se ao Tudo O Que É*. Esta pedra é extremamente pacífica e cria harmonia onde quer que seja colocada.

A Ajoíta no Quartzo é agatizada, criando uma forte pedra de ancoramento, com notáveis propriedades de proteção e compaixão. Este Quartzo invoca a energia da deusa e evoca o feminino divino, unindo-o com a Mãe Terra. É uma pedra de apoio emocional para as mulheres de todas as idades, pois contém a essência do amor puro. Esta pedra também remove implantes de vidas na Lemúria ou em Atlântida, e cura o local com luz.

CURA O Quartzo Ajo atua principalmente no nível espiritual para trazer a cura para a alma, especialmente para feridas kármicas* e bloqueios emocionais, mas pode ajudar a memória celular* e estruturas celulares dentro do corpo físico.

POSIÇÃO Segure a pedra, posicione-a ou use-a no gradeamento, conforme o caso. Borrife a essência em torno da aura.

QUARTZO: AURORA

Também Conhecida como Anandalita®

Formação natural

COR	Transparente ou branco com brilhos iridescentes furta-cor
APARÊNCIA	Transparente a pontinhos leitosos numa matriz
RARIDADE	Rara
ORIGEM	Índia

ATRIBUTOS O Quartzo Aurora, mais conhecido pelo seu nome patenteado de Anandalita®, é um cristal naturalmente iridescente e de vibração excepcionalmente elevada que ativa os chakras da Estrela da Alma e do Portal Estelar, e além. Ele integra a dualidade, transformando-a em unidade e leva você a sentir a interligação de toda a vida, expandindo sua consciência e harmonizando essa nova vibração, de modo que o todo receba os benefícios de uma elevação no nível quântico. Movido do chakra da Base para o da Coroa e para trás novamente, para ancorar as energias, o Quartzo Aurora purifica e alinha todo o sistema de chakra de modo que atinja frequências mais altas. Esta pedra despe você até pôr a nu o esqueleto de sua alma e reconstrói pacientemente a sua energia para acomodar uma mudança energética maciça na iluminação aqui na Terra.

O Quartzo Aurora apresenta-lhe as possibilidades ilimitadas do ser multidimensional, levando você a viajar pelo cosmos e além. A meditação com esta pedra revela que temos operado dentro de uma faixa de consciência muito estreita. O nosso mundo é limitado pelos nossos cinco sentidos e expandiu-se até o sexto, metafísico, sentido que parece transcender os limites do tempo e do espaço. Mas o Quartzo Aurora mostra que esse sexto sentido também pode ser transcendido se mudarmos para um campo quântico, não local, em todos os lugares e em nenhum lugar ao mesmo tempo. A consciência é onisciente e onipresente, vendo tudo, sabendo tudo e criando tudo. O Quartzo Aurora demonstra o que é ser uma partícula que é uma onda e uma onda que é uma partícula, viajar para trás ou para a frente no tempo e perceber que o tempo na realidade não existe. Isso mostra que você cria o evento que está sendo observado. Envolvendo-o num campo quântico: o universo holográfico; a consciência multidimensional e a mística interconexão chamada bem-aventurança, unidade da consciência, Espírito ou Fonte.

O Quartzo Aurora ativa o mecanismo natural de cura do corpo e constrói uma grade* de energia para ondas bioescalares*, essências espirituais de plantas, seres cristalinos ou intenções nas quais se ancorar e atravessar o campo biomagnético*, os corpos etérico* e físico. Ao fazer isso, esta pedra desenergiza* e desconstrói qualquer estrutura de energia mais antiga e prejudicial.

A desarmonia criada quando os corpos sutis* deixam de integrar uma consciência superior causa indisposições* espirituais ou físicas, que o Quartzo Aurora reequilibra. Ele facilita o despertar da energia kundalini*, mas se a kundalini sobe de forma indireta e desconexa, ela pode criar desequilíbrios físicos. O Quartzo Aurora facilita com delicadeza o processo de integração e libera todos os bloqueios emocionais que interferem no caminho do despertar espiritual.

CURA O Quartzo Aurora atua principalmente além do físico, ativando e harmonizando o corpo de luz* com relação à vibração do planeta e preparando o sistema nervoso central para uma mudança de vibração. No entanto, o Quartzo Aurora ativa ambos os sistemas imunológicos, o físico e o psíquico, e as ondas bioescalares demonstraram que combatem o excesso de células vermelhas e brancas no sangue, melhorando a circulação e o fluxo de fluidos no corpo. Elas reduzem o inchaço nas lesões e propiciam uma saúde melhor em todos os sentidos.

POSIÇÃO Segure a pedra, posicione-a ou use-a no gradeamento, conforme o caso. Borrife a essência em torno da aura.

CORES ESPECÍFICAS
Além das propriedades genéricas, os brilhos coloridos específicos têm outros atributos.

O **azul** amplia o campo biomagnético* de uma pessoa ou de um lugar. Ele irradia um feixe luminescente brilhante numa área para trazer paz e harmonia. Como seria de esperar, o Quartzo Aurora Azul está associado ao elemento água. Ele auxilia na purificação da água poluída e na cura telúrica* das ilhas.

O **marrom** se conecta ao elemento terra e carrega uma luz furta-cor que harmoniza e purifica a biosfera. Ele transforma as sombras em luz. Essa cor carrega energias demoníacas e angelicais e ajuda a acessar os seres que estão supervisionando o planeta Terra.

O **verde** se conecta ao calmo e racional elemento Ar e franqueia o acesso às multidimensões de consciência.

O **dourado** reconecta e recarrega os circuitos de cura e o fluxo de ondas bioescalares dentro do corpo físico ou do planeta (ver também a Maianita Arco-Íris, na página 287).

O **vermelho** se conecta ao criativo elemento Fogo e revitaliza e reanima a alma em sua jornada de manifestação.

LISTA DE CRISTAIS

QUARTZO: **DAMASCO**

TAMBÉM CONHECIDA COMO QUARTZO PAPAIA

Formação natural

COR	Damasco
APARÊNCIA	Pontas ou massas de quartzo de transparente a leitoso
RARIDADE	Raro
ORIGEM	Brasil

ATRIBUTOS O Quartzo Damasco tem um poderoso efeito energizante. Ativando o chakra do Sacro, ele elimina os bloqueios que o impedem de expressar sua criatividade ou fertilidade. Use o Quartzo Damasco para curar abusos sexuais, físicos ou emocionais de qualquer vida. Ele desconstrói a memória, substituindo-a por autoestima e compaixão por si mesmo.

LISTA DE CRISTAIS

CURA Rico em ferro, este Quartzo tem um efeito purificador sobre o sangue e estimula os meridianos* energéticos do corpo. Com seu alto teor de ferro, o Quartzo Damasco auxilia na recuperação de ataques psíquicos prolongados ou indisposições* crônicas.

POSIÇÃO Segure a pedra, posicione-a ou use-a no gradeamento, conforme o caso. Borrife a essência na aura.

PEDRAS ADICIONAIS

Quartzo Olho de Gato Comum em joias e tradicionalmente usado como um talismã para a abundância e contra o mau-olhado, as inclusões de Rutila do Quartzo Olho de Gato são responsáveis por seu brilho característico.

A pedra ajuda a criança a se concentrar nos estudos e também lhe dá uma sensação de segurança. Este Quartzo fortalece a força de vontade e ajuda a criança tímida a ser mais confiante. Deve ser usado como peça de joalheria ou mantido no bolso em todos os momentos. Esta pedra é particularmente útil se a criança está sofrendo *bullying* ou se sente distante de seus pares, uma vez que lhe dá coragem para falar por si em vez de aceitar simplesmente o que o grupo quer. Ao mesmo tempo, no entanto, ela a ajuda a criar harmonia dentro do grupo. A pedra pode reforçar os laços de família e fazer a criança se sentir mais segura e amada.

Tradicionalmente, o Quartzo Olho de Gato é usado para desenvolver a capacidade de ver no escuro e para andar por lugares escuros com facilidade e segurança. O Quartzo Olho de Gato é benéfico para os olhos, os músculos, os ossos, as articulações, os nervos e as habilidades motoras. É usado para curar doenças nos brônquios e para aliviar nevralgias e cãibras. Ele tem a fama de ser útil para problemas digestivos e prisão de ventre. A pedra é tradicionalmente utilizada para reduzir a pressão arterial.

Quartzo Olho de Gato (rolada)

LISTA DE CRISTAIS

O **Quartzo Epifania** tem uma vibração alta e leve que induz uma epifania espiritual na qual você reconhece o seu propósito na terra e seu lugar no universo. Medite com ele para descobrir se a intenção da sua alma está em harmonia com a sua razão para encarnar na terra. Se não está, este cristal corrige a sua sintonia.

Quartzo Dia e Noite Este Quartzo bicolor é extremamente útil para conciliar dualidades e avançar rumo à unidade da consciência. Ele entrelaça masculino e feminino, claro e escuro, o passado e o presente, o Eu e o Outro. Este Quartzo traz as sombras para a luz e ajuda a humanidade a valorizar as diferenças e a reconhecer a singularidade do espírito que nos une. Com a assistência dele, podemos atuar como um único ser para salvar o nosso planeta.

Quartzo Epifania (formação natural)

Quartzo Dia e Noite

QUARTZO: CELADONITA FANTASMA

Formação natural

COR	Verde no branco ou incolor
APARÊNCIA	Fantasma na ponta de Quartzo transparente
RARIDADE	Razoavelmente fácil de obter
ORIGEM	Estados Unidos, Itália

ATRIBUTOS A Celadonita traz paz e harmonia para sua vida. Abrindo a sua intuição, ela evoca a sabedoria da sua alma ou a orientação de seres maiores. Um cristal de manifestação, a Celadonita atrai tudo o que você deseja, mas lembra que são as suas crenças nucleares* mais profundas que irão se manifestar. Se não acredita que merece abundância, você não pode atraí-la. Ela auxilia na desenergização* de programas anteriormente ocultos ou obsoletos, secretamente executados no seu mundo. Use a Celadonita para sintonizar a plenitude da abundância universal e o seu direito divino de receber.

CURA A Celadonita atua além do físico para reestruturar padrões de energia.

POSIÇÃO Segure a pedra, use-a no gradeamento ou medite com ela para acessar a sua programação subconsciente. Borrife a essência em torno da aura e no ambiente.

QUARTZO: **AURA CHAMPANHE**

Rolada

COR	Marrom amarelada
APARÊNCIA	Cristal transparente translúcido
RARIDADE	Fácil de obter
ORIGEM	Quartzo enfumaçado natural transformado quimicamente

ATRIBUTOS Uma pedra de transmutação com alta vibração, acrescida quimicamente de ouro e índio, o Quartzo Aura Champanhe ajuda você a ancorar mudanças energéticas e psicológicas em seu corpo e colocar seus ideais espirituais em prática. Ele abre seu Terceiro Olho, ancora-o em seus corpos sutis* e protege durante viagens astrais* multidimensionais e durante trabalhos metafísicos. O Ouro amplifica, regenera e atrai, de modo que a combinação melhora as propriedades básicas do Quartzo subjacente, e esta é uma pedra útil para aqueles que estão começando a trabalhar com cristais de alta vibração.

O purificador Quartzo Enfumaçado constitui a base deste cristal, que por isso é excelente para afastar energias negativas e transmutá-las. Ele carrega uma luz escura brilhante que incentiva partes escondidas do seu ser a emergirem, e também carrega a energia de Lúcifer, o arcanjo maligno que veio à terra para levar luz a lugares sombrios e que vai até onde outros temem ir. O trabalho com este cristal ajuda você a entender e abraçar partes da sua sombra e a aceitar como companhia, sem julgamento, renegados e bodes expiatórios malquistos, os "devoradores dos pecados" que absorvem a negatividade e são o foco das projeções dos outros. A importância do trabalho deles raramente é reconhecida.

O Quartzo Aura Champanhe protege contra energias negativas de todos os tipos, incluindo o estresse eletromagnético, e ajuda na cura e na transmutação das energias da terra. Úteis quando a indisposição* é resultado de toxicidade física ou emocional, ele ajuda a conciliar diferentes pontos de vista em si mesmo ou nos outros e resolve conflitos. Ele auxilia em todas as situações em que a negociação é necessária, e incentiva a filantropia e a caridade.

O Índio auxilia os órgãos do corpo a encontrar equilíbrio (especialmente a tireoide) e aumenta a assimilação de minerais, incentivando a função metabólica ideal e o equilíbrio hormonal. Segundo relatos, é anticancerígeno.

CURA O Quartzo Aura Champanhe pode ajudar a tireoide e o sistema endócrino, e desobstruir as glândulas hipófise e pineal quando estão exauridas ou com bloqueios causados por toxinas ambientais e excesso de fluoretação. Alivia dores de cabeça, especialmente nos seios da face ou com fundo psíquico, e libera a dor ou a tensão nos músculos e articulações.

POSIÇÃO Segure a pedra, posicione-a ou use-a no gradeamento, conforme o caso, especialmente sobre os chakras do Terceiro Olho e do Soma. Coloque sobre o local com toxicidade e limpe o cristal depois de usar. Borrife a essência em torno da aura.

QUARTZO: **FOGO E GELO**

TAMBÉM CONHECIDO COMO QUARTZO ARCO-ÍRIS

Ponta formada e tratada termicamente

COR	Transparente
APARÊNCIA	Com rachaduras ou craquelado com planos interiores e inclusões
RARIDADE	Raro
ORIGEM	Brasil (cristal com choque térmico)

LISTA DE CRISTAIS

ATRIBUTOS Este poderoso arauto da luz, com uma vibração muito alta, tem a sua própria história para contar. Embora pareça o Quartzo Craquelê, este foi submetido a um choque térmico – aquecido e rapidamente resfriado –, embora o Quartzo subjacente tenha uma alta vibração que lança seu poder inato para fertilizar a terra e a alma. Isso cria um cristal caracterizado por rachaduras, falhas e inclusões que contêm numerosos padrões arco-íris e que ativa a consciência expandida. Carregando o fogo cósmico, ele é inspirador, facilitando a ignição do propósito espiritual.

Este Quartzo contém imagens da Árvore da Vida, geometria sagrada e figuras que se baseiam na medicina xamânica. Os símbolos podem ser lidos para se obter conselhos espirituais sobre a transformação. O Quartzo Fogo e Gelo liga polaridades e integra o espectro total da consciência. Ele tem uma ressonância especial com o chakra do Coração da Cordilheira dos Andes. Este Quartzo purifica e alinha todos os chakras do corpo físico e ativa o do Soma, da Estrela da Alma e do Portal Estelar.

Um cristal dos Trabalhadores da Luz*, o Quartzo Fogo e Gelo ressoa com a mão esquerda, mas não funciona no lado escuro. Harmoniza dualidades e engloba a energia escura para equilibrar a luz. Ele carrega a energia de cura do Caminho do Diamante budista e está associado a Rafael, o arcanjo de cura. Na cura de vidas passadas, ele se conecta ao antigo Egito e resolve antigos abusos de poder dessas vidas.

O Quartzo Fogo e Gelo contém o espírito da vida e do amor puro. Autolimpante, é particularmente útil para a manifestação espiritual, possuindo uma forte ressonância com a lei da atração. É uma pedra para novos começos e crescimento profundo, que combate o obsoleto para revelar o propósito da alma, o que se consegue através da aceitação da criação da realidade pessoal. Abrindo o Terceiro Olho e auxiliando no *kything**, ele facilita a percepção de diferentes linhas do tempo, possibilidades infinitas e a beleza de tudo através da sua interligação com multirrealidades e dimensões.

O Quartzo Fogo e Gelo recalibra a ressonância de todos os Quartzos, levando-os a um nível superior, e eleva-se ele próprio a uma vibração mais alta, de modo a restaurar o equilíbrio. Ele atua como uma bateria para o gradeamento da terra e, quando a energia é levada para o coração da Mãe Terra, ele fertiliza o nosso planeta propiciando uma fonte de energia poderosa para a transformação terrena. Você precisa se sentir digno para trabalhar com este cristal, que ajuda, mas não faz o trabalho por você. Ele eleva suavemente os seus próprios problemas para que passem por uma transmutação e o apoia durante o processo. É uma pedra de alegria e felicidade, ressurreição e renascimento.

O Quartzo Fogo e Gelo carrega ondas bioescalares* para a cura multidimensional intercelular em todos os níveis. Ele estimula as glândulas pineal e pituitária, e promove a reconfiguração do sistema endócrino. Também facilita a cura dos sistemas reprodutivo e urinário, ativando o kundalini* e fazendo os rins passarem por um processo de purificação. Curando os corpos* etérico, causal e espiritual mais elevados, este Quartzo abre o canal central* e inflama a energia kundalini superior no corpo de luz*.

CURA O Quartzo Fogo e Gelo auxilia energeticamente as glândulas pineal e pituitária, o sistema endócrino, os sistemas reprodutivo e urinário. Ele purifica e realinha os corpos sutis* e biomagnéticos* causais.

POSIÇÃO Medite com a pedra, posicione-a ou segure-a, conforme o caso. Coloque pedaços maiores onde a luz do sol possa energizá-la durante o dia, e toda noite visualize essa luz irradiando para o núcleo do planeta. Borrife a essência na aura ou no ambiente.

LISTA DE CRISTAIS

QUARTZO: **COM GRANADA**

Bruta

COR	Vermelho ou laranja e transparente ou enfumaçado
APARÊNCIA	Pequenos cristais na matriz de Quartzo
RARIDADE	Raro
ORIGEM	China, Honduras

ATRIBUTOS Reunindo dois mestres curadores altamente energéticos para o coração, a Granada no Quartzo é excelente para a cura emocional e o trabalho com vidas passadas. Ela combate as indisposições* e padrões disfuncionais, desenergiza memórias e infunde alegria e esperança. Esta é uma excelente combinação se houver esgotamento energético e a revitalização for necessária. Pode estimular a subida da energia kundalini*. Uma medida de primeiros socorros em situações de crise, ela ajuda a superar traumas.

CURA A Granada no Quartzo supostamente auxilia o coração, a circulação e os sistemas de energia do corpo.

POSIÇÃO Segure a pedra, posicione-a ou use-a no gradeamento, conforme o caso.

QUARTZO: COM OURO

Bruta

COR	Dourado e branco
APARÊNCIA	Riscos ou pequena pepita na matriz de Quartzo branco
RARIDADE	Raro
ORIGEM	Estados Unidos, Reino Unido, Peru, Serra Leoa, Sudão

ATRIBUTOS As qualidades de amplificação e regeneração do Ouro elevam ainda mais as vibrações deste Quartzo, garantindo a transmutação rápida e a transmissão de energia. O Ouro fornece inspiração pura e o ajuda a abandonar a superficialidade, encontrando profundidade em suas experiências. Gradeie o Ouro no Quartzo em torno de sua casa para ativar a lei da atração e atrair abundância.

CURA O Ouro no Quartzo funciona principalmente no nível energético de cura para reequilibrar os corpos sutis* e infundir energia na matriz celular.

POSIÇÃO Segure a pedra, posicione-a ou use-a no gradeamento, conforme o caso. Borrife a essência em torno da aura.

QUARTZO: AGENTE DE CURA OURO

Formada

COR	Amarelo dourado
APARÊNCIA	Quartzo revestido e colorido por dentro
RARIDADE	Fácil de obter
ORIGEM	Brasil, Arkansas, Estados Unidos

ATRIBUTOS Guardião da essência divina do Tudo O Que É* e com altas concentrações da força vital universal ou Qi*, o Quartzo Agente de Cura Dourado tem uma vibração extremamente alta que leva o mestre do poder de cura dos Quartzos a outro nível. Usando este Quartzo você eleva suas vibrações para equipará-las às do cristal. Trata-se de um catalisador para uma profunda ativação espiritual, que abre o chakra Alta-Maior.

O Quartzo Agente de Cura Dourado é extremamente ativo, pois o óxido de ferro na pedra amplifica o poder de forma exponencial e cria uma rede multidimensional de energia em torno do nosso planeta. Este Quartzo tem o teor de ferro dentro do próprio cristal ou entre as camadas de quartzo, bem como um pó ou revestimento sobre o cristal. Acessando poder de cura interestelar multidimensional e trazendo a

Consciência Crística para o planeta, ele faz com que a cura seja mais potente em todos os níveis. É uma maravilhosa ferramenta para preparar o corpo de luz* para um influxo de energia cósmica que expande a consciência. Usando-o ele ajuda você a andar sobre a terra na Consciência Crística, de modo que todo o seu ser ajude o planeta a ascender.

O Quartzo Agente de Cura Dourado carrega ondas bioescalares* naturais, que curam em multidimensões e níveis intercelulares. Ele purifica, alinha e reenergiza os chakras e rapidamente libera antigos condicionamentos emocionais presos no plexo solar. O cristal liga a vontade pessoal associada a esse chakra com a vontade divina associada aos chakras acima do da Coroa, de modo que o Eu Superior torne-se a sua estrela-guia, e não o ego. Esta pedra facilita a realização de mudanças profundas em sua vida com um mínimo de barulho e esforço.

Coloque um grande Quartzo Agente de Cura Dourado sob um divã, ou gradeie Quartzos pequenos em cada canto do cômodo para vivenciar a cura multidimensional celular no corpo físico, nos corpos sutis* e no corpo de luz*. Você pode dedicar o seu Quartzo Agente de Cura Dourado para que traga paz e cura ao nosso mundo.

CURA O Quartzo Agente de Cura Dourado é um mestre curandeiro que trata todas as condições. Ele restaura todo o organismo para que atinja a totalidade energética e funcione melhor.

POSIÇÃO Segure a pedra, posicione-a, use-a no gradeamento ou borrife a essência em torno da aura conforme o caso. Pulverize a essência diariamente para manter a saúde no nível ideal.

PEDRAS ADICIONAIS
Agente de Cura Dourado Drusiforme Uma cobertura drusiforme sobreposta a um Quartzo Agente de Cura Dourado, que elimina incrustações, entidades presas à aura, implantes, ganchos, controle mental, condicionamento mental, padronização emocional e similares, além de polir suavemente a alma para que ela brilhe tão intensamente quanto possível.

LISTA DE CRISTAIS

Se você quer deixar a sua luz interior brilhar, trabalhe com este Quartzo, uma das mais altas vibrações do Quartzo Agente de Cura Dourado.

Agente de Cura Dourado Fantasma Esta forma rara de Quartzo com planos piramidais é excelente para romper e desenergizar velhos padrões arraigados, onde quer que estejam fixados. Essa pedra vai até os esquemas kármicos* e etéricos para curar os bloqueios de outras vidas.

Agentes de Cura Dourado e Prata Os calmantes e iridescentes Agentes de Cura Dourado e Prata fazem um excelente trabalho de reparação profunda no corpo de luz*, no campo biomagnético* e nas estruturas intercelulares, e são extremamente úteis para praticantes de terapia com cristais, que precisam repor a sua própria energia. Os Agentes de Cura Dourado e Prata dissolvem suavemente amarras e neutralizam influências indevidas, além de afastarem entidades, irradiando luz para elas, mesmo à distância. Repletos de ondas bioescalares*, esses agentes de cura são apropriados para iniciantes ou para aqueles que têm auras e campos biomagnéticos particularmente sensíveis. Não são tão incisivos quanto as Lâminas de Maianita Arco-Íris, por isso não há nenhum perigo de que a aura se desintegre, pois esses Agentes de Cura atuam lentamente e com cuidado, reparando e recompondo o campo áurico.

Veja também Maianita Arco-Íris, página 287

Drusa

Fantasma

Quartzo Agente de Cura Dourado Fantasma Drusiforme

Quartzo Agente de Cura Dourado

Agente de Cura Prata

QUARTZO: **LODOLITA**

Polida

COR	Cor-de-rosa, amarelo, marrom, branco ou vermelho
APARÊNCIA	Transparente com inclusões que lembram paisagens
RARIDADE	Rara, uma única fonte
ORIGEM	Minas Gerais, Brasil

ATRIBUTOS As inclusões de Lodolita variam muito e cada uma delas contribui de um jeito para o efeito da pedra. Semelhante a uma paisagem terrestre ou marinha, através da qual você pode fazer uma jornada para encontrar serenidade, paz, compreensão, comunicação com seres maiores ou crescimento espiritual, esta pedra amorosa e suave irradia harmonia.

Um potencializador metafísico que promove o despertar, use esta pedra para explorar suas vidas passadas ou as multidimensões em que sua consciência existe. Programe a Lodolita para lhe trazer tudo o que seu coração deseja, pois ela é um poderoso cristal de manifestação.

CURA Útil como pedra de cura para todos os males. Colocada em torno dos quadris, a Lodolita supostamente alivia a TPM e dá apoio durante a menopausa.

POSIÇÃO Segure a pedra, posicione-a ou use-a no gradeamento, conforme o caso. Borrife a essência da gema em torno da aura.

QUARTZO: AMETISTA DE MADAGASCAR ENFUMAÇADO

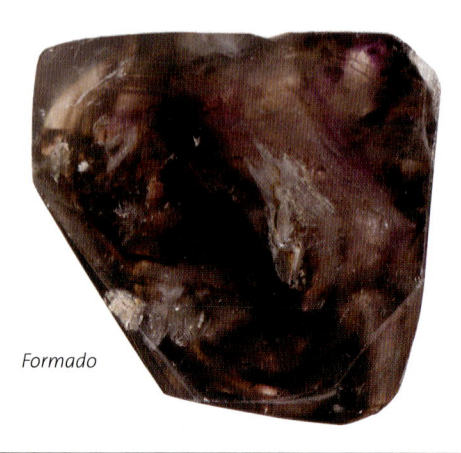

Formado

COR	Roxa e marrom com manchas transparentes
APARÊNCIA	Cristais transparentes com áreas internas coloridas
RARIDADE	Razoavelmente fácil de obter
ORIGEM	Madagascar

ATRIBUTOS Esta combinação de alta vibração é uma excelente pedra para gradear* e criar um espaço sagrado seguro, uma vez que reúne as energias de proteção do Quartzo Enfumaçado e da Ametista e sua capacidade de intensificar o trabalho metafísico de todos os tipos. Este Quartzo também é útil para propiciar um ambiente calmo e de atmosfera serena em seu local de trabalho ou em sua casa, uma vez que absorve e transforma vibrações negativas. Se você colocar três pedras em um triângulo e se sentar no centro, ou meditar segurando uma delas, isso vai ajudá-lo a abrir suas habilidades psíquicas e aumentar sua intuição.

Madagascar é supostamente uma das colônias originais da Lemúria e esta pedra carrega o conhecimento que pode ser acessado a partir daquela época. É útil na cura de vidas passadas para aqueles que carregam marcas kármicas* do passado distante, especialmente para aqueles que por causa de acontecimentos daquela época, hoje não confiam em suas próprias capacidades intuitivas ou que viram as consequências do uso indevido de poderes psíquicos e ficaram com medo de exercer o seu poder. A Ametista e o Enfumaçado de Madagascar desenergizam* esse padrão antigo e incutem um sentimento de confiança em sua própria capacidade. Use esta pedra se precisa recuperar a sua energia, que você doou a qualquer fonte esotérica ou foi roubada por ela. Com a assistência dessa pedra você aprende a se manter firme em seu poder mais uma vez.

CURA A Ametista e o Quartzo Enfumaçado são ambas excelentes pedras de cura e purificação, mas esta combinação particular é extremamente eficaz para o esquema kármico e para restaurar o esquema etérico* de modo que a indisposição* se dissipa no corpo físico.

POSIÇÃO Segure a pedra, posicione-a ou use-a no gradeamento, conforme o caso.

PEDRA ADICIONAL
Quartzo Enfumaçado com Egirina O Quartzo Enfumaçado tem uma poderosa energia de purificação e desintoxicação que combina bem com as propriedades regeneradoras e de cura telúrica* da Egirina. Esta pedra acompanha você na busca pelo seu verdadeiro eu e facilita a viagem astral* xamânica através das multidimensões para reintegrar partes perdidas de sua alma. Ela tem grande integridade e poder, e insiste para que você siga sua própria verdade. O Quartzo Enfumaçado com Egirina suporta energeticamente a memória celular*, os sistemas imunológico, metabólico e nervoso, e desintoxica todos os órgãos do corpo.

Quartzo Enfumaçado com Egirina

QUARTZO: DE MADAGASCAR ENEVOADO

Formado e polido

COR	Levemente rosado, branco enevoado
APARÊNCIA	Translúcido, como se houvesse uma névoa em seu interior
RARIDADE	Razoavelmente fácil de obter
ORIGEM	Madagascar

ATRIBUTOS O Quartzo Madagascar muitas vezes tende a ser mais leitoso do que os Quartzos de outros lugares, mas tem uma poderosa energia telúrica que restaura a vitalidade da alma e a acalma. A meditação com o sereno Quartzo de Madagascar Enevoado incute uma profunda sensação de bem-estar espiritual, que não pode ser abalada. Ele cria um espaço interior de paz e tranquilidade em torno do qual o tumulto pode se instalar, mas não entrar. O Quartzo Enevoado auxilia na cura kármica* de questões associadas à Lemúria e à Atlântida e a outros lugares. O Quartzo ajuda a eliminar bloqueios do esquema kármico e impressões que ficaram da Lemúria ou da Atlântida, desenergizando o local e substituindo essas impressões por uma matriz* energética mais construtiva, que ajude você a avançar com confiança rumo ao futuro.

CURA O Quartzo de Madagascar Enevoado é excelente para ancorar a energia no corpo físico. Regenera e restaura, por conter ondas bioescalares* e controlar energias de cura para a saúde e bem-estar.

POSIÇÃO Segure a pedra, posicione-a ou use-a no gradeamento*, conforme o caso. Borrife a essência na aura ou no ambiente, especialmente ao redor da cabeça.

PEDRA ADICIONAL
O **Quartzo Madagascar Dedo** ajuda a puxar para fora bloqueios e impressões que surgiram no esquema kármico na Lemúria ou na Atlântida. É excelente para apontar o local da indisposição* psicossomática e para reparar o corpo etérico*. Se alguém apontar o dedo para esta pedra, ela pode ajudar a chegar à verdade sobre o assunto.

QUARTZO: **MESSINA**

Bruta

COR	Branco com verde, azul, cinza
APARÊNCIA	Transparente com revestimento pulverulento opaco
RARIDADE	Muito fácil de obter
ORIGEM	África do Sul

ATRIBUTOS Este pacífico Quartzo revestido é da mesma região da Ajoíta. Ele carrega uma frequência suave, adequada para aqueles que estão iniciando o trabalho com cristais ou que são extremamente sensíveis às energias dos cristais. Uma pedra para a limpeza, ela ajuda você a se conectar com a chama pura da compaixão e a expressar esse sentimento para o universo e para si mesmo. Esta é uma pedra que promove o perdão. Use-a sempre que houver uma necessidade de superar a culpa ou a ansiedade.

CURA O Quartzo Messina, com o seu componente de cobre, é benéfico para a memória celular*, para as articulações e as estruturas celulares.

POSIÇÃO Segure a pedra, posicione-a e use-a no gradeamento, conforme o caso. Borrife a essência da gema em torno da aura ou no ambiente.

LISTA DE CRISTAIS

QUARTZO: **MOLDAVA®**

Polida

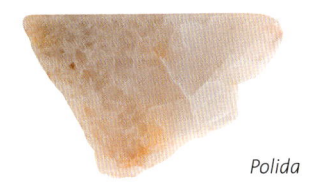

COR	Branco leitoso ao amarelado
APARÊNCIA	Pedra opaca
RARIDADE	Fácil de obter mas caro
ORIGEM	República Tcheca

ATRIBUTOS Combinando o céu e a terra, o Quartzo Moldava® vem da mesma região que a Moldavita. Indefinido até você meditar com ele, este cristal carrega a frequência energética da Moldavita e tem uma vibração elevada adequada para iniciantes. Esta pedra aumenta a intuição, fortalece a cura e intensifica a sua força vital. Promove a clareza interior e combate o trauma emocional, mostrando a verdade em seu coração.

CURA O Quartzo Moldava® tem o poder de cura mestre do Quartzo combinado com a capacidade da Moldavita para chegar à fonte de indisposição*.

POSIÇÃO Segure a pedra, posicione-a ou use-a no gradeamento, conforme o caso. Borrife a essência em torno da aura.

QUARTZO: PIEMONTITA

Bruta

COR	Vermelho, castanho-avermelhado, carmesim, amarelo no branco
APARÊNCIA	Quartzo vítreo com veios a opaco e baço
RARIDADE	Raro
ORIGEM	Novo México, Itália, Japão

ATRIBUTOS Rica em manganês, a Piemontita abre os chakras do Coração, do Coração Superior e da Semente do Coração para um influxo de amor incondicional. Ela cura feridas emocionais e desenergiza* bloqueios nos corpos sutis* que podem estar impedindo você de confiar em si mesmo e nos outros. A meditação com esta pedra o ajuda a entrar em sintonia com a sua própria sabedoria inata e com a voz do coração. Use-a para ouvir seus mentores.

CURA A Piemontita age no corpo emocional para curar o coração e doenças associadas. Os cristais ricos em manganês ajudam a manter a homeostase e são antioxidantes que ajudam a função metabólica e a assimilação mineral, o desenvolvimento dos ossos e a reparação dos tecidos.

POSIÇÃO Coloque a pedra sobre o coração, use-a no gradeamento ou posicione-a, conforme o caso. Borrife a essência na aura ou no ambiente.

QUARTZO: **MAIANITA ARCO-ÍRIS**

Formação natural em ponta

COR	Dourado com arco-íris iridescentes
APARÊNCIA	Cristal em camadas com revestimento dourado
RARIDADE	Raro, uma só mina
ORIGEM	Montanhas Cascade, leste de Washington, Estados Unidos

ATRIBUTOS Descoberta em 2011, a naturalmente iridescente Maianita Arco-Íris foi comercializada para servir de apoio para enfrentarmos as mudanças planetárias de 2012. Uma pedra de autolimpeza, ela era recomendada para a cura do chakra do Arco-Íris, para *kything** e para ativação de uma nova alegria, foco e objetivo, e para trilharmos o nosso verdadeiro caminho. O cristal rapidamente revelou que o seu verdadeiro potencial era muito maior. A Maianita Arco-Íris é um Quartzo Agente de Cura Dourado levado a um novo patamar. Com vibrações extremamente altas, ela contém ondas bioescalares* naturais de cura. Não é uma pedra para os fracos ou inexperientes; a Maianita Arco-Íris desenergiza* velhos padrões de qualquer origem, elimina os detritos e incrustações* kármicas do passado e puxa impressões tóxicas que você absorveu de outras pessoas ou do ambiente e que se alojaram entre as camadas sutis de seu corpo etérico*. Ela constrói novas estruturas, que dão mais apoio em todos os níveis, à medida que avançamos na consciência expandida da

LISTA DE CRISTAIS

nova era. Os minerais que se infiltraram até as profundezas do Quartzo para criar o revestimento amarelo e a miríade de arco-íris são fortemente concentrados, e esta pedra leva você até as profundezas de si mesmo para descobrir os seus próprios potes de ouro interiores, no final do arco-íris.

A Maianita Arco-Íris funciona de maneira diferente de acordo com seu formato natural. Em pedaços, partes ou pontas sinuosas, ela é um suave apoio para a mudança energética e é adequada para aqueles que estão começando o trabalho com cristais de alta vibração. Ela faz a ligação com guias e assistentes angélicos e auxilia você a ter uma perspectiva desapegada. Segurar esta forma suave de cristal ou meditar com ela, é como ter um bálsamo sedoso derramado sobre sua aura, que se infunde suavemente em cada célula do seu corpo para dissolver detritos celulares, padrões de vidas passadas e ancestrais e cria um campo celular unificado, que é ativado até atingir todo o seu potencial. Tendo purificado a escória, o cristal ancora seu corpo de luz* no lugar. Ele ajuda você a falar a sua verdade e acessar o seu poder. Colocado sobre o plexo solar, ele combate a dor emocional antiga e infunde amor incondicional e dinâmico.

Lâmina de Maianita Arco-Íris

Na forma de lâmina, a Maianita Arco-Íris é realmente muito útil, mas precisa ser usada com delicadeza, sensibilidade e consciência nas mãos de um agente de cura qualificado, do contrário ela pode causar dano à aura. Este cristal altamente inteligente sabe exatamente como trabalhar, e uma lâmina de Maianita Arco-Íris simplesmente requer a cooperação sensível de um praticante, não direção ou controle, o que limitaria as suas capacidades. Atuando em todos os níveis simultaneamente, ela rapidamente dissolve amarras, entidades presas à aura, ganchos, padrões e implantes de qualquer dimensão e de qualquer estrutura temporal, que estão localizados nos níveis etérico; ela também substitui memórias celulares* ou impressões áuricas destrutivas por uma nova matriz benéfica, possibilitando a cura da alma. Liberando conexões espirituais negativas, ciúmes e interferência de vidas passadas, ela evoca cooperação, luz e amor incondicional e dinâmico. A Maianita Arco-Íris cria uma interface não penetrável em torno do lado exterior da aura para proteger o revestimento biomagnético* e organismos multidimensionais. Ela continua a reprogramar o campo de energia para que ele apresente seu funcionamento ideal e tenha uma frequência mais elevada. Se até mesmo uma pequena dose de energia tóxica ou inapropriada for deixada na aura, a Maianita Arco-Íris a dissipa, desenergizando a estrutura de memória deixada e substituindo-a por centelhas divinas.

Cristais que combinam ambas as formas, lâminas e pontas grossas, atuam em todos os níveis simultaneamente e são perfeitos para se preparar essências para a cura multidimensional e intercelular.

CURA A Maianita Arco-Íris contém ondas bioescalares* que propiciam a cura em todos os níveis de modo simultâneo. É extremamente eficaz como pulverizadora da aura.

POSIÇÃO Segure a pedra, use-a no gradeamento ou posicione no ambiente pontas e pedaços, conforme o caso. Gradeie-a para proteger e dinamizar o seu espaço enquanto faz viagens astrais*. Use as lâminas com extremo cuidado e sensibilidade. Borrife a essência em torno da aura, pés, coração e acima da cabeça diariamente para dissolver os velhos padrões e infundir vibrações mais elevadas. Excelente para o envio de cura a distância.

QUARTZO: ESCRIBA SAGRADO

TAMBÉM CONHECIDO COMO LEMURIANO RUSSO

Formada e polida

COR	Transparente
APARÊNCIA	Transparente sinuosamente entalhado ou vidro ótico
RARIDADE	Fácil de obter
ORIGEM	Rússia (a forma é criada artesanalmente)

ATRIBUTOS O Quartzo Escriba Sagrado pode ser extremamente tátil. Para muitas pessoas, no entanto, esses Lemurianos Russos entalhados exibem uma ausência quase tecnológica de sentimento – uma energia "mental" fria, racional e inteligente. Esta pedra saúda você com uma avaliação clínica e desapaixonada que ressoa com a Era de Aquário. Ela é excelente para pessoas excessivamente emocionais e mentalmente fora de controle, pois insiste no foco mental. O Quartzo Escriba Sagrado tem uma clareza da qual não há como fugir, pois é impossível esconder a verdade na presença dele. Para outras pessoas, existe "calor" no coração desta pedra. Ela carrega a energia de Osíris e Anúbis do antigo Egito, que avaliam intenção e integridade. O "julgamento" gira em torno de crenças, conceitos e o modo como a vida se desenrola. O Quartzo Escriba Sagrado ajuda você a ter equilíbrio e a ver as coisas sob todos os ângulos.

Esta pedra é uma ferramenta incrível para as pessoas sensíveis o suficiente para sintonizarem com a informação esotérica que carregam. Colocada sobre o chakra do Soma ela investiga o conhecimento antigo. Colocada em torno da cabeça como um "capacete", dos ouvidos até a coroa, estes Lemurianos Russos atuam como postos avançados ou guardiões de uma grade que cria um ponto de serenidade para a mente. Esse ponto se sintoniza com o silêncio para o qual uma enorme quantidade de informações é transferida sem a necessidade do pensamento. É um interruptor que o desliga da terra. Esta pedra leva você para o quadragésimo quarto chakra – um plano de existência, e não um chakra como os que conhecemos atualmente. A pedra tem uma poderosa conexão com a fissão binária, com a fusão e com as energias do núcleo de criação. Algumas pedras são criadas a partir do vidro ótico.

O Quartzo Escriba Sagrado pode ser direcionado pelo som ou pelo toque. Atuando como uma válvula de regulagem para conectar processos opostos e complementares, este cristal provoca uma libertação energética que ocorre sem a necessidade de se saber o que ou o por quê. Ele permite que você veja o que está do outro lado do "buraco de minhoca".

CURA O Quartzo Escriba Sagrado atua no nível da mente superior e além, e não na cura física.

POSIÇÃO Coloque a pedra no ambiente, posicione-a ou use-a no gradeamento, conforme o caso, ou borrife a essência em torno da aura, especialmente da cabeça.

LISTA DE CRISTAIS

QUARTZO: **PEDRA DO SANTUÁRIO**

Bruta

COR	Branco
APARÊNCIA	Quartzo branco luminoso
RARIDADE	Raro
ORIGEM	Canadá, Estados Unidos

ATRIBUTOS Uma "pedra para a Nova Era", como sugere o nome, a Pedra do Santuário, oferece um refúgio seguro para a alma durante tempos de transição e de mudança de dimensão. A meditação com esta pedra piezoelétrica do amor incondicional e dinâmico leva você a um lugar de profunda paz interior, que é irradiada para o nosso planeta e para tudo sobre ele. Use-a sempre que pensamentos sobre o futuro o estressarem, para que você possa manter uma visão positiva do futuro da humanidade e do nosso planeta.

Um complemento útil para o Reiki*, esta pedra, apesar de sua tranquilidade, é altamente energética e neutraliza o esgotamento que nos abate quando estamos muito abertos e usando nossa própria energia para a cura, em vez de canalizar vibrações superiores. Sua pureza ensina como ser um canal para a luz divina, para o amor e para a inspiração e orientação de fontes superiores.

CURA A Pedra do Santuário funciona nos corpos sutis* para induzir o bem-estar através da paz e da harmonia interiores.

POSIÇÃO Coloque-a no ambiente, posicione-a ou use-a no gradeamento conforme o caso. Borrife a essência em torno da aura. Coloque sob o travesseiro durante o sono.

PEDRA ADICIONAL
O **Enxofre no Quartzo** é uma impossibilidade geológica que nunca deveria ter se formado, pois pela lógica o Enxofre deveria ter sido consumido. Ele ajuda você a resolver paradoxos e contradições. Graças à sua forte carga elétrica negativa, o Enxofre é um poderoso purificador energético que elimina a negatividade do corpo ou do ambiente, e a substitui por energia positiva. No Quartzo, ele purifica os corpos energéticos rapidamente e traz os problemas à tona para resolução. O Enxofre é por tradição utilizado em erupções cutâneas, inflamações, febres e problemas nas articulações.

Enxofre no Quartzo

QUARTZO: TANGEROSA

Ponta Natural

COR	Cor-de-rosa luminoso com brilhos cor de laranja
APARÊNCIA	Cristal transparente
RARIDADE	Raro mas razoavelmente fácil de obter
ORIGEM	Brasil

ATRIBUTOS O Quartzo Tangerosa foi criado por depósitos de Hematita sobre um cristal de Quartzo nos últimos estágios do seu desenvolvimento. Ele reúne a poderosamente amorosa e, no entanto, suave energia de cura do coração própria do Quartzo Rosa, com a energia de cura muito mais efervescente do Quartzo Tangerina. Um cristal de alta vibração, o Tangerosa é valorizado pela sua capacidade de inflamar a paixão e a criatividade através do chakra do Sacro, e por trazer amor incondicional dinâmico a qualquer relacionamento através do chakra do Coração.

Uma pedra útil para aqueles que acham difícil amar a si mesmos, o Tangerosa promove a reavaliação e a autoaceitação. Oferecendo apoio durante tempos difíceis, ele ajuda você a se sentir menos isolado e a reconectá-lo ao Tudo O Que É*. Meditar com esta pedra é como se cobrir com um manto de aceitação incondicional no qual quaisquer obstáculos emocionais são instantaneamente dissolvidos e substituídos pelo calor de um coração pacífico e amoroso.

Remédio ideal para o resgate da alma, o Tangerosa cura choques e traumas, e é especialmente útil na cura de vidas passadas e na recuperação da alma*. Ele ajuda fragmentos da alma a se purificarem e se reintegrarem em porções encarnadas da alma, para que sejam bem-vindos em casa. O Tangerosa dissipa medos injustificados e mostra a origem de pensamentos e expectativas negativas. Ao ajudá-lo a se sentir menos vulnerável, ele incute força e coragem para você seguir em frente com calma e equanimidade, não importa o que possa ocorrer. Isso faz do Tangerosa o melhor aliado para épocas de mudança pessoal e planetária.

CURA O Tangerosa pode ajudar em casos de distúrbios do sistema reprodutivo, liberando bloqueios nos chakras da Base e do Sacro, no esquema etérico* e no sistema circulatório, dissolvendo bloqueios emocionais no coração e no plexo solar. Há relatos de que auxilia a produção de células-T no sistema imunológico esgotado, e oferece suporte durante doenças traumáticas ou em fase terminal.

POSIÇÃO Coloque a pedra no ambiente, posicione-a ou use-a no gradeamento, conforme o caso, em especial sobre os chakras do Coração, do Sacro e da Base.

QUARTZO: **TRIGÔNICO**

Marcação trigônica na faceta

COR	Transparente a branco levemente leitoso, embora outros cristais possam exibir marcas trigônicas
APARÊNCIA	Ponta de Quartzo com muitos triângulos invertidos sobre facetas e uma base "enrugada"
RARIDADE	Caro mas razoavelmente fácil de obter
ORIGEM	Brasil (Cristais com pontas trigônicas estão surgindo em outros lugares)

ATRIBUTOS Um cristal "parteiro da alma", este Quartzo de vibração excepcionalmente elevada é caracterizado pela cascata de triângulos invertidos, contendo códigos de DNA cósmicos. Esta pedra o leva à essência de quem você é. O poder do Quartzo Trigônico reside na sua profunda ligação com a alma e com a consciência. Atuando como uma mente grupal, ele acessa a consciência multidimensional holográfica, transcendendo os limites da realidade perceptiva de base terrena. Todo mundo que trabalha com este Quartzo tem uma experiência muito pessoal, pois cada Quartzo Trigônico irradia uma energia diferente e as pedras trocam informações entre elas. Os triângulos representam as almas que estão iniciando ou deixando a encarnação, e esta pedra leva você instantaneamente a multidimensões para adquirir uma visão objetiva da sua jornada. A meditação com o Quartzo Trigônico desencadeia um estado de ondas cerebrais Teta que possibilita uma cura profunda e a reestruturação do corpo, das crenças e das realidades, além da viagem astral* multidimensional.

Este cristal propicia a resolução de conflitos pessoais ou grupais não solucionados. É essencial eliminar todos os bloqueios e toxicidades dos chakras e dos corpos físicos e energéticos e abrir os chakras tridimensionais superiores para se preparar para um influxo de energias mais elevadas. O processo não pode ser interrompido nem contornado enquanto este Quartzo estiver trazendo à tona questões pessoais não resolvidas para a resolução e talvez induzindo uma catarse dramática. É uma ferramenta profunda para a evolução pessoal e planetária.

Os Quartzos Trigônicos se fizeram conhecer para facilitar a transição e a consciência expandida. Mas eles precisam de consciência humana compatível e harmoniosa para facilitar o seu trabalho. Parte de um campo de informação coerente, estes cristais se comunicam através de grandes distâncias uns com os outros e com aqueles que estão em contato com eles. Seu objetivo declarado é dissolver o gene belicoso codificado dentro do sistema de DNA humano e ajudar a humanidade a se libertar da realidade funcional* cotidiana, tornando-se uma unidade com o Tudo O Que É*. Esta pedra tem um toque de espirituosidade – muito mais do que um toque de energia do embusteiro.

Estes cristais são transceptores, transmitindo e recebendo, e criando um sistema de *feedback* para todas as almas grupais (humanas e cristalinas). Fortemente ligada às marés cósmicas e aos polos e correntes do planeta, a energia trigônica flui através do corpo em ondas e sente as diferentes temperaturas de acordo com o tipo de corpo.

Os Trigônicos expandem a sua alma para que ela se una à superalma holográfica, que é a consciência. Criando um núcleo em torno do qual tudo se acalma e flui, esta é a pedra perfeita se você se sente preso à terra. O Quartzo

Trigônico facilita a reconexão com seu propósito maior. Evocando a reintegração de fragmentos da alma, ele renegocia contratos anímicos.

Ensinando que a consciência nunca é perdida, o Trigônico possibilita que a transição entre diferentes níveis da realidade se faça com graça e facilidade, e é a ferramenta perfeita para parteiras da alma. Depois de ter experimentado a totalidade do Tudo O Que É*, a sua taxa vibratória é permanentemente alterada para uma frequência mais alta que lhe permite atuar como facilitador de mudanças na consciência de outras pessoas.

O Trigônico é útil em qualquer situação de confronto ou conflito, quer seja interno ou externo, pessoal ou coletivo, individual ou racial. Este Quartzo é particularmente útil para a dissolução da vergonha e para desenergizar* bloqueios emocionais que você não sabia que estava carregando, substituindo-os por amor incondicional dinâmico, aceitação e perdão por si mesmo. É útil para manter a intenção e enviar energia de cura à distância. Os Trigônicos transportam ondas bioescalares* naturais que dão às células mais energia e favorecem a resposta à cura e a processos imunológicos.

CURA O Quartzo Trigônico auxilia energeticamente o cérebro, a circulação e o sistema linfático, além de evitar retenção de líquidos e combater o inchaço nas articulações, mas seu principal trabalho é no nível da alma, dos corpos sutis e do corpo de luz*. A água infundida pela energia do Trigônico numa tigela tibetana de tons profundos tem um grande poder de cura. O soar da tigela transfere instantaneamente a vibração para a água.

POSIÇÃO Segure a pedra ao longo dos chakras superiores ou coloque-a onde ela irradie a sua energia para o ambiente. Coloque a essência na água do banho ou borrife na aura. Se preparar a essência, não a deixe na água durante um longo período. *AVISO: Outros cristais de alta vibração podem exibir marcações triangulares trigônicas e podem ser usados como um trampolim para a realidade multidimensional.*

LISTA DE CRISTAIS

QUE SERÁ

TAMBÉM CONHECIDA COMO VULCANITA

Rolada

COR	Cor-de-rosa, azul, preto e combinação incolor
APARÊNCIA	Pedra opaca com manchas coloridas bem definidas
RARIDADE	Rara
ORIGEM	Brasil

ATRIBUTOS Uma poderosa combinação sinérgica com vibrações altíssimas e, no entanto, profundamente telúricas, a Que Será é composta de quartzo, feldspato, calcita, caulinita, ferro, magnetita, leucozona e clinozoisita, e carrega essas energias mesmo quando essas pedras não são visíveis. Ligando você às megaforças que criaram o nosso universo multidimensional e que ainda comandam a evolução cósmica, a Que Será age como uma bateria para ativar seu poder pessoal. Com esta pedra, você realmente cria a sua própria realidade. Ela energiza os chakras da Estrela da Terra, da Base, do Sacro e do Portal Estelar e, colocada abaixo do umbigo, ativa o chakra do Sacro Superior, que fica no dan-tien*. Quando você segura esta pedra na mão, ela ilumina cada célula do seu corpo.

A Que Será cria uma fonte de energia impressionante para impulsionar a criatividade e a evolução espiritual. Com sua assistência, você entra em sintonia com os Registros Akáshicos* do propósito da sua alma e visualiza todas as vias possíveis e seus resultados. A pedra Que Será insiste para que você confie no seu próprio poder. Se você assumiu funções ou inconscientemente assumiu um papel ou obrigações de modo que o mundo o veja como "uma boa pessoa", a Que Será liberta você desse papel. Esta pedra ensina que esse ato de "abnegação" é na verdade egoísta e só visa benefícios próprios. Se você achar que é impossível dizer não quando lhe pedem para fazer alguma coisa a mais, mantenha a Que Será em seu bolso.

Se você tem tendência a remoer problemas, este cristal o ajudará a encontrar soluções construtivas e a ter a certeza das suas ações. Com a Que Será não há erros, apenas experiências de aprendizagem. Embora o nome "Que Será" sugira uma dúvida, esta pedra ajuda você a cocriar o seu próprio futuro. Ela o incentiva a tomar o caminho mais adequado para a sua evolução, que pode ser instantânea.

Fisicamente um veículo poderoso de Qi* e uma excelente agente de cura para todos os males, a Que Será tem ondas bioescalares* fortes e de fácil acesso. Esta pedra é um excelente escudo contra emanações de Wi-Fi e outros poluentes eletromagnéticos e geopatógenos*. Ela recarrega e equilibra os meridianos* e órgãos dos corpos sutis* e físico. Coloque-a onde quer que haja uma indisposição* ou falta de energia. A pedra ativa os neurotransmissores para otimizar o circuito energético. Ajudando o agente de cura a ver a matriz energética do destinatário, a Que Será destaca as áreas de indisposição, contraindo-se quando passada sobre lugares que precisam de cura.

CURA Uma agente de cura versátil e reenergizante, que transporta fortes ondas bioescalares, a Que Será auxilia os sistemas energéticos e os meridianos dos corpos sutis e físico, e energiza todos os órgãos e sistemas do corpo físico. Pode remover energeticamente do corpo o mercúrio da amálgama dos dentes, especialmente após a remoção de obturações.

POSIÇÃO Coloque a pedra sobre um local para dissipar as indisposições e restaurar a estrutura celular e energética do corpo. Segure-a, use-a como joia ou coloque-a sob o travesseiro. Borrife a essência em torno da aura. *AVISO: Prepare a essência pelo método indireto, a menos que a pedra seja rolada. A Que Será é vendida como Vulcanita, mas existe um mineral de cobre com esse mesmo nome.*

PEDRA ADICIONAL

A **Llanita (ou Llanoíta)** Texas é uma pedra similar à Que Será na aparência, pois é uma combinação semelhante da África do Sul, embora adormecida e telúrica. Ela carrega a energia mais profunda da presente vibração da terra, enquanto a Que Será vai para o nível para o qual estamos mudando. Se os dois cristais são colocados em conjunto, a Llanita acaba adquirindo a mesma vibração alta da Que Será. Estas pedras ajudam aqueles que se sentem confinados na forma física quando retornam para a realidade cotidiana depois de fazer viagens astrais* através de multidimensões. A Llanita ajuda você a ver o quadro maior. Esta pedra é considerada uma excelente aliada para aqueles que vivem envolvidos em brigas constantes, uma vez que promove a cooperação e a harmonia, oferecendo as dádivas da diplomacia e do tato.

Llanita Texas

COVELITA ARCO-ÍRIS

Bruta

COR	Azul-escuro e furta-cor
APARÊNCIA	Pedra iridescente
RARIDADE	Rara
ORIGEM	Itália, Estados Unidos, Alemanha

ATRIBUTOS A Covelita Arco-Íris está em sintonia com o Eu Superior e ajuda você a se conectar aos Registros Akáshicos* da sua alma. Se você precisa desenergizar* padrões do passado, coloque a pedra sobre o chakra da Vida Passada ou Alta-Maior, na base do crânio, por quinze minutos. Pode ser preciso usar depois um cristal de alta vibração que seja portador de luz.

CURA A Covelita é tradicionalmente utilizada para desintoxicar o organismo e para combater indisposições* causadas por radiação, fungos ou infestações de parasitas.

POSIÇÃO Segure a pedra, posicione-a ou use-a no gradeamento, conforme o caso.

REALGAR COM AURIPIGMENTO

Auripigmento bruto e Realgar na matriz

COR	Vermelho e amarelo
APARÊNCIA	Cristalino
RARIDADE	Raro
ORIGEM	Peru, Estados Unidos

ATRIBUTOS A Realgar com Auripigmento estimula qualquer coisa lenta. Purificando os chakras da Base e do Sacro, ela fortalece a energia física e combate o esgotamento energético em qualquer nível. Use-a se você tiver que colocar o seu desenvolvimento espiritual e intelectual em modo de espera. Uma pedra de clareza intelectual, ela auxilia o lado esquerdo do cérebro, promovendo a análise racional e o pensamento construtivo. Uma grande ajuda quando se estuda, pois facilita a retenção da informação.

CURA A Realgar supostamente combate as indisposições* associadas com bloqueios nos chakras da Base e do Sacro.

POSIÇÃO Posicione a pedra ou use-a conforme o caso. *AVISO: A combinação tem como base o arsênico. Lave as mãos após o uso. Faça a essência pelo método indireto.*

RENIERITA

Bruta

COR	Bronze-cor-de-rosa, laranja-bronze
APARÊNCIA	Pedra metálica lustrosa, mas pode não ter lustro
RARIDADE	Rara
ORIGEM	Peru, Congo/Zaire, Alasca

ATRIBUTOS A magnética Renierita, segundo se acredita, contém germânio, um catalisador de oxigênio que aumenta os níveis de oxigênio nas células, melhorando o metabolismo celular e a homeostase. O germânio é um antioxidante, eletroestimulante e potencializador da imunidade utilizado para auxiliar pacientes com câncer no seu processo de cura. A Renierita fornece uma dose homeopática energética.

CURA Segundo relatos, ajuda o sistema imunológico, normaliza a pressão arterial e o colesterol elevados, protege contra a desintegração celular e doenças do coração, alivia a artrite reumatoide e a síndrome de Reynaud, e normaliza as funções fisiológicas.

POSIÇÃO Posicione a pedra, coloque-a no ambiente ou use-a no gradeamento, conforme o caso. *CUIDADO: Tóxica; lave as mãos após o manuseio e prepare a essência pelo método indireto.*

RODOZITA

Pontas naturais brutas

COR	Branco amarronzado
APARÊNCIA	Pequena pedra opaca em formato de dodecaedro
RARIDADE	Fácil de obter
ORIGEM	Estados Unidos, Madagascar

ATRIBUTOS Um cristal mestre numa embalagem minúscula, a Rodozita é um aliado poderoso, especialmente quando usado na cura da terra*. Esta pedra combina potássio, césio, berílio e alumínio, e é resultado da catalisação do oxigênio. É extremamente eficaz quando usada no gradeamento em torno de um local, num mapa ou no chão, para curar a terra. Raramente precisa de limpeza, por isso pode ser deixada no local para fazer o seu trabalho. Num gradeamento, a Rodozita maximiza o efeito de outros cristais.

Na meditação, esta pedra ajuda você a entrar num estado de "não mente", desligando-o da conversa à sua volta e levando-o ao silêncio. Facilita a viagem astral* e as experiências fora do corpo. Esta é supostamente uma das pedras favoritas dos xamãs de Madagascar ao praticar magia do tempo.

Uma pedra útil para desenergizar* bloqueios, a Rodozita limpa, ativa e energiza todos os chakras. Coloque-a ou use-a sobre o plexo solar para liberar bloqueios emocionais causados por indisposições* psicossomáticas.

Esta pedra é excelente para a regressão a vidas passadas, uma vez que auxilia na ligação de uma vida anterior ao seu efeito sobre o presente. A Rodozita também pode ser colocada sobre ou em torno de uma pessoa moribunda, para que os esquemas kármico* e etérico* sejam purificados e nenhuma indisposição seja levada adiante. Ela propicia uma transição suave e sem dor.

Fisicamente, esta é uma pedra altamente energética, que pode adicionar vitalidade ao corpo e estimular o fluxo de Qi*. É um excelente reforço para qualquer tipo de cura.

CURA A Rodozita, segundo relatos, é útil nos casos de câncer, inflamação nos tecidos, nas doenças celulares e no equilíbrio do pH no organismo; dizem que estabiliza o funcionamento do cérebro e age como um analgésico, especialmente para os olhos, dores de cabeça ou enxaqueca.

POSIÇÃO Segure a pedra, posicione-a ou use-a no gradeamento, conforme o caso. Borrife a essência em torno da aura ou no ambiente.

COMBINAÇÃO DE PEDRAS
Rodozita no Feldspato
Esta combinação acelera o efeito da Rodozita, uma vez que o Feldspato ativa o processo e ancora a energia no corpo ou no ambiente.

Rodozita no Feldspato

RIEBECKITA COM SUGILITA E BUSTAMITA

Riebeckita com Sugilita e Bustamita

COR	Roxo-cor-de-rosa-preto
APARÊNCIA	Pedra opaca tricolor
RARIDADE	Rara
ORIGEM	África do Sul

ATRIBUTOS A Riebeckita é um granito, por isso a suave combinação de Sugilita e Bustamita é energizada e ligada à terra de forma mais intensa, eliminando bloqueios em todos os níveis. Ela nutre almas sensíveis que têm dificuldade na encarnação. Fortalecendo a intuição e a conexão espiritual, aprofundando conhecimentos e a consciência, ela reúne almas que pensam de modo parecido e incentiva a aplicação dos talentos de um grupo.

CURA Segundo se alega, ela melhora a circulação e a respiração, e é benéfica para a pele, as unhas e o cabelo. É útil para o estresse relacionado com indisposições*, dores de cabeça ou enxaqueca com uma causa psíquica ou por ansiedade.

POSIÇÃO Segure a pedra, posicione-a ou use-a no gradeamento, conforme o caso, especialmente sobre a base do crânio. Borrife a essência em torno da aura.

RICHTERITA

Rolada

COR	Amarelo esbranquiçado, azul
APARÊNCIA	Pedra opaca translúcida
RARIDADE	Rara, razoavelmente fácil de obter
ORIGEM	Finlândia, Afeganistão

ATRIBUTOS Embora tenha vibração elevada, o maior poder da Richterita é ajudar o corpo a suportar o estresse constante ou o trauma repentino. Ela dá força para os corpos* físico, mental e sutil. Uma pedra profundamente calmante, ela aprofunda o relaxamento e a meditação, desligando a mente e todas as ansiedades para criar um espaço silencioso em que o corpo possa ativar seus mecanismos naturais de cura e se reequilibrar. Se você precisa "desextenuar-se", medite em silêncio por dez a quinze minutos com a Richterita a um palmo do chakra do Coração Superior e, em seguida, toque cada lado do esterno com a pedra para estimular o sistema imunológico.

Fisicamente, a Richterita aumenta o bem-estar, ao reduzir o estresse e permitir que o corpo relaxe, para que as glândulas suprarrenais desliguem o mecanismo de "lutar ou fugir", que bombeia adrenalina no organismo. A sobrecarga constante de adrenalina provoca indisposições* em muitos níveis, incluindo a pressão arterial alta e os problemas circulatórios. Ela também pode criar confusão mental e tonturas. A Richterita é, segundo se diz, particularmente útil quando se lida com Transtorno de Estresse Pós-Traumático ou grandes choques. Com a assistência da Richterita, você enfrenta a vida com calma e solta qualquer tensão provocada por eventos ou pelas outras pessoas. Ela fortalece os sistemas imunológico psíquico e físico do corpo, estimula o timo e aumenta a produção de células-T, para combater doenças e infecções.

CURA A Richterita supostamente ajuda as glândulas endócrinas, particularmente a tireoide, que se reequilibra, e a glândula pineal e o hipotálamo, que se purificam. Um desintoxicante energético para o sangue, as células e a linfa, ela pode ajudar os rins, o fígado, as suprarrenais e o pâncreas, e remove o excesso de muco do sistema respiratório.

POSIÇÃO Use-a como joia constantemente ou posicione-a conforme o caso. Borrife a essência na aura ou coloque algumas gotas no banho.

ROSELITA

Roselita bruta na matriz

COR	Cor-de-rosa a fúcsia-cor-de-rosa
APARÊNCIA	Lustrosa, cristalina ou drusiforme
RARIDADE	Rara
ORIGEM	Peru

ATRIBUTOS A Roselita é rica em cobalto, embora também possa ter traços de manganês. A linda Roselita é útil para abrir os chakras do Coração Superior e da Semente do Coração, e para eliminar bloqueios energéticos do coração físico e dos corpos emocionais. Medite com ela para atrair amor incondicional.

CURA A Roselita pode auxiliar a circulação e o coração, especialmente quando a indisposição* tem uma base psicossomática.

POSIÇÃO Segure a pedra, posicione-a ou coloque-a no ambiente, conforme o caso. *AVISO: Prepare a essência pelo método indireto.*

KUNZITA RUTILADA

Formada e rutilada

COR	Azul-verde com ouro
APARÊNCIA	Filetes dentro do cristal opaco
RARIDADE	Rara
ORIGEM	Não confirmada

ATRIBUTOS A Kunzita Rutilada é uma pedra com uma vibração extremamente alta, pois a rutilação leva o cristal a outro nível. É excelente para eliminar energias negativas e impedimentos ao crescimento espiritual que estão nos corpos sutis*, nos chakras mais elevados ou na alma. Esta pedra então canaliza energia espiritual refinada através dos chakras superiores até o corpo físico, preenchendo-o com amor incondicional e elevando a frequência do conjunto.

CURA A Kunzita Rutilada cura a indisposição* espiritual que acaba por se manifestar no físico. Ela repara o esquema etérico* e remove incrustações energéticas do esquema kármico.

POSIÇÃO Segure a pedra, posicione-a ou coloque-a no ambiente conforme o caso. Passe-a em torno da aura e dos chakras.

LISTA DE CRISTAIS

ARENITO

Polido

Opalizado

Bruta

COR	Arenito
APARÊNCIA	Pedra granulosa áspera
RARIDADE	Fácil de obter
ORIGEM	Mundo todo

ATRIBUTOS O Arenito é uma pedra abrasiva que passou por enormes mudanças em sua longa vida e portanto contribui para a purificação da alma e do corpo etérico*. Com abundância de Qi*, ela aumenta a aceitação da mudança e faz com que seja mais fácil seguir o fluxo. Do ponto de vista psicológico, essa pedra ajuda a reduzir a raiva. O Arenito Opalizado, com sua luz furta-cor, leva a pedra a um nível mais elevado de transformação.

CURA O Arenito pode ajudar a cura em geral ou ossos quebrados, e é supostamente benéfico para o cabelo e as unhas e para manter a flexibilidade e a elasticidade dos tecidos e das articulações.

POSIÇÃO Posicione a pedra, coloque-a no ambiente ou use-a no gradeamento, conforme o caso.

SCHALENBLENDE

Rolada

COR	Marrom-preto-cinza
APARÊNCIA	Pedra opaca, com bandas ou veios
RARIDADE	Fácil de obter na forma de pedra rolada
ORIGEM	Alemanha

ATRIBUTOS Promovendo a paz, a Schalenblende é uma combinação de Esfalerita, Pirita, Wurtzita e Galena. Uma pedra de proteção que mantém você ancorado e funcionando de forma ideal na terra, a sua propriedade mais conhecida é a de regenerar e fortalecer energeticamente o corpo físico. É uma pedra excelente para superar a fraqueza e o cansaço físicos ou mentais. Use-a quando sentir que não tem recursos para lidar com o que a vida lhe reserva. Esta pedra apoia você na reposição de suas reservas interiores, de modo que possa avançar com confiança, sabendo que a energia nunca se esgota.

Esta pedra é usada por xamãs e metafísicos para dar proteção durante a viagem astral* e os trabalhos fora do corpo, e para ajudar a alma a retornar para o corpo físico. Ela incentiva você a colocar em prática os seus ideais mais elevados. A Schalenblende dá suporte à mente, aumentando a concentração e as capacidades analíticas, enquanto ao mesmo tempo incentiva o uso da intuição. Ela traz soluções espontâneas através da integração da intuição e do intelecto. Ela potencializa uma comunicação eficaz, facilitando a interação e a descoberta de soluções entre aqueles que não pensam de maneira semelhante ou entre diferentes espécies.

Se você fica acordado à noite remoendo seus problemas, coloque esta pedra sob o travesseiro para desligar a mente e ter uma boa noite de sono. A situação vai parecer diferente pela manhã.

CURA Com o efeito benéfico que exerce sobre os sistemas imunológico e endócrino, a Schalenblende combate a diabetes e estabiliza a função do pâncreas e da próstata, além de ajudar em casos de HIV e AIDS. Ela é usada para acelerar a cicatrização de feridas e para a cura celular e também para apoiar processos cerebrais. Supostamente auxilia a próstata, os testículos e ovários, a retina e os órgãos dos sentidos.

POSIÇÃO Posicione a pedra, coloque-a no ambiente ou use-a no gradeamento, conforme o caso, ou borrife a essência em torno da aura.

SCHEELITA

Bruta

COR	Amarelo-alaranjado, dourado
APARÊNCIA	Cristalina translúcida
RARIDADE	Cada vez mais fácil de obter
ORIGEM	Estados Unidos, China, República Tcheca, Reino Unido, Boêmia, Suíça, Japão, Nova Zelândia

ATRIBUTOS A Scheelita incentiva você a se ancorar espiritualmente. Ela aumenta a intuição e abre o Terceiro Olho, auxiliando na viagem astral*. Esta pedra incisiva promove uma mudança radical no modo de pensar. É útil para pessoas presas a padrões mentais de negatividade, que repetem constantemente – por meio de situações e o hábito de recontar o que passou – as suas próprias experiências negativas e as de outras pessoas. Elas ancoram a história recontando-a mesmo depois da sua resolução, como se não conseguissem suportar o estado positivo. A Scheelita "elimina a brecha", para que o antigo padrão não possa voltar, e ajuda a pessoa com uma sugestão mental positiva, de modo que a perspectiva mude e o passado seja deixado para trás. Esta pedra harmoniza o corpo mental com uma nova vibração positiva e estimula o pensamento criativo. Ela também auxilia na identificação de metas apropriadas, que estejam de acordo com o propósito da alma, e ajuda a colocá-las em prática.

A Scheelita é particularmente útil para agentes de cura e terapeutas que se envolvem com a experiência dos seus pacientes. Se o terapeuta não se desliga das experiências de seus clientes, elas continuam ativadas neles, como se as carregasse para os pacientes.

A Scheelita ajuda ambos a se desligarem dessas experiências. Mantenha um cristal na sala de terapia. Coloque a Scheelita dentro da caixa acoplada do vaso sanitário para liberar velhos padrões após a descarga. Ela elimina padrões mentais de vidas passadas existentes no esquema etérico*. Purifica os chakras de Vidas Passadas das camadas* mentais da alma e acalma o tagarelar da mente para que uma nova voz interior seja ouvida. Combatendo a autossabotagem, ela ajuda a mente a funcionar de modo analítico e não com base nas emoções.

A linfa e outros fluidos atuam como um veículo para transportar as mensagens negativas até a parte apropriada do corpo, de modo que este possa reagir psicossomaticamente a um antigo estímulo. A Scheelita libera o padrão de modo que as células possam se reprogramar positivamente. Ela auxilia na Técnica de Liberação Emocional e outras terapias baseadas nos meridianos*. É uma pedra útil para alinhar os corpos sutis* com o físico e reenergiza todos os níveis. A pedra elimina o excesso de energia yang ou masculina, especialmente na mulher.

A Scheelita traz à tona o que há de bom no coração da pessoa que vem se esforçando para manifestar suas intenções positivas. Ela atua como um apoio espiritual para aquelas que não têm certeza do seu caminho futuro. Harmoniza-se com o Quartzo Anfibólio quando se quer evocar a orientação dos anjos.

CURA Fisicamente, a Scheelita parece útil em casos de falência cardíaca, quando o corpo retém líquidos, especialmente nos pulmões, e a respiração fica difícil, pois esta pedra estimula energeticamente a eliminação de fluidos. A Scheelita também beneficia a paratireoide e o equilíbrio de fluidos no corpo (especialmente nos pulmões), revertendo a desidratação, e pode tratar inflamações na bexiga e na uretra. É benéfica para a região lombar, os nervos, músculos e vasos sanguíneos, e restaura a energia quando você se sente esgotado.

POSIÇÃO Posicione a pedra ou use-a no gradeamento, conforme o caso, ou borrife a essência em torno da aura, particularmente em torno do umbigo.

ESCOLECITA

Formação natural bruta

COR	Branco, transparente, amarelo
APARÊNCIA	Cristal translúcido com nervuras
RARIDADE	Fácil de obter
ORIGEM	Índia, Islândia

ATRIBUTOS A Escolecita é uma pedra gentil de alta vibração, que promove a paz interior e abre todos os chakras do Coração, especialmente o da Semente do Coração, conectando-o aos do Terceiro Olho e do Soma. Semelhante à Natrolita, a Escolecita tem uma vibração ligeiramente mais terrena. É conveniente para as pessoas que estão se familiarizando com os cristais de alta vibração ou têm um campo energético particularmente sensível. A luz interior desta pedra infunde paz no núcleo do seu ser, ligando você às mais altas energias do universo e às esferas multidimensionais. Um excelente cristal para viagens astrais*, esta pedra serena auxilia nos sonhos lúcidos e na recordação dos sonhos. Medite com ela para atingir o significado mais profundo das vivências oníricas ou se conectar com a mais elevada orientação ou com extraterrestres benignos e seres estelares.

Coloque a Escolecita sobre os chakras ao longo das costas e a Natrolita nos da frente, para facilitar o recebimento de altas energias vibracionais ou realinhar o corpo físico com o corpo de luz*. O uso desta pedra como peça de joalheria garante um campo áurico saudável e a cura de buracos, fendas ou fragmentação áuricos pelos quais energias negativas ou entidades* podem se anexar. A Escolecita ajuda na reestruturação de padrões de pensamento e na moldagem da realidade cotidiana a um resultado positivo. Ela elimina os últimos remanescentes de padrões ou crenças prejudiciais, purificando o esquema etérico* e o corpo mental. A Escolecita é extremamente calmante, incentivando o amor desinteressado e o contentamento interior. Dissipa a ansiedade e o medo, incutindo uma calma confiança que enfrenta a vida com equanimidade.

Gradeie a Escolecita para criar uma área de completa paz. Isso acalma energias conturbadas e cria um espaço sagrado seguro, no qual viver, trabalhar e ter seu ser. Este cristal harmoniza as energias entre os amantes e entes queridos e ajuda aqueles cujo coração foi transformado em pedra, para que gentilmente liberem os traumas do passado e amem novamente. Fisicamente a Escolecita ressoa com os nervos e vias neurais, trazendo o corpo de volta ao equilíbrio e incentivando o controle dos processos autônomos.

CURA Há evidências de que a Escolecita é eficaz para Esclerose Múltipla e reequilíbrio neurológico e para o realinhamento da coluna vertebral e dos nervos associados. Ela sugere ainda um efeito antiepilético e pode combater os tumores benignos do cérebro. O componente do cálcio fortalece energeticamente os ossos. A Escolecita é usada para doenças intestinais, incluindo parasitas e Síndrome do Intestino Irritável, e apoia o sistema circulatório e os pulmões.

POSIÇÃO Posicione a pedra ou use-a no gradeamento, conforme o caso, ou borrife a essência em torno da aura.

PEDRA DE SEDONA

Formada

COR	Cinza avermelhado
APARÊNCIA	Pedra bruta granulosa ou pedregulho opaco e liso
RARIDADE	Vários veios, especialmente em forma de conta
ORIGEM	Sedona, Estados Unidos

ATRIBUTOS A rocha vermelha de Sedona é energia pura cristalizada. Sedona é um conjunto poderoso de vórtices multidimensionais, na qual a energia espiritual é incrivelmente concentrada e esta pedra liga você e essa energia mesmo à distância. Ela aumenta as capacidades metafísicas, principalmente se for colocada sobre o chakra do Soma, e potencializa a viagem astral* e cerimônias sagradas. O vórtice também o leva profundamente dentro de si mesmo para explorar suas dimensões interiores.

CURA A Pedra de Sedona aumenta seu senso de bem-estar físico e espiritual, uma vez que transfere a energia armazenada dentro dela para efetuar a cura multidimensional.

POSIÇÃO Segure a pedra, coloque-a no ambiente, use-a no gradeamento ou medite com ela, conforme o caso.

SERPENTINA NA OBSIDIANA

Rolada

COR	Preto-cinza-verde
APARÊNCIA	Pedra opaca com bandas
RARIDADE	Combinação pouco usual
ORIGEM	México

ATRIBUTOS Uma poderosa combinação de pedras da terra que aumenta o poder da energia kundalini*, a Serpentina na Obsidiana ancora e protege o corpo físico, fortalecendo limites energéticos e a criação de uma interface entre o seu escudo biomagnético* e o mundo exterior. O fato de saber que está em segurança paradoxalmente permite que você fique mais aberto e receptivo aos outros. Esta pedra fornece um escudo protetor durante viagens astrais* ou jornadas xamânicas e atividade metafísica.

A Obsidiana traz à superfície, para resolução, problemas emocionais profundamente arraigados, e isso pode resultar numa catarse. Porém, a energia suave da Serpentina regula esse processo para que ele nunca seja intenso demais e o equilíbrio emocional seja mantido. Se você não tiver certeza do que está causando um sentimento ou situação, medite com esta pedra para encontrar e liberar a causa escondida. Com a ajuda dela você encontra seus pontos fortes emocionais e supera quaisquer fraquezas ou padrões obsoletos. Se você fica continuamente se remoendo por causa dos seus erros, esta pedra o ajuda a mudar as coisas ao seu redor, de modo que perceba como essas experiências o ajudaram a crescer e aprender.

Espiritualmente, a Serpentina abre o Terceiro Olho e a Obsidiana tem sido tradicionalmente usada como bola de cristal, portanto essa combinação ajuda você a acessar o passado, o presente ou o futuro. A combinação auxilia na leitura dos Registros Akáshicos* de vidas anteriores e é benéfica na cura de vidas passadas com um componente emocional ou psicossomático. Ela ajuda a superar o medo e inculca um profundo senso de segurança interior e dentro do plano físico. A combinação pode abrir o fluxo da kundalini pela coluna e ajudar a canalizá-la de forma produtiva, de modo que você se torne mais criativo nas multidimensões do ser.

CURA Útil para remover os bloqueios de energia, a Serpentina na Obsidiana dirige a cura para onde ela é mais necessária. Pode ser benéfica para o rim, o estômago ou combater distúrbios digestivos, e facilita a expulsão energética de parasitas. Ela é utilizada para estabilizar os desequilíbrios de açúcar no sangue e a pulsação, levando a assimilação de cálcio e magnésio ao equilíbrio energético. Ela supostamente melhora a circulação e ajuda os pulmões. Colocada sobre músculos, pode relaxar a cãibra, e sobre o útero, alivia a TPM.

POSIÇÃO Segure a pedra, coloque-a no ambiente ou use-a no gradeamento, conforme o caso, ou borrife a essência em torno da aura.

SHUNGITA

Bruta

COR	Preto
APARÊNCIA	Pedra pulverulenta, semelhante ao grafite; pode ter um lustro metálico
RARIDADE	Cada vez mais fácil de obter
ORIGEM	Rússia

ATRIBUTOS Uma pedra profundamente terrena e antigeopatogênica*, a Shungita é encontrada somente na Carélia, no norte da Rússia. Com pelo menos dois bilhões de anos de idade, a Shungita se formou antes que a vida orgânica se estabelecesse na terra e minerais à base de carbono surgissem a partir da matéria orgânica em decomposição, como as florestas antigas. Esta pedra pode ter colaborado na criação da vida no planeta. Há teorias de que um enorme meteorito atingiu a terra e criou a cratera do Lago Onega, que se formou mais tarde. Postula-se que microrganismos nadavam num mar primordial e que no fundo desse mar se formaram os depósitos de Shungita. O que se sabe é que, embora esse lago esteja extremamente poluído, as suas águas são purificadas pelo leito de Shungita, o que faz com que sejam usadas há anos pelas suas propriedades terapêuticas.

A Shungita contém quase todos os minerais da tabela periódica. Ela tem um poder de blindagem fenomenal, graças à sua formação única. Um carbono mineral raro, ela é composta de fulerenos, moléculas estruturadas na forma de gaiolas. Cada pequeno fulereno oco tem de 20 a 500 átomos de carbono. Os fulerenos possibilitam a nanotecnologia, sendo excelentes condutores geotérmicos e eletromagnéticos, e ainda assim protegem das emissões de frequência eletromagnética. Um grupo de cientistas ingleses recebeu um prêmio Nobel em 1996 pela descoberta dos fulerenos, e todo o potencial desse mineral está sendo investigado por cientistas de todo o mundo. Use a Shungita como peça de joalheria ou coloque-a sobre uma fonte de frequência de emissões eletromagnéticas, como computadores e telefones celulares, para eliminar seu efeito negativo sobre sistemas de energia humanos sensíveis (limpe as pedras com frequência).

Do ponto de vista psicológico, mental ou emocional, a Shungita elimina poluentes, de modo que possa haver o registro de novos padrões. Ao mesmo tempo, esta pedra incentiva a preservação da sabedoria do passado e a sua aplicação no presente para criar um novo futuro.

No nível físico, a Shungita transforma a água numa substância biologicamente melhor para a vida, ao mesmo tempo que remove micro-organismos e poluentes nocivos. Pesquisas mostram que a Shungita absorve aquilo que é perigoso para a saúde, quer se trate de pesticidas, radicais livres, bactérias e afins, ou frequências eletromagnéticas, micro-ondas e outras emissões vibracionais. Esta pedra aumenta o bem-estar físico e tem um poderoso efeito sobre o sistema imunológico. Restaurando o equilíbrio emocional, ela transforma o estresse numa potente recarga energética. Por tradição, a Shungita infundida na água é consumida de duas a três vezes por dia para eliminar os radicais livres e os poluentes, por ser antibacteriana e antiviral, e para prevenir ou diminuir os sintomas do resfriado comum e de outras doenças. Uma pirâmide de Shungita ao lado da cama neutraliza a insônia e as dores de cabeça, e elimina os efeitos fisiológicos do estresse.

CURA Uma pedra tradicionalmente usada para curar todos os males, a sabedoria popular e as pesquisas científicas indicam que a Shungita é benéfica para o metabolismo celular, os neurotransmissores, os sistemas digestório, imunológico e de filtração do organismo, além de aumentar a produção de enzimas e proporcionar alívio para a dor. É desintoxicante, antioxidante, antibacteriana, anti-inflamatória e anti-histamínica. A água infundida com Shungita trata dores de garganta, queimaduras, doenças cardiovasculares, doenças do sangue, alergias, asma, distúrbios gástricos, diabetes, distúrbio nos rins e no fígado, artrite reumatoide e osteoartrite, disfunções na vesícula biliar, doenças autoimunes, desordens pancreáticas, impotência e síndrome da fadiga crônica.

POSIÇÃO Segure a pedra, posicione-a, use-a como joia ou no gradeamento, conforme o caso, especialmente na presença de frequências eletromagnéticas. Beba água ativada pela Shungita várias vezes ao dia. Esta pedra tem de ficar imersa na água durante pelo menos 48 horas para que a água absorva suas propriedades terapêuticas. *AVISO: Como a Shungita é um rápido absorvente de energia negativa e de poluentes, ela precisa ser limpa regularmente e colocada no sol para recarregar.*

Shungita (polida)

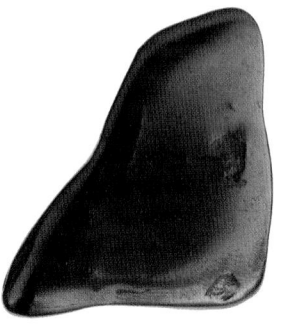

SILIMANITA

Bruta

COR	Azul-cinza até branco, verde-oliva, marrom
APARÊNCIA	Pedra opaca estriada e fibrosa
RARIDADE	Razoavelmente fácil de obter
ORIGEM	Estados Unidos

ATRIBUTOS Excelente para purificar, energizar e se conectar com os chakras, a Silimanita, uma pedra de alta vibração, alinha os corpos sutis* com o físico, facilitando o livre fluxo de energia ao longo de todos os corpos. Uma pedra de autodomínio, se você sofre de falta de autodisciplina ela o ajuda a manter a sua intenção e se concentrar no trabalho à mão. Ligando a mente pessoal à mente universal, ela sintoniza os conceitos que governam o universo num estado superior de consciência e traz esses conceitos para a realidade cotidiana tridimensional presente.

CURA A Silimanita supostamente contribui para o bem-estar geral e propicia um fluxo de endorfina que combate a depressão.

POSIÇÃO Posicione a pedra, use-a como joia ou no gradeamento, conforme o caso. Borrife a essência em torno da aura.

ESTEATITA

TAMBÉM CONHECIDA COMO PEDRA-SABÃO

Formada

COR	Branco, cinza, verde, marrom
APARÊNCIA	Pedra opaca e escorregadia
RARIDADE	Rara
ORIGEM	Cornualha (Inglaterra), Reino Unido, Estados Unidos, China

ATRIBUTOS Rara e valorizada por escultores, a Esteatita Branca da foto acima é encontrada nos depósitos de Serpentina da Península Lizard, na Cornualha. Essa região está mergulhada nas lendas do rei Artur e esta pedra transporta a presença mística do Oeste e das Blessed Isles [Ilhas dos Afortunados], pelas quais as almas dos mortos passavam. Este misterioso condado é onde a magia de Merlin reside e onde um antigo rei aguarda para ser despertado em tempos de necessidade. A Esteatita Branca é útil para o renascimento e a renovação de rituais e apoia os aventureiros em suas explorações.

A meditação com a Esteatita coloca você em contato com o cavalheirismo mítico do passado, ajudando-o a ancorar o conhecimento que encontrar nessa época. Facilita a descoberta de guias sábios e do conhecimento superior que você procura. Especialmente quando colocada a Oeste, seja numa Roda da Medicina ou sobre um altar, a Esteatita incentiva a introspecção e a viagem interior. Mostrando-lhe o valor dos tempos tranquilos, de repouso, ela ensina que tudo o que você precisa saber já está dentro de você.

A Esteatita de outras localidades conecta você ao passado mítico de sua localização e ao conhecimento dos povos antigos que habitaram a terra. Ela auxilia na dissolução de memórias de conflito racial, oferecendo o perdão e a oportunidade de seguir em frente.

Esta pedra calmante de ancoramento tem um efeito fortalecedor sobre os corpos físico e sutis*, especialmente em caso de experiências desafiadoras. Ela ajuda você a seguir em frente com confiança em qualquer direção que a vida levá-lo, não importa o quanto possa ser inesperada.

CURA Ela ajuda a estrutura do esqueleto e os tendões do corpo e os órgãos de eliminação; e combate problemas digestivos com base psicossomática.

POSIÇÃO Posicione a pedra, coloque-a no ambiente ou use-a no gradeamento, conforme o caso, ou borrife a essência em torno da aura.

ESTICHTITA COM SERPENTINA

Polido

COR	Roxo-lilás
APARÊNCIA	Pedra opaca manchada ou pintada
RARIDADE	Rara
ORIGEM	África do Sul

ATRIBUTOS Num nível muito profundo, a Estichtita com Serpentina muda sua relação consigo mesmo, ajudando-o a amar e aceitar plenamente quem você é. Ela nutre o corpo e a alma para que a energia emocional e a intenção espiritual fluam livremente em harmonia. Esta pedra gentil tem um efeito calmante extremamente suave, aterrando e centrando o corpo e ancorando-o na terra, para que o seu verdadeiro eu se revele na dimensão física e, simultaneamente, opere em multidimensões e estruturas temporais.

A Estichtita com Serpentina ajuda você a rastrear a origem da indisposição* emocional e psicossomática e a desenergizar* os eventos subjacentes a ela, não importa em que vida tenha surgido. Quando essa fuga de energia é resolvida, novos padrões de autoestima e otimismo positivo a substituem. Ela é particularmente útil para distúrbios alimentares e comportamento autodepreciativo ou autodestrutivo, uma vez que aumenta o amor-próprio e dissipa padrões de autoabuso decorrentes de um profundo sentimento de inferioridade e uma autoimagem negativa. Se você nunca foi capaz de falar sobre o que lhe aconteceu, esta pedra gentilmente convida-o a verbalizar e liberar o que ficou bloqueado por tanto tempo.

Se ocorrer uma subida espontânea e descontrolada do kundalini*, a Estichtita com Serpentina ajuda a reequilibrar todos os corpos sutis* com o corpo físico, sintonizando todos os níveis do seu ser e abrindo sua consciência mística e conexão com Tudo O Que É*.

Esta pedra vem de um local completamente diferente, além-mar, da Atlantasita Australiana, mas tem uma ligação com os antigos continentes da Lemúria e Atlântida, ajudando você a explorar a sua ligação com essas civilizações.

CURA Esta combinação proporciona alívio da dor, pois chega ao núcleo energético de um problema. Pode ajudar nos casos de diabetes (equilibrando a hipoglicemia e desequilíbrios do açúcar), estabilizar a pressão arterial e harmonizar o sistema nervoso. Relata-se que trata também a doença de Parkinson e a demência.

POSIÇÃO Segure a pedra, coloque-a no ambiente ou use-a no gradeamento, conforme o caso.

PEDRA DOS SONHOS

Bruta

COR	Branco
APARÊNCIA	Pedra cristalina opaca
RARIDADE	Rara
ORIGEM	Canadá

ATRIBUTOS A Pedra dos Sonhos auxilia na obtenção de algo com que você sonha há anos. Se planos que nunca realizou ou aspirações sempre pareceram fora de alcance, medite com esta pedra otimista e programe-a para que esses planos sejam concretizados. Abrindo e desanuviando a mente, ela mostra o caminho a seguir, oferecendo inspiração e apoio e permitindo que você pense mais além. Esta pedra convida você a ser tudo o que pode ser.

CURA Segundo relatos, a Pedra dos Sonhos é útil para superar dor e alergias. Ela fortalece energeticamente os ossos e pode melhorar a absorção de cálcio e a lactação.

POSIÇÃO Posicione a pedra, coloque-a no ambiente, use-a como joia ou no gradeamento, conforme o caso. Borrife a essência na aura.

LISTA DE CRISTAIS

ESTROMATOLITA

Também Conhecida como Estromatólito

Polido

COR	Marrom, cinza, verde
APARÊNCIA	Bandas coloridas em espiral
RARIDADE	Cada vez mais fácil de obter
ORIGEM	Estados Unidos, Rússia, Madagascar, Austrália

ATRIBUTOS Originária de algas fossilizadas, uma das primeiras formas de vida que, segundo se acredita, criou o oxigênio no nosso planeta, a Estromatolita traz conhecimento eterno. Ela ajuda você a ler os Registros Akáshicos* de suas vidas anteriores, e ainda olha para o futuro. Esta pedra é um excelente apoio durante a mudança evolucionária, uma vez que tem resistido a bilhões de anos de caos, catástrofes e transformações.

A Estromatolita é uma ajuda útil para o processamento e aprendizagem de todas as suas experiências. Ela infunde flexibilidade e capacidade de "deixar ir" ou optar por sair de divergências, mantendo o seu próprio ponto de vista e cumprindo seus objetivos pessoais e planetários. Extremamente eficaz para se aprender com as experiências passadas, ela ajuda você a ficar em seu próprio poder, atuando apenas de acordo com os ditames da sua alma. A meditação com esta pedra atua como um portal para o passado distante da terra, que mergulha profundamente em sua história, evolução e segredos bem guardados. Se você tiver sido impressionado com programas mentais que já não são mais relevantes ou que insistem para que se adeque aos interesses de outras pessoas, a Estromatolita o ajuda a liberar esses padrões. Ela também ajuda você a ser menos estressado e traz conforto e amizade aos corações solitários.

A Estromatolita ressoa com a parte mais antiga do tronco cerebral e com os processos autonômicos do corpo. Colocada no oco da base do crânio, ela remove bloqueios, padrões e programas profundamente enraizados, e incentiva a assimilação de novos padrões, incutindo flexibilidade de espírito. Ela auxilia terapias baseadas em meridianos* tal como a Terapia de Liberação Emocional, potencializa a função do cérebro e melhora o funcionamento dos neurotransmissores. Incentivando a cura em nível celular, ela reforça as estruturas do corpo. Segure esta pedra para ajudar na recuperação de doenças graves ou indisposições* psicossomáticas. Ela auxilia a passagem dos fluidos através do corpo e do cérebro, regulando o fluxo, e, como todos os fósseis, ajuda o sistema esquelético e os hemisférios cerebrais. Ela estimula a eliminação de toxinas através dos rins e órgãos ricos em sangue. Do ponto de vista ambiental, a Estromatolita ajuda na limpeza e na cura da terra*. Gradeie-a para reparar e ativar os meridianos e "*song lines*" aborígenes da terra, e para melhorar a fertilidade da terra e do corpo físico. Esta pedra apoia a fotossíntese das plantas e aumenta a produção de oxigênio.

CURA A Estromatolita supostamente auxilia o timo e a garganta e é, por tradição, usada para beneficiar mãos e pés. Pode ser benéfica para quem tem Mal de Parkinson e doenças no tronco cerebral. Fortalece energeticamente os ossos e dentes e é compatível com os rins e a bexiga.

POSIÇÃO Posicione esta pedra, coloque-a no ambiente ou use-a no gradeamento, conforme o caso, ou borrife a essência em torno da aura, em particular na parte de trás da cabeça e dos pés.

ESTRONCIANITA

Bruta

Bruta

COR	Amarelo, cinza, verde, marrom, branco
APARÊNCIA	Pedra de opaca estriada a transparente
RARIDADE	Rara
ORIGEM	Áustria, Escócia, Alemanha

ATRIBUTOS A Estroncianita tem propriedades semelhantes às da Aragonita, uma poderosa agente de cura da terra*. Esta pedra oferece força, confiança e autoconsciência sem egoísmo. Ela ajuda a energia a se mover através do corpo, aumentando a vitalidade física e auxiliando você a se sentir confortável dentro do corpo.

CURA A Estroncianita é rica em cálcio e pode apoiar energeticamente os ossos, dentes e articulações. Ela também restaura a elasticidade dos discos da coluna e dos tendões, e previne espasmos musculares.

POSIÇÃO Segure a pedra, coloque-a no ambiente ou use-a no gradeamento, conforme o caso.

TANTALITA

Polido

COR	Castanho avermelhado ao preto
APARÊNCIA	Opaca metálica com nódulos; brilhante quando rolada
RARIDADE	Rara
ORIGEM	Austrália, Afeganistão, Namíbia, Estados Unidos, Nigéria, Canadá, Europa, Brasil, Madagascar

ATRIBUTOS Uma pedra útil de proteção, a Tantalita absorve energia negativa e protege contra o vampirismo* psíquico ou a poluição ambiental. Bloqueando a invasão por alienígenas ou forças adversas, ela cria uma grade energética em volta do corpo para "repelir invasores". Combatendo o efeito do ataque psíquico ou da malevolência, a Tantalita remove ganchos, apegos, implantes, imperativos mentais e crenças nucleares* básicas alojadas no corpo etérico* ou físico, na vida presente ou passada, que criaram indisposições* e vulnerabilidades a novos ata-

LISTA DE CRISTAIS

Tantalita (bruta)

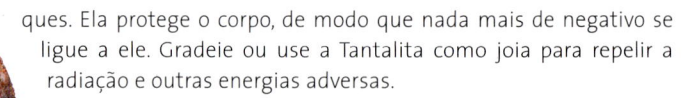

ques. Ela protege o corpo, de modo que nada mais de negativo se ligue a ele. Gradeie ou use a Tantalita como joia para repelir a radiação e outras energias adversas.

A Tantalita reverte a obsessão. Freando o comportamento excessivo, ela ajuda a superar vícios e desejos obsessivos. Quando essas obsessões resultam de excessos ou perdas de vidas passadas, a Tantalita dissipa padrões subjacentes no plano etérico e pode induzir sonhos cheios de significado ou a retrocognição das causas kármicas*.

Esta pedra estabiliza o ambiente. Gradeie-a em áreas de negatividade ou desequilíbrio. Colocada nos quatro cantos da casa, ela cria um equilíbrio tranquilo que se reflete em seus moradores. A Tantalita supostamente combate a poluição química, uma vez que elimina energeticamente a consequente desarmonia nos níveis celular e etérico.

Excelente para a tomada de decisão, a Tantalita incute um senso de propósito e direção, facilitando o planejamento do futuro, mas lembrando você de não desconsiderar o presente ou a influência do passado. Se você é impetuoso, ela o lembra de que deve se conter até conseguir enxergar o quadro todo, e, se tem excesso de cautela, ela o incentiva a avançar com confiança depois de tomar uma decisão fundamentada.

As propriedades estabilizadoras da Tantalita ajudam a combater o TDAH ou uma mente inquieta que não consegue se acalmar. Ela fornece foco e ajuda a suspender julgamentos pautados no passado. Uma pedra útil se o entusiasmo diminuir ou a letargia se instalar, a Tantalita revitaliza um sentido de propósito e direção.

Esta pedra restabelece o equilíbrio em casos de oscilações extremas de humor, e neutraliza o pessimismo. Promove a paixão e o amor pela vida, que transformam radicalmente tendências depressivas e estimulam as forças criativas dentro de você.

Uma pedra de força, a Tantalita é rica em manganês, um importante constituinte fisiológico, com uma poderosa função antioxidante e metabólica. O equilíbrio correto do manganês é essencial. A Tantalita trabalha num nível homeopático para manter um nível adequado e elevar a estabilidade nuclear e a resistência física.

Espiritualmente, a Tantalita ajuda você a se sentir nutrido e guiado por seres mais elevados e na negociação do plano terrestre durante os períodos de mudança de vibração. A meditação com ela facilita o conhecimento do seu propósito de reencarnar nos tempos de hoje, e mostra o caminho a seguir.

CURA A Tantalita, rica em Manganês, apoia energeticamente o correto desenvolvimento ósseo e a assimilação de minerais, e pode ajudar na reparação dos tecidos e das células, aliviando a dor e o desconforto nas articulações. Ela age como uma medida de primeiros socorros durante o choque, o trauma ou o aparecimento de doenças. Auxilia também na superação da avidez por alimentos, drogas ou nicotina.

POSIÇÃO Coloque a pedra no ambiente ou use-a no gradeamento, conforme o caso. Borrife a essência em torno da aura.

PEDRA ADICIONAL
A **Columbita** é um minério de nióbio e tântalo, intimamente relacionada com a Tantalita, que compartilha muitas de suas propriedades.

Columbita

TERRALUMINITA

Bruta

COR	Cor-de-rosa, preto e branco
APARÊNCIA	Pedra opaca granulosa manchada
RARIDADE	Rara
ORIGEM	Vermont, Estados Unidos

ATRIBUTOS A Terraluminita simboliza a transmissão da luz divina para o planeta. Uma mistura de Quartzo, Feldspato e Mica, ela abre o coração para o amor universal e o discernimento espiritual. Dissipando padrões emocionais superados ou destrutivos profundamente enraizados, ela reformula situações e preenche o corpo emocional com luz divina, de modo que você viva de acordo com o seu coração e como parte do Tudo O Que É*. Estimulando a união tântrica entre o Deus Céu e a Mãe Terra para fertilizar um novo crescimento, a Terraluminita é excelente para a cura da terra*.

CURA A Terraluminita traz harmonia e equilíbrio aos corpos sutis*, aumentando a estabilidade do núcleo. Ativando os meridianos*, ela aumenta o fluxo de Qi*.

POSIÇÃO Medite com a pedra, segure-a, coloque-a sobre o coração ou use-a no gradeamento*, conforme o caso. Borrife a essência em torno da aura.

THOMPSONITA

Polido

COR	Branco, amarelo, cor-de-rosa, marrom, verde
APARÊNCIA	Botroidal bolhosa transparente até incrustação translúcida
RARIDADE	Rara
ORIGEM	Austrália, Escócia, Estados Unidos

ATRIBUTOS A Thompsonita ajuda você a ficar ancorado nesta encarnação. Criando uma forte conexão entre os corpos mental e emocional, ela o ancora ao físico. Do ponto de vista psicológico, esta pedra suaviza uma personalidade impetuosa ou severa, e motiva as pessoas preguiçosas. Ameniza a mente confusa ou enevoada, dando mais clareza e acuidade.

CURA A Thompsonita pode ajudar em casos de febre, cistos e fungos na boca, além de beneficiar o timo.

POSIÇÃO Segure esta pedra, use-a no gradeamento* ou coloque-a sobre a tireoide.

OVO DE TROVÃO

Também Conhecida como Thunder Egg ou Ágata do Monte Hay

Lasca polida

COR	Variável
APARÊNCIA	Pedra opaca com veios e marcações semelhantes a estrelas
RARIDADE	Fácil de obter
ORIGEM	Austrália

ATRIBUTOS Os Ovos de Trovão são poderosas pedras esféricas criadas por gases carregados de minerais presos na lava vulcânica e em seguida ejetados. Como todas as pedras que passaram pelo processo plutônico, eles ajudam nas questões de sobrevivência e mantêm você seguro dentro do seu corpo encarnado, proporcionando um refúgio para a sua alma. Os Ovos de Trovão criam um escudo impenetrável ao redor dos corpos sutis*, com uma forte borda exterior que resiste a invasões energéticas de qualquer tipo. A pedra é útil para afastar energias negativas e romper a impressão energética de um pensamento ou atitude arraigada. Ela também ajuda você caso sofra controle mental.

O Ovo de Trovão facilita o realinhamento das conexões energéticas entre o corpo físico e os sutis, e entre o corpo de energia pessoal e o do planeta. Tradicionalmente usados como amuletos pela nação aborígene, os Ovos de Trovão ajudam a superar o medo e a ansiedade, especialmente em viagens. Eles podem ser úteis para o ajuste da grade magnética do planeta, principalmente em áreas de alta atividade geomagnética, eletromagnética ou geotérmica, que esteja em conflito com a frequência energética da sua casa. Eles podem ajudar no *jet lag* decorrente dos padrões de energia telúricos conflitantes ou de fusos horários.

Os Ovos de Trovão abrem o chakra da Estrela da Terra e o conectam profundamente com o núcleo do planeta, proporcionando-lhe um vínculo inquebrantável com a Mãe Terra. Use-os para a cura telúrica* e para estabilizar e realinhar a grade energética da Terra. Os Ovos de Trovão são um excelente receptáculo para o poder de cura. A pedra pode ser carregada para que o recipiente mantido em seu campo de energia possa proporcionar uma contínua fonte de cura.

CURA O Ovo de Trovão infunde o corpo com força e poder, ajudando-o a superar ou combater indisposições* de qualquer tipo. Ele ajuda a vencer indisposições criadas por eventos geopatogênicos*.

POSIÇÃO Segure esta pedra, coloque-a no ambiente ou use-a no gradeamento, conforme o caso. *AVISO: Esta pedra pode ser cortada e vendida como Pedra Uluru (ver página 348).*

TINGUAÍTA

Polido

COR	Verde-claro a verde-escuro
APARÊNCIA	Pedra opaca com marcação semelhante à carapaça de tartaruga ou estrias
RARIDADE	Rara
ORIGEM	Rússia, Brasil, Suécia, Estados Unidos

ATRIBUTOS A Tinguaíta é útil quando você carrega "algo nas costas", seja isso um fardo, uma entidade, um imperativo mental ou uma disfunção estrutural. Liberando constrangimentos e repadronizando o campo de energia, ela ajuda você a ficar de pé e ereto novamente, confiante do seu próprio poder. Esta é uma pedra de integridade e sinceridade que melhora a sua autoestima.

CURA A Tinguaíta pode ajudar o sistema esquelético e as terminações nervosas, particularmente aquelas que saem da coluna vertebral.

POSIÇÃO Segure esta pedra, coloque-a no ambiente ou use-a no gradeamento, conforme o caso.

TITANITA (ESFENO)

Gema polida

COR	Verde, branco, incolor, cinza-preto, vermelho rosado (Greenovita)
APARÊNCIA	Cristal translúcido, pode ser facetado ou rolado
RARIDADE	Raro
ORIGEM	Brasil, Suíça, Áustria, Rússia, Canadá, Estados Unidos

ATRIBUTOS Este cristal de alta vibração é suave e, mesmo assim, altamente energético. Medite com a Titanita ou use-a como peça de joalheria para acelerar o seu desenvolvimento espiritual, pois ela abre todos os chakras, incluindo o da Coroa Superior. Conectando-se com os seres superiores, ela auxilia as viagens astrais* e expande a consciência, especialmente quando colocada sobre o Terceiro Olho. A Titanita supostamente facilita a compreensão de oráculos e métodos de adivinhação como o tarô ou a numerologia. Aguçando os sentidos, ela promove a flexibilidade mental e a intuição.

A Titanita é útil durante trabalhos de vidas passadas, pois traz conhecimentos para a superfície e ajuda você a desenergizar* e reprogramar o esquema kármico. Use a Titanita se achar que é difícil ouvir as outras pes-

LISTA DE CRISTAIS

soas ou para falar em público, visto que ela incentiva você a se abrir, para dar e receber informações sem se oprimir mentalmente.

Incentivando a recuperação emocional e o equilíbrio da oscilação de humor, a Titanita colocada sobre o coração e o plexo solar remove bloqueios que impedem o amor por si e que, se não tratados, podem criar indisposições* psicossomáticas.

A Titanita é útil para a cura das plantas. Coloque uma pedra no vaso ou no solo, perto das raízes. Também ajuda você a se ligar com os animais.

Esfeno Bruto na matriz

CURA A Titanita supostamente auxilia o sistema imunológico, os seios da face, os ossos, a pele, a boca, a gengiva, os dentes, os músculos e o tecido celular.

POSIÇÃO Segure esta pedra, coloque-a no ambiente ou use-a no gradeamento, conforme o caso. Borrife a essência em torno da aura.

TORBERNITA

Cristal bruto na matriz

COR	Verde
APARÊNCIA	Pedra opaca estriada
RARIDADE	Rara
ORIGEM	Estados Unidos, República Tcheca, França, México

ATRIBUTOS A Torbernita raramente é usada na cura com cristais, mas nas mãos de um terapeuta experiente este cristal pode ser útil para melhorar energeticamente os efeitos da radiação e dos raios X, ou para a cura da terra* em locais de poluição. Dizem que esta pedra abre e purifica o chakra do Coração e dissolve bloqueios à conexão com Tudo O Que É*, abrindo as capacidades metafísicas.

CURA Use sob a orientação de um profissional qualificado.

POSIÇÃO Use esta pedra como for mais apropriado. *CUIDADO: Radiativa, manuseie com cuidado. Mantenha-a envolta em papel-alumínio e armazene com Malaquita ou Quartzo Enfumaçado.*

LISTA DE CRISTAIS

TREMOLITA

Cristal bruto na matriz

COR	Verde, cinza, branco, cor-de-rosa, marrom
APARÊNCIA	Pedra opaca
RARIDADE	Razoavelmente fácil de obter
ORIGEM	Estados Unidos, Tanzânia

ATRIBUTOS Uma pedra de conhecimento mais elevado e conexão em muitos níveis, a Tremolita atrai as pessoas para você e o ajuda a ficar em contato com aquelas que estão longe. Se você projetar a imagem mental de uma pessoa sobre o cristal, ela traz essa pessoa para mais perto, seja em espírito ou fisicamente. Estimulando a glândula pineal e o Terceiro Olho, a Tremolita também conecta você com seres superiores, atraindo a orientação e o apoio de outras dimensões. Ela auxilia na leitura dos Registros Akáshicos* da sua alma.

Reforçando a confiança inata e ajudando-o a permanecer no momento presente, a Tremolita oferece força e coragem para pessoas que enfrentam uma situação difícil, especialmente aqueles com disposição nervosa. Ela combate a ansiedade ou o pânico e alivia a bagagem emocional, rompendo a negação. Útil para crianças emocionalmente sensíveis que não se entrosam com as outras, ela ajuda todos a se sentirem mais seguros. Sob o travesseiro, ela auxilia crianças que sofrem de pesadelos ou terrores noturnos.

Gradeie a Tremolita em ambientes agitados para restabelecer a paz e a tranquilidade.

CURA A Tremolita pode fortalecer os pulmões e é benéfica para quem apresenta dificuldades respiratórias, tais como asma e falta de ar devido a ataques de pânico. Estimula também os neurotransmissores.

POSIÇÃO Segure a pedra, posicione-a ou use-a no gradeamento, conforme o caso, especialmente em torno da cama. Use como joia sobre o timo. Borrife a essência em torno da aura.

PEDRA AMULETO ULURU

TAMBÉM CONHECIDA COMO PEDRA ALCHERINGA

Lasca de Uluru vendida como amuleto

COR	Bege-laranja-vermelho
APARÊNCIA	Pedra opaca trissecada
RARIDADE	Rara
ORIGEM	Austrália

ATRIBUTOS A Pedra Amuleto Uluru é sagrada para os aborígenes e deve ser tratada com o maior respeito. Desde que o local do Uluru (monólito australiano) foi devolvido aos seus guardiões tradicionais, não é mais possível pegar pedras ali, mas é possível obter uma Pedra Amuleto num local das proximidades que tenha a mesma vibração. Alguns "Amuletos Uluru" são lascas do Ovo de Trovão originários de locais mais distantes, mas eles ainda se conectam com as energias desse local sagrado. A pedra do monólito Uluru é dividida em três partes distintas por linhas na superfície. Conhecida como Alcheringa ou Filhos de Uluru, acredita-se que essa pedra garanta uma relação harmoniosa entre todas as criaturas, a natureza e a própria terra.

LISTA DE CRISTAIS

Uluru é o chakra do Plexo Solar do planeta e esta pedra nos ajuda a fazer uma reconexão emocional com a terra, para que possamos sentir os seus meridianos e poderosas energias com o coração, e não com a cabeça. Com a Pedra Amuleto Uluru, sabemos que o nosso planeta é um ser vivo sagrado e deve ser tratado com o máximo respeito e cuidado.

Esta pedra pode ser usada para se entrar no "*Dreamtime*" aborígene e para se estabelecer a conexão com a sabedoria e os mitos dos antigos. Ela tem poderosas qualidades de proteção e auxilia na cura da terra*, especialmente em lugares sagrados onde há grande tristeza por causa da perda do direito ao território nativo, como ocorreu em Uluru.

Fisicamente, dizem que esta pedra aumenta a resistência a doenças e estimula a vitalidade.

CURA A Pedra Amuleto Uluru supostamente limpa o sangue e protege o tecido conjuntivo, além de combater doenças de pele, erupções cutâneas e eczema. Alivia dores de cabeça e dores nas articulações causadas pelas condições meteorológicas, e tem um efeito benéfico sobre a mucosa do estômago, estabilizando o metabolismo e ajudando a circulação ao estimular o sistema nervoso.

POSIÇÃO Segure a pedra, posicione-a ou use-a no gradeamento, conforme o caso.

Formação natural

AVISO: Segundo dizem, a pedra mostrada à direita foi coletada perto do Uluru há muitos anos e pode não ser uma verdadeira Pedra Amuleto Uluru. A pedra na parte superior à esquerda é originária de um local nas proximidades e é vendida como a Pedra Amuleto Uluru. Veja também Ovo de Trovão (Ágata Monte Hay) à página 340.

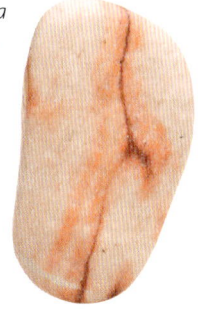

TURMALINA UVITA NA MAGNESITA

Bruta

COR	Verde sobre branco
APARÊNCIA	Cristais transparentes sobre matriz
RARIDADE	Rara
ORIGEM	Não confirmada, acredita-se que seja do Brasil

ATRIBUTOS Uma poderosa mistura de cristais, que une os chakras da Estrela da Terra, do Coração e da Coroa, esta combinação ancora a alma no corpo, promovendo o aterramento durante o trabalho metafísico. Equilibrando os hemisférios cerebrais, ela ajuda você a saber quem realmente é. A Turmalina Uvita na Magnesita promove uma paz profunda, estimula a visualização e ajuda você a se amar. Excelente para enviar amor incondicional a alguém que trilha um caminho autodestrutivo, incluindo você mesmo, esta pedra desenergiza* padrões nocivos.

CURA A Turmalina Uvita na Magnesita atua além do físico, reprogramando padrões destrutivos no esquema kármico* e etérico*.

POSIÇÃO Posicione a pedra ou use-a no gradeamento, conforme o caso. Borrife a essência em torno da aura ou no ar. *AVISO: Faça a essência pelo método indireto.*

VALENTINITA COM ESTIBNITA

Polido

COR	Prateado-cinza
APARÊNCIA	Pedra opaca, ligeiramente brilhante
RARIDADE	Combinação rara
ORIGEM	China

ATRIBUTOS Manuseada com cuidado, a Valentinita com Estibnita é uma valiosa pedra para a cura e as viagens astrais*. Conectando todos os chakras e separando a energia pura dos detritos tóxicos, ela libera entidades* presas na aura e cria um escudo para que nada possa voltar a se ligar a ela. A Valentinita é considerada a pedra do escritor, pois ajuda os trabalhos literários a serem publicados. Ela dá suporte na produção independente e na autopromoção por meio da tecnologia.

CURA Esta pedra pode ajudar a memória celular* e dissipar a rigidez.

POSIÇÃO Posicione a pedra, coloque-a no ambiente ou use-a no gradeamento, conforme o caso. *AVISO: Tóxica, manipule com cuidado e lave as mãos após o uso. Faça a essência só pelo método indireto.*

LISTA DE CRISTAIS

VICTORITA

Bruta

COR	Vermelho a violeta com preto e branco
APARÊNCIA	Cristais manchados na matriz
RARIDADE	Rara
ORIGEM	Sul da Índia

ATRIBUTOS A Victorita combina Espinela vermelha ou violeta com Biotita preta e Quartzo Neve para produzir um "pacote" de revitalização. A Espinela vermelha estimula a vitalidade física e dá força e resistência. Ela desperta o kundalini* e abre e alinha o chakra da Base, estimulando a criatividade. A Espinela Violeta desencadeia o desenvolvimento espiritual e facilita as viagens fora do corpo e a visão psíquica. A Biotita ajuda o seu corpo e sua aura a se desintoxicarem e a liberarem as energias negativas, de modo que todo o sistema se realinhe e a energia flua livremente através dos corpos físico e sutis* e a psique. O Quartzo Neve é tranquilo e energético, dando estabilidade e resistência ao corpo, uma vez que reenergiza os meridianos e os chakras.

A Victorita estimula todos os chakras da Raiz até a Coroa, incentivando a subida da energia kundalini, e abre os chakras da Coroa Superiores para receberem os *downloads* de energia de alta vibração. Ela coloca você em contato com sua alma e facilita a descoberta do seu propósito de vida. Esta combinação única lhe dá proteção e direção espiritual, e ajuda a ancorar o corpo de luz* na dimensão física.

CURA A Victorita é associada à revitalização e ao reequilíbrio do corpo, e não a doenças ou órgãos específicos, embora ela possa ajudar os órgãos reprodutivos. É uma excelente pedra para convalescença e para recuperação de traumas, uma vez que dá energia física e emocional.

POSIÇÃO Posicione a pedra, coloque-a no ambiente ou use-a no gradeamento, conforme o caso.

VOEGESITA

Rolada

COR	Marrom-cinza-branco
APARÊNCIA	Pedra opaca com manchas coloridas
RARIDADE	Razoavelmente fácil de obter
ORIGEM	China

ATRIBUTOS Apelidada de "pedra da inocência", a Voegesita estimula a unidade na diversidade e ajuda você a se dar bem com os demais. Oferece apoio, orientação e sabedoria para a jornada da vida, levando-o passo a passo, de mãos dadas, alma* a alma. Ajudando você a descobrir onde esteve, onde está agora, para onde está indo e exatamente com quem você está viajando, ela também mostra por que você está neste caminho. É uma pedra para curar cicatrizes interiores e liberar a sensação de estar contaminado ou imundo. A Voegesita é perfeita para o trabalho de aceitação profunda, especialmente de retirada das projeções e da aceitação do lado sombrio da sua natureza, para encontrar as dádivas que se encontram na parte rejeitada e reprimida do seu ser. Ela o ajuda a ver como e por que as pessoas são demonizadas e como é fácil interpretar mal os motivos, trazendo o perdão e a capacidade de reformular eventos passados.

Relacionada com o Louco do tarô, esta pedra leva você de volta à criança inocente que nasceu na vida presente, mas vai mais longe e remete também ao ser inocente original, que partiu para uma viagem da alma. É excelente para a cura de questões de vidas passadas que interferem nas vidas posteriores. Nem toda alma nasce inocente, muitas carregam na alma o fardo da culpa ou da vergonha de outras vidas. A Voegesita libera esse fardo. Se você acha que sua infância foi roubada, esta pedra ajuda você a esquecer isso, criando o calor de uma infância feliz e alimentando sua criança interior*. Ela também sintoniza você com os seus pais cósmicos e internos, que cuidam de você e o amam incondicionalmente, para que você aprenda a amar a si mesmo.

CURA Por lidar com questões anteriores ao nascimento, do nascimento e da infância, a Voegesita libera indisposições* psicossomáticas em todos os níveis. Ela estabiliza energeticamente o sistema reprodutivo e os rins.

POSIÇÃO Segure a pedra, posicione-a ou use-a no gradeamento, conforme o caso. Borrife a essência em torno da aura, especialmente em torno dos chakras do Coração, do Plexo Solar e do Sacro.

WINCHITA

Bruta

Bruta

COR	Amarelo-branco-manchas arroxeadas
APARÊNCIA	Pedra opaca
RARIDADE	Rara
ORIGEM	Não confirmada

ATRIBUTOS A sustentadora Winchita é a "pedra da tolerância", pois ajuda você a lidar pacientemente com as vicissitudes da vida e com os pontos fracos das outras pessoas. Encorajando-o a ouvir a voz da intuição, esta pedra o ajuda a reconhecer o valor das lições que a vida lhe dá por meio das tribulações, fortalecendo as suas percepções espirituais.

CURA A Winchita supostamente combate indisposições* autoimunes, ajudando os sistemas imunológico e metabólico. Acredita-se que ela seja útil para as articulações e para os dentes.

POSIÇÃO Segure a pedra, posicione-a ou use-a no gradeamento, conforme o caso.

PEDRA MARAVILHA

TAMBÉM CONHECIDA COMO WONDER STONE, PEDRA DO DR. LIESEGANG, JASPE BRUNEAU

Jaspe Bruneau

Pedra do Dr. Liesegang

COR	Marrom a cor de vinho
APARÊNCIA	Pedra opaca com bandas
RARIDADE	Cada vez mais fácil de obter
ORIGEM	Grand Canyon e outras regiões dos Estados Unidos

ATRIBUTOS Um tipo de Jaspe Riolita, também conhecida como Pedra do Dr. Liesegang ou Jaspe Bruneau, dependendo do lugar, esta pedra com bandas carrega o poder do elemento Água e ilustra a necessidade de levar emoções tumultuadas a um ponto de calma, de modo que a alma possa atingir seu verdadeiro potencial. Ela é útil para regressão a vidas passadas e para a meditação profunda.

CURA A Riolita fortalece a resistência natural do corpo. Ela é usada tradicionalmente para tratar varizes, erupções de pele, infecções e doenças de pele, além de melhorar a assimilação de vitamina B. Também pode dissolver cálculos renais e tratar tecidos endurecidos. Como essência, a Riolita fortalece e melhora o tônus muscular.

POSIÇÃO Coloque a pedra na testa para regressões a vidas passadas (sob a supervisão de um terapeuta experiente) e no plexo solar para liberar as emoções.

XENOTINA

Bruta

COR	Laranja amarronzado
APARÊNCIA	Pedra opaca
RARIDADE	Rara
ORIGEM	China

ATRIBUTOS A Xenotina ajuda você a curar as feridas do passado e a se manter sobre as próprias pernas. Ela estimula a sua vontade pessoal, para que os projetos se manifestem no aqui e agora, em vez de continuarem no campo dos sonhos. Se as pessoas não apoiam o seu bem maior ou drenam a sua energia, programe a Xenotina para afastá-las ou melhorar a interação. Use-a para neutralizar a impressão energética de ex-parceiros sexuais, especialmente quando ela está causando indisposição*. Útil se você tiver uma natureza codependente e achar difícil romper com um parceiro abusivo ou compulsivo; use-a se você está absorvendo ou dando muita energia. Mantenha-a com você se tiver medo de fazer ou dizer a coisa errada, uma vez que ela aumenta a autoconfiança e o ajuda a enfrentar situações difíceis.

CURA A Xenotina beneficia os intestinos e os órgãos reprodutivos.

POSIÇÃO Segure a pedra, use-a no gradeamento ou borrife a essência.

PEDRA Z

Bruta

COR	Cinza-preto, marrom
APARÊNCIA	Pedra opaca nodosa
RARIDADE	Rara
ORIGEM	Saara

ATRIBUTOS Uma concreção encontrada apenas no Saara, a Pedra Z abre o Terceiro Olho e o liga, por meio do chakra do Soma, aos chakras da Coroa e da Coroa Superior, possibilitando a viagem astral* e a expansão da consciência para as multidimensões. Servindo como uma ponte entre os níveis, ela é associada aos seres elementais e aos extraterrestres. É preciso uma intenção focada para o trabalho com essa pedra, que pode ser reforçada pela combinação com outros cristais como a Tugtupita, para abrir o chakra da Semente do Coração e proporcionar uma âncora para a consciência expandida. Ela trabalha bem com a Rodozita, o Brandenberg ou o Quartzo Trigônico.

CURA A Pedra Z atua além do corpo físico, mas pode potencializar a cura da terra*.

POSIÇÃO Segure a pedra, posicione-a ou use-a no gradeamento, conforme o caso. *AVISO: Faça a essência pelo método indireto.*

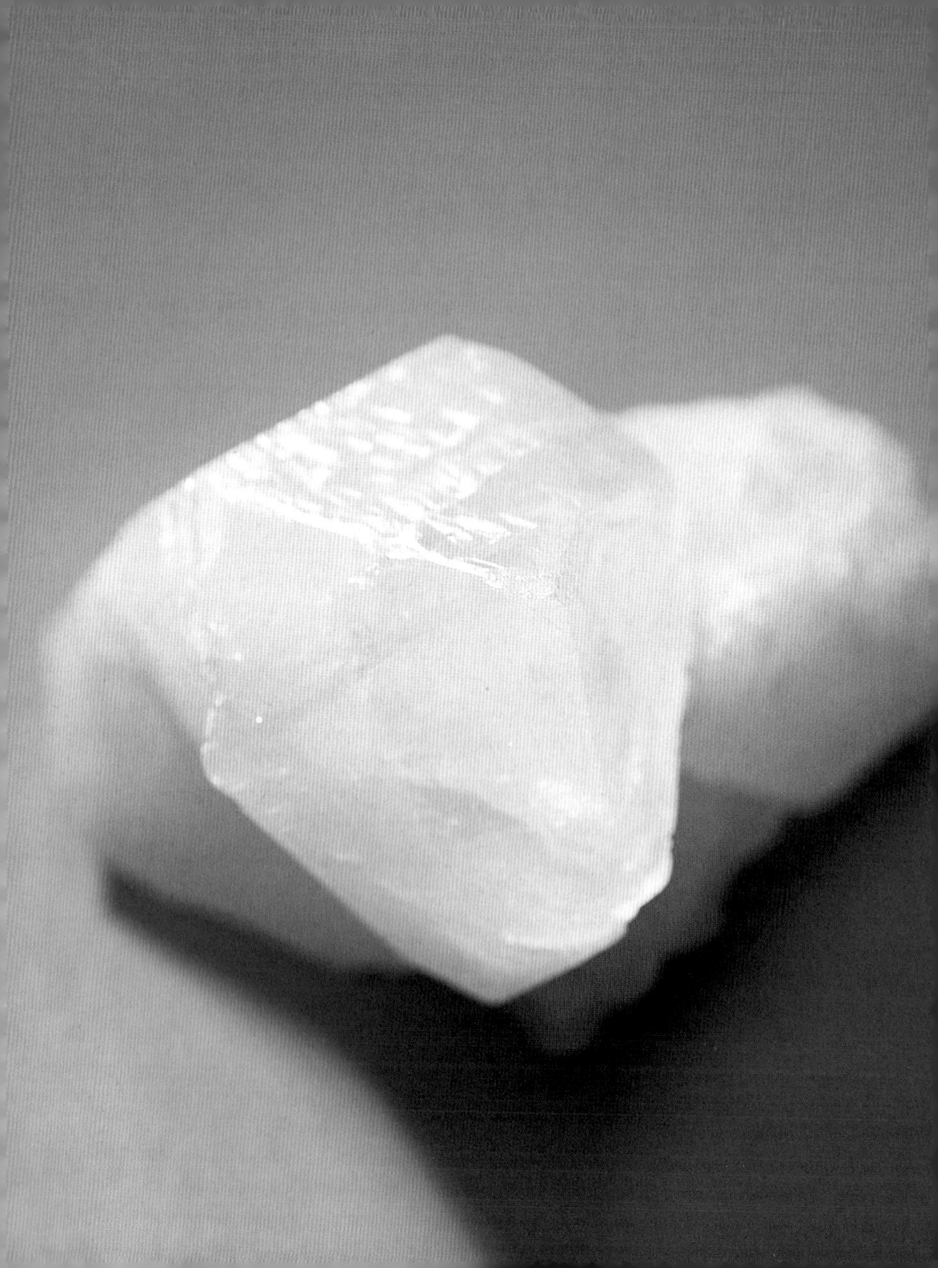

GUIA DE REFERÊNCIA RÁPIDA

Nesta seção informações essenciais facilitam o trabalho com os cristais, mostrando como limpá-los e ativá-los. Você vai encontrar ainda associações com os chakras tradicionais e dois chakras que talvez não conheça: o da Palma ou Manifestação, e o Alta-Maior, juntamente com a anatomia física e sutil, cujo conhecimento é imprescindível para que posicione com eficiência os cristais. As instruções sobre a radiestesia com os dedos também o ajudarão a selecionar as pedras mais apropriadas.

As essências de pedras são uma excelente maneira de usar a energia dos cristais. Elas podem ser borrifadas num cômodo, esfregadas no pulso ou sobre um órgão, ou ingeridas de acordo com as instruções de um especialista em essências ou em terapia com cristais. Essas essências energéticas suaves atuam de maneira sutil para efetuar mudanças, geralmente no nível emocional ou psicológico, mas também são excelentes purificadores de ambiente e intensificadores de energia.

COMO DESPERTAR OS CRISTAIS

Os cristais só funcionam quando são ativados. Mas antes eles precisam ser purificados, e posteriormente vão exigir uma limpeza regular para que continuem a atuar com a máxima eficácia.

COMO LIMPAR O SEU CRISTAL

Se o seu cristal não é solúvel em água, não esfarela nem é formado por camadas, segure-o sob a água corrente durante alguns minutos e então coloque-o sob a luz do Sol ou da Lua por algumas horas para reenergizá-lo. Cristais delicados podem ser imersos em arroz integral ou purificados com sons, luzes ou a fumaça de incenso. Você também pode usar sal para purificá-lo, caso o cristal não tenha camadas, não corra o risco de esfarelar nem seja muito delicado.

COMO ATIVAR O SEU CRISTAL

Segure o cristal nas mãos, concentre-se nele e diga em voz alta, "Eu dedico este cristal ao bem maior de todos que entrarem em contato com ele". Se você quiser "programar" o cristal para atingir um propósito específico, afirme com clareza o que você quer.

COMO GUARDAR O SEU CRISTAL

Como as pedras delicadas podem se danificar com facilidade, convém guardá-las num saquinho quando não estiverem em uso ou exposição. Se você costuma deixar os seus cristais expostos, lembre-se de que a luz solar forte desbota as cores das pedras.

COMO ESCOLHER OS SEUS CRISTAIS

Se você quer escolher um cristal para um propósito específico, a Lista de Cristais e o Índice Remissivo o ajudarão a escolher o cristal certo para você. Verifique as possibilidades no Índice e depois leia sobre as propriedades do cristal na Lista. Você também pode escolher um cristal ao acaso. Confie na sua intuição. Procure aquele que "piscar" para você quando estiver numa loja de cristais, folhear a Lista de Cristais deste livro ou navegar na internet. Não há dúvida de que haverá muitas possibilidades. Segure vários nas mãos, deixe que um deles atraia a sua atenção ou coloque a mão dentro de uma tigela cheia de cristais e deixe que seus dedos se sintam atraídos por um deles. Se o cristal formigar na sua mão, pode apostar que é o certo. Lembre-se de que os cristais maiores ou mais bonitos não são necessariamente os mais poderosos. Os pequenos e irregulares podem ser extremamente eficazes. Uma alternativa é usar um pêndulo ou a radiestesia para ajudá-lo a escolher o mais apropriado no seu caso.

COMO ESCOLHER O SEU CRISTAL POR MEIO DA RADIESTESIA COM OS DEDOS

Este método estimula a sua intuição corporal, ajudando-o a escolher com precisão o cristal certo para as suas necessidades ou para responder às suas perguntas.

1 *Comece fazendo um elo com o dedo indicador e o polegar, conforme a ilustração.*

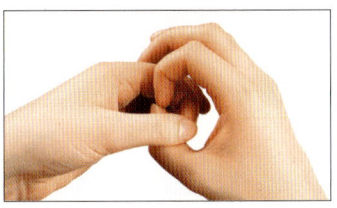

2 *Faça outro elo com os dedos indicador e o polegar da outra mão, transpassado no primeiro. Então contemple um cristal ou a fotografia de um cristal. Faça a sua pergunta.*

3 *Puxe com firmeza. Se os elos se abrirem, a resposta para a sua pergunta é não. Se eles se mantiverem fechados, a resposta para a sua pergunta é sim.*

GUIA DE REFERÊNCIA RÁPIDA

ANATOMIA DO CORPO FÍSICO E DOS CORPOS SUTIS

Conheça o local exato dos órgãos internos e dos chakras sutis e dos meridianos* de energia do corpo para saber como posicionar os cristais de modo a obter o seu efeito máximo.

ANATOMIA DO CORPO FÍSICO

Cérebro
Olho
Dentes
Orelha
Pescoço
Ombro
Tecido muscular
Pulmão
Estômago
Baço
Braço
Intestinos
Apêndice
Próstata
Testículos
Mão
Sistema ósseo
Sistema nervoso
Medula óssea

Glândula pineal
Glândula pituitária
Maxilar
Garganta
Tireoide
Timo
Coração
Fígado
Vesícula biliar
Rim
Pâncreas
Coluna vertebral
Tubas de Falópio
Sistema reprodutor
Bexiga
Sistema circulatório
Veias
Joelho
Pele
Pé

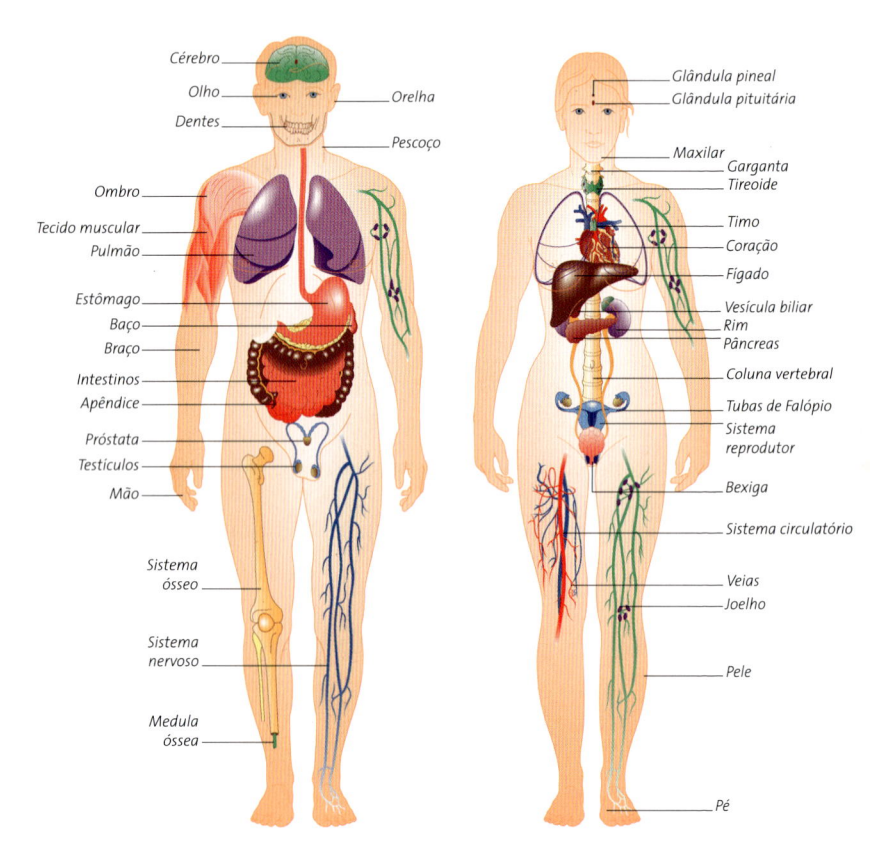

GUIA DE REFERÊNCIA RÁPIDA

ANATOMIA SUTIL: CHAKRAS E ESQUEMAS ETÉRICOS

1. CHAKRA DA TERRA SUPERIOR Um pouco acima dos pés: ponto de ligação com o campo etérico da terra
2. CHAKRA DA ESTRELA DA TERRA Entre os pés: ponto de ligação com a terra
3. CHAKRA DA BASE No períneo: centro sexual e criativo
4. CHAKRA DO SACRO Um pouco abaixo do umbigo: o outro centro sexual e criativo
5. CHAKRA DO PLEXO SOLAR No plexo solar: centro emocional
6. CHAKRA DA SEMENTE DO CORAÇÃO Na base do esterno; local da lembrança da alma
7. CHAKRA ESPLÊNICO Sob a axila esquerda; local onde pode haver vazamento de energia
8. CHACKRA DO CORAÇÃO Sobre o coração físico; o centro do amor
9. CHAKRA DO CORAÇÃO SUPERIOR Sobre o timo; centro da imunidade
10. CHAKRA DA GARGANTA Sobre a garganta; centro da verdade
11. CHAKRA DAS VIDAS PASSADAS OU ALTA-MAIOR Bem atrás das orelhas; guarda informações de vidas passadas
12. CHAKRA DO TERCEIRO OLHO Entre as sobrancelhas e a linha do cabelo; centro da visão interior
13. CHAKRA DO SOMA Na linha do cabelo, sobre o Terceiro Olho; centro da identidade espiritual e da ativação da consciência
14. CHAKRA DA COROA No topo da cabeça; ponto de conexão espiritual
15. CHAKRA DA COROA SUPERIOR Acima do topo da cabeça; ponto de ligação para o espírito
16. CHAKRA DA ESTRELA DA ALMA Uns trinta centímetros acima do topo da cabeça; ponto de ligação para os corpos espiritual e sutis*, por meio do qual as energias mais altas podem ser ancoradas ou as vibrações físicas podem se elevar
17. CHAKRA DO PORTAL ESTELAR Acima do chakra da Estrela da Alma; portal cósmico para outros mundos
18. CHAKRA ALTA-MAIOR Na cabeça, expansão da consciência
19. CHAKRA DA MANIFESTAÇÃO/CHAKRA DA PALMA Cura e manifestação

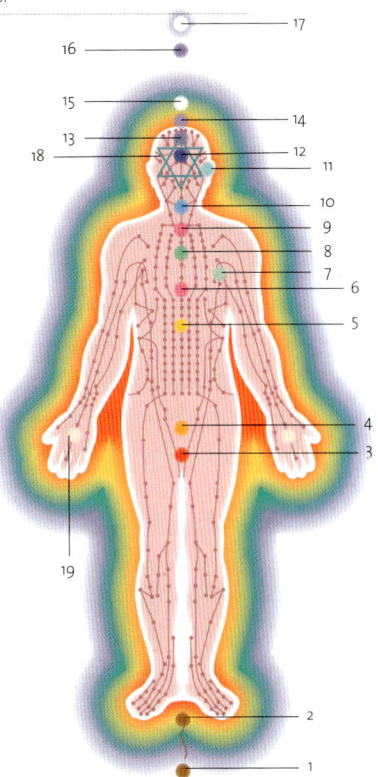

ASSOCIAÇÕES COM OS CHAKRAS

CHAKRA	COR	POSIÇÃO	QUESTÕES RELACIONADAS
DA TERRA SUPERIOR E DA ESTRELA DA TERRA	Marrom	Abaixo dos pés	Conexão material
DA BASE	Vermelho	Base da coluna vertebral	Instintos de sobrevivência
DO SACRO	Cor de laranja	Abaixo do umbigo	Criatividade e procriação
DO PLEXO SOLAR	Amarelo	Acima do umbigo	Conexão emocional e assimilação
DA SEMENTE DO CORAÇÃO	Cor-de-rosa	Base do esterno	Lembranças da alma
ESPLÊNICO	Verde-claro	Sob o braço esquerdo	Filtragem de energia
DO CORAÇÃO	Verde	Sobre o coração	Amor
DO CORAÇÃO SUPERIOR	Cor-de-rosa	Sobre o timo	Amor incondicional

QUALIDADES POSITIVAS	QUALIDADES NEGATIVAS
ancorado, prático, funciona bem na realidade diária	Não ancorado, sem senso de poder, incapaz de operar na realidade diária, capaz de absorver negatividade
segurança básica, senso de poder pessoal, liderança espontânea; ativo, independente	Impaciência, medo da aniquilação, desejo de morte, violência, raiva; obcecado por sexo ou impotente, vingativo, hiperativo, impulsivo, manipulativo
assertivo, confiante, fertilidade, coragem, alegria, sexualidade, prazer sensual, aceitação da identidade sexual	Baixa autoestima, infertilidade, crueldade, inferioridade, preguiça, pendências emocionais ou formas-pensamento; pretensioso, conflitos com relação ao gênero sexual
empatia; boa utilização da energia, organização, lógica, inteligência ativa	Má utilização da energia, bagagem emocional, vazamento de energia; ociosidade, sentimentalismo ou frieza, cinismo, costume de assumir a responsabilidade pelos problemas ou sentimentos dos outros
lembrança da razão para a encarnação, conexão com o plano divino, instrumentos disponíveis para manifestar o potencial	Desarraigado, sem propósito, perdido
autocontrole, poderoso	Exausto e fácil de manipular
amoroso, generoso, compassivo, carinhoso, flexível, autoconfiante, tolerante	Desligado dos sentimentos, incapaz de demonstrar amor, ciumento, possessivo, inseguro, mesquinho ou resistente à mudança
compassivo, empático, carinhoso, disposto a perdoar, espiritualmente conectado	Desinteresse pelo espiritual, magoado, carente; incapacidade de expressar sentimentos

ASSOCIAÇÕES COM OS CHAKRAS – CONTINUAÇÃO

CHAKRA	COR	POSIÇÃO	QUESTÕES RELACIONADAS
DA GARGANTA	Azul	Garganta	Comunicação
DE VIDAS PASSADAS	Turquesa-verde claros	Atrás das orelhas	Qualquer coisa trazida de vidas passadas
DO TERCEIRO OLHO	Azul-escuro	Testa	Intuição e conexão mental
DO SOMA	Lavanda	Centro da linha do cabelo	Conexão espiritual
DA COROA	Violeta	Topo da cabeça	Conexão espiritual
DA COROA SUPERIOR	Branco	Acima da cabeça	Iluminação espiritual
DA ESTRELA DA ALMA	Lavanda/branco	30 cm acima da cabeça	Conexão anímica e iluminação do eu mais elevado
DO PORTAL ESTELAR	Branco	Acima do chakra da Estrela da Alma	Passagem cósmica para outros mundos

GUIA DE REFERÊNCIA RÁPIDA

QUALIDADES POSITIVAS	QUALIDADES NEGATIVAS
...paz de falar a própria verdade, ...ceptivo, idealista, leal	Incapaz de verbalizar pensamentos ou sentimentos, sensação de estar impedido de progredir, dogmático, desleal
...bedoria, perspicácia na vida, ...nhecimento instintivo	Bagagem emocional, insegurança, questões inacabadas
...tuitivo, perceptivo, visionário, presente ...o momento	Confuso ou desorientado, medroso, apegado ao passado, supersticioso, bombardeado pelos pensamentos de outras pessoas
...spiritualmente atento e plenamente ...nsciente	Afastado da fonte de sustentação espiritual e do sentimento de conexão interior
...ístico, criativo, humanitário, prestativo	Imaginação doentia, cheio de ilusões, arrogante, usa o poder para controlar os outros
...spiritualizado, sintonizado com temas ...aiores, iluminado; verdadeira ...umildade	Desorientado e aberto à invasão, ilusões e autoenganos
...onexão suprema com a alma, alma e ...orpo físico interconectados e com uma ...evada frequência de luz; comunicação ...om a intenção anímica, perspectiva ...ojetiva com relação a vidas passadas	Fragmentação da alma, abertura para invasão extraterrestre, complexo de messias; resgata em vez de fortalecer outras pessoas
...onectado com as mais elevadas ...nergias do cosmo e além dele, ...omunicação com seres iluminados	Desintegração; abertura para informação cósmica equivocada, incapacidade de viver bem

OS CHAKRAS "NOVOS"

O conhecimento dos chakras adicionais aumenta muito a sua experiência com cristais. Esses chakras estão sendo ativados para facilitar a assimilação de energia dimensional mais elevada, mas você pode descobrir que já os vem usando há algum tempo sem estar necessariamente consciente deles. Todos os agentes de cura usam seus chakras da Palma e, se você meditar regularmente, especialmente ao segurar cristais de alta vibração, provavelmente vai perceber que o seu chakra Alta-Maior foi ativado. Mas, se não foi, você em breve poderá ter esses poderosos pontos de energia trabalhando por você.

O PODER DOS CHAKRAS

A maioria das pessoas conhece os sete chakras tradicionais dispostos ao longo da coluna (ver página 365). No entanto, há muitos outros chakras nas ilustrações mais antigas dos sistemas de chakras. Dois dos chamados chakras "menores", que estão firmemente ligados ao plano terreno, estão longe de serem "menores" em seus efeitos. E o chakra Alta-Maior, localizado no crânio, desempenha um papel fundamental na expansão da consciência e da capacidade de alcançar a consciência multidimensional.

OS CHAKRAS DA PALMA

Os chakras de manifestação e de cura na palma da sua mão são os que você usa para sentir as energias dos cristais e para canalizar a cura. Esses chakras são receptivos (recebem energia) e expressivos (irradiam energia). Portanto eles estão intimamente ligados com a sua capacidade de receber e gerar. O chakra da Palma, quando está em pleno funcionamento, ajuda você a receber a energia do universo – ou de seus cristais – e canalizar essa energia para o seu campo energético. Existe um processo contínuo de dar e receber energia e você vai ter uma consciência expandida e mais criatividade.

PARA ATIVAR OS CHAKRAS DA PALMA

Os chakras estão localizados no centro das suas palmas, mas a energia se irradia pelas ponta dos dedos e até pelos cotovelos. Se você esfregar as mãos vivamente e juntá-las com os dedos formando um V invertido e as palmas quase se tocando, esses chakras vão formigar e pulsar. É como se houvesse uma bola de energia entre suas palmas.

PARA ABRIR OS CHAKRAS
- Declare a sua intenção de abrir os chakras da Palma.
- Abra e feche rapidamente os dedos cinco ou seis vezes.
- Concentre sua atenção na palma da mão direita e, em seguida, na esquerda. (Se você é canhoto, inverta o processo.) Imagine-as se abrindo como pétalas. O centro das palmas vai ficar quente e energizado.
- Junte as mãos. Pare assim que sentir a energia dos dois chakras se unindo.
- Se você juntou as mãos com os dedos se tocando, mude a posição delas, para que apontem em direções opostas. Coloque a mão direita em cima da esquerda, com as palmas voltadas para fora. Você vai em breve aprender a reconhecer o que funciona melhor no seu caso.
- Com um pouco de prática, você será capaz de abrir os chakras simplesmente concentrando a sua atenção neles.

- Coloque uma ponta de cristal na mão. Sinta as energias que irradiam na palma da sua mão. Vire a ponta em direção ao seu braço e, em seguida, em direção aos seus dedos. Sinta a direção do fluxo de energia. (As pontas canalizam a energia na direção para a qual estão voltadas.)

O CHAKRA ALTA-MAIOR

O chakra Alta-Maior é um fator importante na aceleração e na expansão da consciência. Uma âncora para a estrutura de energia multidimensional conhecida como corpo de luz*, ele está relacionado à visão metafísica e à percepção intuitiva, e lhe permite ver o quadro maior. Com sua base no cerebelo, esse chakra detém informações valiosas sobre o nosso passado ancestral e sobre padrões arraigados que regem a vida humana e a consciência. Este chakra contém o seu karma de vidas passadas e os acordos contratuais feitos com seu Eu Superior e outras pessoas antes de encarnar. Sua ativação permite que você leia o plano da sua alma*.

Intimamente ligado ao funcionamento metafísico da glândula pineal e da consciência expandida, o Alta-Maior cria uma complexa forma geométrica semelhante ao merkaba dentro e ao redor do crânio, que se estende desde a base do crânio até o topo da cabeça, conectando os chakras das Vidas Passadas e do Soma, o hipocampo, o hipotálamo, as glândulas pineal e pituitária com os chakras do Terceiro Olho e da Coroa Superior. Sua ligação com o chakra da Garganta facilita a expressão de informações oriundas de dimensões mais elevadas. Muitos dos novos cristais de alta vibração ativam o Alta-Maior e facilitam a consciência multidimensional e a capacidade de estar em várias dimensões ao mesmo tempo.

A glândula pineal, ou Terceiro Olho, trabalha em conjunto com a estrutura energética sutil do Alta-Maior. A pineal contém a cristalina hidroxiapatita (encontrada na Apatita, na Fluorapatita e em outros cristais), que detém informações cristalinas e atua como uma estrutura energética multidimensional nas quais ancoram as energias vibracionais mais elevadas. Tem sido postulado que a glândula pineal segrega DMT [dimetiltiptamina], muitas vezes chamada de "molécula de espírito". Uma substância psicodélica natural, a DMT está relacionada a experiências fora do corpo e de quase morte e em outras experiências humanas excepcionais que levam a alma a multidimensões. Assim, quando o Alta-Maior é ativado junto com a glândula pineal, ou o chakra do Terceiro Olho, as capacidades metafísicas, especialmente a telepatia e a visão remota, funcionam com muito mais clareza.

Função positiva A abertura do Alta-Maior cria um caminho direto para o seu subconsciente e para a sua mente intuitiva. Esse chakra permite que você conheça instintivamente o seu propósito espiritual. O próprio Alta-Maior supostamente tem sido impresso com "códigos divinos" que, quando ativados, permitirão que o amor divino e a evolução cósmica se manifestem plenamente na terra. Os cristais de vibração alta agem como ativadores desses códigos.

Desequilíbrios negativos no chakra Alta-Maior se expressam na forma de doenças nos olhos, ciscos nos olhos, catarata, enxaqueca, dores de cabeça e sensação de confusão, tonturas ou "flutuando", perda de senso de propósito e depressão espiritual.

GRADEAMENTOS PARA A CURA

O gradeamento é a arte de dispor pedras para criar uma malha energética que proteja e energize o ambiente. O jeito mais fácil de gradear um cômodo ou outro espaço é colocar um cristal em cada canto, criando uma rede energética que abranja todo o cômodo. Junte os cristais com uma varinha ou um cristal pontudo, como o Lemuriano, ao fazer a grade. As varinhas são os instrumentos tradicionais dos xamãs, dos agentes de cura e dos metafísicos. Segundo se diz, as varinhas mágicas dos mitos e das lendas eram usadas por magos de cura com cristais nas antigas civilizações da Atlântida e da Lemúria. As varinhas têm a capacidade de concentrar energia através de uma das extremidades, e sua capacidade de cura pode se expandir muito mais quando usada com uma intenção (ver a página 362). Quando usar uma varinha, é importante deixar conscientemente que a energia de cura universal flua pelo seu chakra da Coroa e atravesse o braço com que segura a varinha e ela própria, onde a energia será ampliada e emitida. (Não tente usar a sua própria energia para fazer isso, pois você se sentirá fraco e esgotado, e precisará de cura.) Lembre-se de purificar e ativar os cristais antes de usá-los, definindo a sua intenção claramente (ver página 362).

TRIANGULAÇÃO

O gradeamento em triângulo é muito eficiente para neutralizar energias negativas e gerar energia positiva.

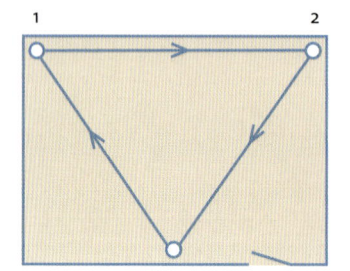

Coloque um cristal centralizado numa parede e outros dois nas extremidades da parede oposta, formando um triângulo, de preferência de ângulos iguais. Se quiser gradear a casa inteira, as linhas de força precisarão atravessar as paredes, por isso ligue os pontos com uma varinha para fortalecer a grade (ver página oposta).

ZIGUE-ZAGUE

O traçado em zigue-zague é particularmente útil no caso da síndrome do edifício doente e de poluição ambiental. Disponha os cristais apropriados como é mostrado no diagrama, lembrando-se de voltar à pedra posicionada em primeiro lugar. Purifique as pedras regularmente.

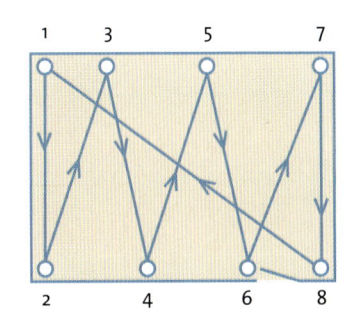

ESTRELA DE CINCO PONTAS

Este é um traçado de proteção, ou de evocação de amor e cura, muito útil para estimular a produção de energia. Siga a direção das setas mostradas no diagrama quando posicionar os cristais e lembre-se de voltar ao primeiro cristal para completar o circuito. Como a estrela de Davi, esse traçado pode ser usado para gradear o corpo, um cômodo ou outro ambiente.

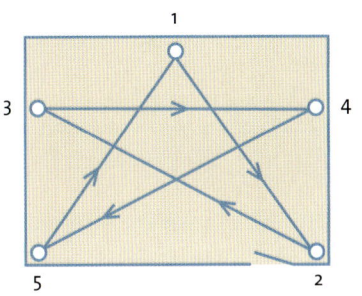

ESTRELA DE DAVI

A estrela de Davi é um traçado tradicional de proteção, mas ela também cria um espaço de manifestação ideal quando traçada com a Opala Honduras, a Pedra da Lua Negra ou outras pedras de abundância. Faça o primeiro triângulo e ligue os pontos, depois faça o segundo sobre o primeiro, de ponta-cabeça. Ligue os pontos. Use a Tantalita ou outra pedra de proteção para neutralizar malevolência*.

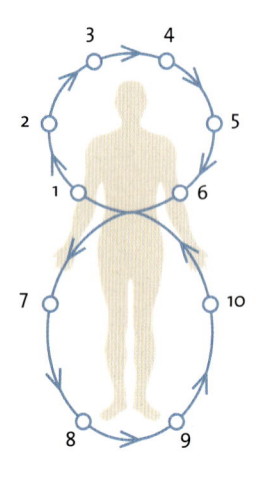

FIGURA DO OITO

Este traçado atrai a energia espiritual para o seu corpo e funde-a com a energia da terra absorvida pelos seus pés, para criar o equilíbrio perfeito. Ele também propicia um ancoramento* cósmico para posicionar você entre o núcleo da terra e o centro da galáxia, criando uma solidez que o deixa invulnerável às mudanças energéticas e canaliza a energia de vibração elevada do interior da terra. Coloque pedras de vibração elevada, como a Auralita 23, o Quartzo Aurora ou o Quartzo Trigônico, acima da cintura até o topo da cabeça, e pedras de ancoramento, como o Basalto, a Osso de Dinossauro ou a Gabro, abaixo da cintura até os pés. Lembre-se de completar o circuito até a primeira pedra posicionada.

GUIA DE REFERÊNCIA RÁPIDA

COMO FAZER UMA ESSÊNCIA DE PEDRAS

Como os cristais funcionam com base na ressonância e na frequência, a vibração deles é facilmente transferida para a água. Para fazer uma essência de pedras, purifique o seu cristal e o coloque numa tigela de vidro limpa. Cubra o cristal com água mineral. (Método indireto: Se o cristal for tóxico, estratificado, solúvel ou frágil, coloque-o numa tigela de vidro limpa e depois coloque essa tigela dentro da água.) Deixe a tigela no Sol ou à luz da Lua durante seis a doze horas. Retire o cristal da água. Adicione dois terços de conhaque, vodca ou vinagre de maçã para preservar a essência. Engarrafe a essência num frasco de vidro limpo. Essa é a tintura-mãe, que precisará ser diluída posteriormente.

COMO USAR A ESSÊNCIA DE PEDRAS

Adicione sete gotas da tintura num frasco de vidro com conta-gotas e complete com um terço de conhaque e dois terços de água, caso a intenção seja tomar por via oral ou esfregar na pele. Se desejar pingar as gotas nos olhos, não acrescente álcool em nenhuma das etapas. Beba em pequenos goles a intervalos regulares, massageie a pele com ele ou banhe com a essência as regiões afetadas do corpo. Algumas gotas da essência podem ser adicionadas a um frasco de água em spray. Borrife-as pela casa ou pelo local de trabalho. Borrife a essência em torno da aura colocando algumas gotas nas mãos e passando-as a uns trinta centímetros do corpo.

Coloque o cristal numa tigela de vidro limpa com água.

Coloque numa garrafa de vidro limpa dois terços de conhaque ou vinagre de maçã.

GLOSSÁRIO

ALMA Veículo para transportar o espírito eterno. As partes da alma são fragmentos anímicos não presentes nesta encarnação, que incluem mas não são limitadas por fragmentos que se dividiram (ver também resgate da alma).

ALMA, IMPERATIVOS DA Questões não resolvidas de vidas passadas que exercem influência inconscientemente sobre a vida presente. Inclui promessas e propósitos de vidas passadas que motivam a alma ao longo das vidas e atraem parceiros de vidas passadas para a nossa órbita sob a aparência de amantes ou inimigos.

ÂNCORA CÓSMICA E XAMÂNICA Condutor de energia sutil, semelhante a um tubo, que desce pela linha central do corpo, passando pelo chakra da Terra, até o centro da terra, e pelo chakra da Estrela da Alma, acima da cabeça, até o centro galáctico. Ele estabiliza a energia e proporciona um cabo de ancoragem para o corpo de luz, de modo que ele possa lidar com as mudanças energéticas do planeta, assimilar energias de vibração elevada e, se preciso, ancorá-las no planeta.

ANCORAMENTO Criar uma forte conexão entre a alma de uma pessoa, seu corpo físico e o planeta.

ANÍMICOS, VÍNCULOS Ligações entre os membros de um grupo anímico.

ASCENSÃO, PROCESSO DE Meio pelo qual as pessoas na terra procuram elevar as suas vibrações físicas e espirituais.

ATAQUE PSÍQUICO Pensamentos ou sentimentos malevolentes, dirigidos consciente ou inconscientemente a outra pessoa, e que podem provocar indisposição ou perturbações na vida dessa pessoa.

BIOESCALAR, ENERGIA/ONDA Campo de energia criado quando dois campos eletromagnéticos neutralizam um ao outro, influenciando diretamente o tecido no nível microscópico e propiciando um equilíbrio terapêutico.

BIOMAGNÉTICA, ENERGIA O corpo humano, como todas as coisas vivas, inclusive os cristais, é rodeado por um campo de energia eletromagnética sutil e organizado, conhecido como aura ou revestimento biomagnético.

CAMADAS DA ALMA Intenções desatualizadas de outras vidas que ainda motivam a alma.

GLOSSÁRIO

CAMPOS ENERGÉTICOS SUTIS Campos de energia invisível mas detectável que cerca todos os seres vivos.

CANAL CENTRAL Tubo energético que passa pelo centro do corpo (perto da coluna vertebral) e liga os chakras à consciência mais elevada. O trajeto da energia kundalini.

CANALIZAÇÃO Processo pelo qual a informação é transmitida de um espírito desencarnado para ou através de um ser encarnado.

CAPACIDADES METAFÍSICAS Capacidades como clarividência, telepatia e cura.

CHAKRA Ponto de ligação energético entre o corpo físico e os corpos sutis. O mau funcionamento dos chakras causa indisposições ou distúrbios físicos, emocionais, mentais ou espirituais.

CONSCIÊNCIA DE POBREZA Crença arraigada segundo a qual a pobreza e a escassez são, de algum modo, certas e meritórias.

CONSCIÊNCIA EXPANDIDA/CONSCIÊNCIA Um espectro expandido da consciência que abrange as frequências ancoradas, mais baixas, da terra e as frequências mais elevadas das multidimensões. O estado de consciência expandida facilita o acesso a cada nível da realidade e a todas as estruturas temporais simultaneamente.

CORPO DE LUZ Corpo energético sutil que vibra em elevada frequência. Veículo para o espírito.

CORPO ETÉRICO O revestimento bioenergético sutil que cerca o corpo físico.

CORPOS SUTIS Camadas do Revestimento Biomagnético.

CRENÇAS NUCLEARES Crenças antigas, profundamente arraigadas, muitas vezes inconscientes, que são transmitidas através da linhagem ancestral ou da linhagem da alma.

CRIANÇA INTERIOR Parte da personalidade que permanece inocente e infantil (mas não infantilizada), ou que pode ter sido vítima de abusos e traumas que requerem cura.

DAN-TIEN Pequena esfera rotatória geradora de força, localizada sobre o chakra do Sacro. Quando essa esfera está exaurida ou vazia, a energia criativa não flui apropriadamente e cria um desequilíbrio. A drenagem dessa energia acontece por meio do ato sexual sem amor, do excesso de trabalho e do vampirismo psíquico.

DESAFIO DE CURA Intensificação temporária dos sintomas ou liberação catártica.

DESENERGIZAR Retirar a carga emocional de uma emoção ou construto mental negativo para abrir espaço para que um sentimento ou crença positiva se expresse.

DRAGÃO, ENERGIA DO Energia kundalini natural da terra ou energia telúrica é transportada por correntes de dragão ao longo de toda a grade de meridianos.

ENTIDADE Espírito desencarnado que vaga num plano próximo à terra e pode se prender a um ser encarnado.

ENTIDADES PRESAS À AURA Espíritos ou formas alienígenas presas ao revestimento biomagnético de uma pessoa viva.

ENTIDADES, ENCAMINHAMENTO/LIBERTAÇÃO ESPIRITUAL DE Ato de afastar um espírito desencarnado e encaminhá-lo para a dimensão extrafísica a que ele pertence.

ESQUEMA ETÉRICO Programa energético sutil a partir do qual os corpos físico e sutis são construídos. Ele carrega impressões, indisposições, lesões e crenças de vidas passadas que as condições da vida presente podem refletir.

ESTADO ENTRE-VIDAS Estado vibratório em que a alma reside entre as encarnações.

ESTADO PRÉ-NASCIMENTO/ENTRE VIDAS Dimensão habitada pela alma antes do nascimento.

ESTRESSE GEOPÁTICO OU GEOPATÓGENOS Todo estresse telúrico e fisiológico causado por distúrbios energéticos provocados por correntes de água subterrâneas, linhas de força, linhas ley e outros eventos subterrâneos.

FORMAS-PENSAMENTO Formas criadas por fortes pensamentos positivos ou negativos que existem no nível etérico ou espiritual e afetam o funcionamento mental de uma pessoa.

GRADE PLANETÁRIA Linhas de energia da terra, sutis e invisíveis, que cobrem o planeta como uma teia de aranha.

GRADEAMENTO/GRADES Cristais posicionados em torno de um edifício, pessoa ou lugar para intensificação das energias ou proteção – a posição dos cristais é identificada com mais precisão por meio da radiestesia.

GLOSSÁRIO

GRUPO ANÍMICO Agrupamento de almas que viajaram juntas através do tempo; todas ou algumas delas estão encarnadas.

HUMOR Na astrologia e medicina medievais, as pessoas eram divididas em quatro humores, cada um expressando um tipo específico de personalidade.

IMPLANTE ENERGÉTICO Vibração, pensamento ou emoções negativas implantadas no corpo sutil por fontes externas.

IMPOSTOR, SÍNDROME DO Sentimento de que você não é qualificado para fazer um trabalho ou assumir um papel, ou está agindo sob falsos pretextos.

INCISÕES EMPÁTICAS Pequenas lascas ou cortes num cristal indicam que o cristal sabe o que é sentir dor e, portanto, se esforçará para curar e reequilibrar. As incisões empáticas podem não ser belas, mas deixam o cristal mais poderoso.

INDISPOSIÇÃO Estado causado por desequilíbrios físicos, sentimentos bloqueados, emoções reprimidas e pensamentos negativos que, se não revertido, pode levar a doenças.

INFLUÊNCIAS MENTAIS Efeito dos pensamentos e opiniões fortes de terceiros sobre a mente de uma pessoa.

INTERFACE ENERGÉTICA Um ponto de encontro de campos de energia que pode ser pessoal, metafísico ou planetário. Uma interface permite que a cura e atividade psíquica ocorram sem drenagem da sua energia biomagnética ou invasão do seu espaço pessoal.

INTERFACE Onde dois campos de energia se encontram.

KÁRMICO Experiências ou lições originárias de encarnações passadas ou pertencentes a elas. Débitos, crenças e emoções como culpa são trazidos para a vida presente e criam indisposições, mas também é possível ter acesso aos créditos e à sabedoria de outras vidas para sanar esses débitos e emoções do passado.

KUNDALINI Energia interior espiritual, sutil e sexual, que reside na base da coluna vertebral, e desperta sobe até o chakra da Coroa. O planeta também tem energia kundalini.

KYTHING A comunicação nos dois sentidos com seres desencarnados.

LÂMINA, FORMATO DE Cristal plano, extremamente útil para eliminar padrões do passado e bloqueios psíquicos; o gume remove e a ponta cura e sela com luz. (Ver Maianita Arco-Íris, página 287.)

LINHAGEM ANCESTRAL Padrões e crenças familiares que passaram de geração em geração até o presente.

GLOSSÁRIO

MATRIZ Leito de pedra sobre o qual se formam os cristais. Uma matriz energética também interpenetra o planeta.

MEMÓRIA CELULAR As células carregam memória de vidas passadas ou atitudes, traumas e padrões ancestrais que se tornaram profundamente arraigados na forma de programas negativos ativos, como a consciência* de pobreza, que provocam indisposição ou são repetidos no presente de maneiras ligeiramente diferentes.

MENTALIDADE DE VÍTIMA Um ponto de vista arraigado que pensa "Eu não mereço isso, pobre de mim", e que não assume a responsabilidade pessoal por seus pensamentos ou sentimentos.

MERIDIANO Canal de energia sutil localizado logo abaixo da superfície da pele ou do planeta, e no primeiro caso contém pontos de acupuntura.

MUDANÇA DIMENSIONAL Mudança para uma frequência mais refinada de energia que abrirá a percepção dos níveis multidimensionais do ser.

NEBLINA ELETROMAGNÉTICA Campo eletromagnético sutil, mas detectável, formado por linhas de força e equipamentos elétricos que causam um efeito adverso nas pessoas sensíveis.

NÍVEIS INTERIORES Níveis de existência que abrangem a intuição, a percepção psíquica, os arquétipos, as emoções, os sentimentos, a mente subconsciente e as energias sutis.

PLANO DA ALMA/ PLANO DE VIDA Intenções e planos de aprendizado da alma para a vida presente que podem ter sido revisados com cuidado no estado entre-vidas ou podem ter sido uma reação impulsiva a causas kármicas.

PROGRAMAÇÃO EMOCIONAL NEGATIVA Deveres, obrigações e emoções como a culpa, instiladas na infância ou em outras vidas, que permanecem no subconsciente e influenciam o comportamento atual da pessoa, sabotando a sua evolução enquanto não são superados.

QI A força vital que energiza o corpo físico e os corpos sutis.

REALIDADE FUNCIONAL A visão consensual e tridimensional do mundo que atualmente prevalece e encobre uma compreensão muito maior da consciência e da metafísica da existência.

REENQUADRAMENTO Prática de considerar um acontecimento do passado de um ponto de vista diferente e mais positivo, com o objetivo de curar indisposições que ele tenha criado.

REGISTROS AKÁSHICOS Registros cósmicos contendo informações sobre tudo o que

GLOSSÁRIO

já ocorreu e tudo que ocorrerá ou poderá ocorrer no universo.

REIKI Método natural de cura por meio da imposição de mãos.

RESGATE/RECUPERAÇÃO DA ALMA Trauma, choque ou maus-tratos, e até a alegria extrema, podem fazer com que uma parte da energia da alma se afaste e fique presa num certo ponto da vida ou ao momento da morte, numa vida passada. O praticante do resgate da alma ou xamã recupera a alma trazendo essa parte de volta ao corpo físico.

REVESTIMENTO BIOMAGNÉTICO/AURA Corpo de energia sutil ao redor do corpo físico, formado das camadas física, emocional, mental, ancestral, kármica e espiritual.

SOBREALMAS CRISTALINAS Michael Eastwood de Aristia nomeou assim os seres com mentes semelhantes a colmeias que habitam os cristais e atuam a partir de outras dimensões. Esses seres se comunicam através do espaço, do tempo e da distância e guardam as chaves da nossa evolução, que são ativadas quando fazemos contato com eles através dos cristais.

TERRA OU TELÚRICA, CURA DA Correção de distorções do campo energético da terra ou da grade de meridianos, causadas por poluição, interferência eletromagnética e destruição dos recursos do planeta.

TRABALHADOR DA LUZ Alma que se dispôs a ajudar na mudança vibracional da terra prestando serviços e ancorando novas energias, e desse modo estimulando outros a evoluir.

TRABALHO DE ACEITAÇÃO LUCIFERIANA Trabalho de aceitar e incorporar as energias reprimidas da sombra, que foram consideradas inaceitáveis, no passado, e encontrar as dádivas presentes no coração dessas energias.

TUDO O QUE É O Espírito, a Fonte, o divino; a soma total de tudo o que existe.

VAMPIRISMO PSÍQUICO Capacidade de absorver a energia de outras pessoas ou de "sugá-la".

VIAGEM ASTRAL Processo em que a alma deixa o corpo e viaja a lugares distantes. Também conhecida como experiência fora do corpo.

ÍNDICE REMISSIVO

A
abandono 66, 106
abdominais, indisposições 213
aborígene, nação 341, 348
abrasões 143
abundância 82, 196, 203, 220, 268 275
abuso 67, 68, 102, 128, 217, 265
abuso emocional 67, 217, 265
abuso físico 67, 217, 265
abuso mental 217
acadêmica, pesquisa 55-56
aceitação 175, 176, 181, 295, 298
acidente vascular cerebral 203
acidificação, excesso de 180
ácido-alcalino, equilíbrio 111, 127, 210
actinolita 135
açúcar no sangue 60, 111, 113, 157, 189, 195, 206, 225, 227, 240, 322, 330
acuidade mental 120
adaptação 31
adrenalina 309
Adulária 203
Afeganita 36-37
  pedra adicional 37
afirmação 132, 165
Ágata Monte Hay *ver* Ovo de Trovão
Ágata
  Auripigmento na Ágata Preta 129
  Fóssil do Vento 40-41
  Sagrada Azul 38-39
Agente de Cura Ouro Drusiforme 277-78
Agente de Cura Ouro Fantasma 278
Agnitita 258-59
agressão 133, 137, 252
água espíritos elementais 183
AIDS 123, 314
Ajo Azul 88-89
Ajo Quartzo 260-61
Ajoíta 44, 260, 261, 284
Akáshicos Registros 36, 52, 82, 85, 93, 97, 137, 174, 232, 237, 246, 248, 300, 302, 322, 332, 346

Alabastro 87
alcalinidade 86, 111, 136
Alcheringa 348
Alcheringa, Pedra *ver* Pedra Amuleto de Uluru
alegria 76, 105, 129, 132, 146, 192, 237, 240, 247, 273, 274, 287
alergias 74, 325, 331
Alma
  alinhamentos 61
  ancoramento da 43
  bloqueios na 112
  caminho da alma 145, 161, 240, 372
  contratos da 41, 83, 298
  corpo e 18
  crenças 135
  crescimento 73
  curando a 110, 176, 185, 239, 289
  elevação da 61
  em equilíbrio 188
  encarnada 102, 137, 174
  esfoliada 215
  eterna encarnada 40
  evolução 97
  imperativos da 94
  indisposição da 46
  intenção da 142, 146, 206, 267
  jornada da 75, 176, 264, 297, 355
  limpeza da 188
  missão da 75
  momento oportuno 144
  plano da 56, 70
  propósito da 97, 138, 211, 236, 249, 272
  sondando a 39, 153, 191, 278
  transmutação 216
  vastidão da 93
alma, aprendizagem da 146
alma, holograma da 214
alma, razões da 60
alma, recuperação da 36, 81, 176, 222
alquimistas 50
Alta-Maior chakra 18, 36, 38, 43, 45, 51, 61, 139, 160, 215, 276, 302, 361, 370, 372-73

alumínio 118, 305
ambientais, danos 102
ambiental, conflito 68, 72, 189
ambiental, poluição 50, 335, 375
ambiente 86, 151, 173
  amoroso 143
  energizando o 85
  estabilizando o 232
Ameclorita 42
Ametista
  Ameclorita 42
  Ametista Madagascar e Quartzo Enfumaçado 280-81
  Calcita com Ametista e Geotita 90
  Canadense com Capa Vermelha 43
  Capa de Cristal 45-46
  Capa Vermelha 43
  Thunder Bay [Baía do Trovão] 44
Ametista Canadense com Capa Vermelha 43-44
  pedra adicional 44
Ametista Capa de Cristal 45-46
Ametista Vermelha 43-44
  pedra adicional 44
amizade 62
amor 129, 239
  altruísta 319
  compassivo 92
  divino 176, 239, 256, 373
  eterno 239
  incondicional 59, 67, 102, 175, 181, 215, 239, 242, 286, 289, 292, 294, 310, 311, 350, 355
  infinito 93
  puro 64, 261
  supera o medo 99
  universal 88, 338
  ver também amor-próprio
amor da vida 336
amor-próprio 68, 88, 92, 186, 329, 330, 350
amplificação energética 239
amuletos 170, 171, 341

ÍNDICE REMISSIVO

Anandalita 16
  ver também Quartzo Aurora
anatomia física 364
anatomia
  física 364
  sutil: chakras e esquemas 365
ancestral
  ligações/ imperativos 94
Anciã, a fase da vida da 129
ancoragem, pedra de 53
ancoramento 56
  corpo físico 123
  energia de 14, 15, 38
  para a alma 43
  pessoas aéreas 72
  proporcionada por cristais 15
âncoras cósmicas 104, 140-41, 376
âncoras ver âncoras cósmicas
  âncoras xamânicas
âncoras xamânicas 64, 104, 249
Andaluzita 47-48
Andara Glass 49-51
Andara Xamânico 51
Andes 272
anemia 119, 166
Anfibólio 124, 140, 188
Anfibólio Quartzo 316
Angélico, reino 190, 239, 244
angélicos, seres 238, 260
Angelinita 53
Angelita Lavanda 184
angina 253
Anglesita 54
angústia 90, 203
animais
  ligação com 344
  maus-tratos a 102
"anjo da biblioteca" 55-56
anjos da guarda 53
Anjos
  guardiões 53
  corpos de luz de 169
anjos, contato com 91
anjos, orientação com 66, 224, 316
anorexia 70, 227
anorgasmia 70
ansiedade 73, 94, 95, 117, 138, 175, 201, 211, 220, 225, 252, 284, 307, 341, 346
antibacterianos 82, 325
anticarcinogênicos 270

antiepilético, efeito 319
anti-histamínicos 325
anti-inflamatórios 325
antimônio 105
antioxidantes 107, 127, 176, 180, 286, 304, 325, 336
antissépticos 82
antivirais 325
Antofilita 55-56
Anúbis 291
apatia 85
Apatita 154, 373
apoptose 30, 136
Aquatina Lemuriana 93-95
  Calcita 10
  pedra adicional 95
Aragonita 231, 334
arcanjos 92, 222, 272
arcanjos, reino dos 88
Arenito 29-30, 159, 312
  Opalizado 312
Arenito Opalizado 312
Arfvedsonita 57
Arsenopirita 58
arterial, doença 86, 87, 107, 113
artérias 148, 164
arteriosclerose 253
Arthur, lenda do rei 327
articulações 98, 233, 243, 247, 266, 284, 293, 334, 356
  comprimidas 148
  dor nas 176, 270, 337, 349
  flexibilidade/elasticidade 312
  inchaço nas 84
  inflamação das 125
  rigidez nas 74
  tensão nas 270
artrite 41, 82, 84, 107, 125, 176, 178, 241, 325
Árvore da vida 110, 272
Asa dos Anjos 91
ascensão, trabalho de 66
ascensionados, seres 53
asma 125, 253, 325, 347
assimilação 56
Assuã Cor-de-rosa, Granito 150-51
Astralina 59-60
astrologia 138
astrológica, cura 241
astronomia 138
ataque de pânico 347

ativação espiritual 50
Atlântida 22, 32, 50, 169, 238, 282, 283, 330, 374
atração, lei da 272, 275
audição 117, 161, 233
Auralita 23 44, 376
auras
  corpos áuricos 77, 174
  impressões áuricas 288
  limpeza 109
  pulverizador da aura 289
  reparação do campo áurico 278
Auricalcita 61
autoaceitação 294
autoafirmação 252
autoconfiança 210, 217
autoconsciência 75, 334
autocura de 65, 76, 180
autoestima 68, 228, 342
autoimagem de 64, 124, 173, 228, 330
autoimunes, doenças 65, 74, 149, 356
autonômicos, processos 168, 333
autoridade, figuras de 123
autossuficiência 210
Axinita 62
Azez 63, 66
Azeztulita com Morganita 67-68
Azeztulitas 63, 64
  Azeztulita Santa Rosa 66 ver também Rosofia [Rosophia]
  Azeztulita Vermelha do Himalaia 65
  Ouro do Himalaia 65
  Rhodozaz (Azeztulita Cor-de-rosa) 66
azia 201

B

baço 84, 164, 166 , 203, 210
  purificação do 46
bactéria 173, 324
  útil 42
bagagem emocional 40, 112, 120, 346
bário 75
Basalto 30, 71-72, 220, 376
Base, Chakras da 72, 73, 74, 79, 80, 102, 111, 123, 128, 139, 174, 213, 215, 227, 258, 259, 262, 295, 299, 303, 366-67
Bastita ver Pedra do Dragão

385

ÍNDICE REMISSIVO

Bastnasita 73-74
bem-estar 50 , 70 , 89 , 141 , 154 , 162, 164 , 168, 172, 174 , 196, 199 , 215, 230, 283 , 293, 320 , 324, 326
Benitoíta 75-76
Berílio 305
Berilonita 77
bexiga 247, 333
   inflamação 317
   mau funcionamento 123
   regeneração 65
bile, regulação da 65, 78
bioenergético, campo 76, 85, 151
bioescalares, ondas 16-17, 63, 65, 67, 263, 264, 273, 277, 278, 283, 287, 289, 298, 300
biomagnético, campo 39, 42, 50, 136, 160, 216, 263, 264, 278
biomagnético, escudo 77, 183, 289, 321
biomagnéticos, corpos 94, 273
biorritmo 133, 167
Biotita 63-64, 65, 78, 135, 154, 352, 353
Bismuto 79-80
Blessed Isles [Ilha dos Afortunados] 327-28
bloqueios 58, 77, 94, 104
   da alma 112
   de energia 54, 57, 322
   desde a Lemúria ou a Atlântida 282-83
   desenergizar 305
   emocionais 42, 68, 70, 76, 87, 88, 114, 130, 261, 263, 295, 298, 306
   energéticos 213, 310
   intercelulares 241
   liberando 215, 239, 247, 253, 254, 265, 307
   na energia sutil 136
   no corpo emocional 228
   no corpo físico 137
   no sistema reprodutivo 74
   nos chakras da Base ou do Sacro 74, 139, 303
   psíquicos 37, 39, 108, 203
bloqueios emocionais 42, 68, 70, 76, 87, 88, 114, 130, 254, 261, 263, 298, 306
bloqueios energéticos 213, 310
bloqueios, 295

boca 344
Boii, Pedra [Boii Stone] ver Isis
bolha de proteção 21
Boli, Pedra [Boli Stone] 83
bornita 44
Bowenita ("Novo Jade") 161
Brandenberg 359
Brochantita 84
brônquicas, condições 125, 266
bronquite 253
Brookita 85
Brucita 86
Bruneau, Jaspe ver Pedra Maravilha
Budd Stone ver Jade Africano
Budista cura do Caminho do Diamante 272
bulimia 227
Bustamita 307

C

cabeça, distúrbios na 150, 161
cabelo 155, 237, 307, 312
   distúrbios 150
"cachimbos da paz" 100
cacoxenita 44
cãibras 252, 262
cãibras 266
   intestinais 252
   menstruais 252
   musculares 74, 82
   do estômago 252, 262
   vasculares 252
calafrios 253
Calcantita 106-7
   combinação de pedra 107
Calcário 30
Calcário Oolítico e Crinoidal 212-13
Calcedônia e Apofilita 108
calcificação 233
cálcio 109, 243, 319, 322, 331, 334
Calcita 114, 115
Calcita 53, 135, 144, 187, 191, 299
   Ajo Azul 88-89
   Alabastro 87
   Ametista e Geotita 90
      atributos 90
      cura de 90
      posição 90
   Aquatina Lemuriana 93-95
   Asa dos Anjos 91
   Calcita Orquídea 95

   Celestobarita revestida na calcita 103-4
   Clinohumita e Cromita na Calcita 114, 115
   Fantasma (Pirita na Calcita) 98
   Ísis 92
   Merkabita
calcopirita 44
calma 48, 121, 176, 183, 201, 203, 205-6, 233, 252
calos 41
camadas mentais da alma 316
caminho da alma 145, 161, 240, 372
campo quântico 263
campos de energia 82, 89, 142, 149, 151, 198, 201, 202, 289, 341, 342
canal alimentar 130
canalização 50, 54
câncer 123, 304, 306
carbono 231, 323
caridade 270
Carolita 99
Catlinita 100-102
caulinita 299
Celadonita Fantasma 268
Celestobarita revestida na Calcita 103-4
células 259
   apoptose (morte celular) 30, 136, 149
   bloqueios intercelulares 241
   código genético 131
   crescimento, processo de 117
   cura celular 314
   cura intercelular 88, 94, 289
   desintegração celular 304
   desorganização celular 65
   distúrbios celulares 46, 155, 306
   função das células 179
   matriz celular 18, 275
   memória celular 70, 111, 261, 281, 284, 288, 351
   metabolismo celular 304, 325
   oxigenação 180
   regeneração das 70, 136, 143, 149
   reparação celular 337
   restaurar o equilíbrio das 66, 78
   tecido celular 344
células T 127, 179, 295, 309
centramento 81-82
cerebelo 56, 168, 372

ÍNDICE REMISSIVO

cérebro 247
   degeneração do 56
   distúrbios no 46, 121, 138, 176
   fluxo de sangue no 254
   função cerebral 39, 98, 119, 168, 180, 234, 306, 333
   hemisférios do 91
   lado direito do cérebro 97
   ondas cerebrais 81
Cervanita 105
césio 75, 305
céu e terra 43
chakra da Coroa 15, 57, 79, 97, 11, 126, 248, 262, 350, 368-69, 374
chakra da Garganta 60 , 106, 111, 140 , 175, 260, 368-69
Chakra do Terceiro Olho 36
chakra do terceiro olho 38, 42 , 44, 46 , 53, 65 , 66 , 92 , 97 , 108 , 140, 142 , 158, 181 , 203 , 218 , 224 , 225 , 230 , 234 , 248 , 269, 270, 272, 315, 322, 343 , 346 , 359 , 368-69 , 373
chakras 11, 21, 128, 198
   alinhamento dos 50, 59, 84, 201, 262-63, 272, 277
   associações 366-69
   ativação dos 20, 50, 85, 142, 235, 305
   desbloquear 66, 74, 297
   Estrela da Terra 15
   fortalecer 85
   inferiores 64, 144, 216
   limpeza dos 74, 147, 163, 226, 305
   menores 128, 370
   novos 370
   poder dos 370
   purificação dos 84, 262-63, 277
   recarregar 244
   reenergizados 277
   revitalizar 110
   superiores 59, 66, 85, 98, 142, 144, 201, 237, 298, 311
choque 295, 309
chumbo 255
cianobactérias 167
cinestética, sensibilidade 226
circulação 65, 85, 161, 164, 249, 251, 253, 264, 274, 298, 307, 319, 322, 349
   bloqueios, 295
   distúrbios da 87, 130, 228, 257

linfa 54
   sangue 17, 54, 115, 139
cirurgia, recuperação após a 85, 111
cistos 41, 180, 339
ciúme 120, 129, 228, 289
civilização Asteca 23
civilização Maia 23
civilizações perdidas 85
claridade 81, 97, 172 , 234, 242, 254, 285, 290, 303, 339, 373
clarificação 141, 162
clarividência 106, 143
Clinohumita 114-15
   pedra adicional 114, 115
clinozoisita 299
Clorita 42 , 135, 136, 188
cobalto 50, 198, 231, 310
cobre 44, 50, 52, 84, 178, 198, 231, 241, 284
Cocô de Dinossauro ver Coprolita
códigos cristalinos 50
colesterol 52, 253
cólicas menstruais 252
cólon 203
coluna vertebral 342
coluna vertebral, alinhamento da 148, 172
compaixão 64, 92, 111, 190, 204, 228, 230, 239, 265, 284
compartilhamento 81
competição 111
comportamento antissocial 137
comunicação 106, 122, 189, 225, 234
   com seres guardiões 43-44
   com seres superiores 93, 224, 279
   com outros reinos 54
concentração 203, 266, 314, 326
concentração, foco 47, 172, 203, 242, 287, 290, 336
condicionamento emocional 119, 183, 256
condicionamento obsoleto 19
conexões espirituais 44
confiança 41, 66, 68, 69, 117, 173, 185, 221, 225, 250, 266, 334, 358
confiança 94 , 148, 193, 220, 245, 281, 286 , 346
conflito 71
   resolver 37, 133, 249
conflito étnico 37, 68

confusão 46, 135, 172, 181, 225, 234, 243, 309, 339, 373
conhecimento
   antigo 223, 281, 291
   esotérico 13
   espiritual 97
   esquecido 110
   eterno 332
   superior 328, 346
   universal 85
conquistas 82
consciência 102, 131, 176, 204, 272, 297
   elevação da 61, 70, 118, 259
   evolução da 156, 223
   expansão da 13, 45, 89, 96, 137, 196, 229, 262, 288, 343, 359, 372
   formas superiores de 50, 174
   mística 330
   multidimensional 359, 370
   realidades mais amplas da 98
   superior 96, 144, 263, 326
   unidade da 83, 196, 199, 249, 263, 267, 296
consciência 216, 219, 298
   elevando a 178
   expansão da 13, 18, 37, 39, 44, 53, 66, 93, 98, 359, 370
   holográfica 296
   mística 14
   superior 104, 118
Consciência Crística 277
consciência mística 14
constipação 74, 266
constrição 106
contentamento 171, 172
controle 94, 112
contusões 46, 82, 136
convalescença 164, 221, 260, 353
cooperação 83, 209, 289, 301
Coprolita 116-17
   pedra adicional 117
Coquimbita: Calcantita com Coquimbita 107
Coracalcita Dourada 144
coração 85, 139, 164, 175, 274, 310
   distúrbios no 39, 65, 87, 228, 253, 257, 304
   oxigenação 123
   partido 151, 190, 204

387

ÍNDICE REMISSIVO

Coração Superior, chakra do 69, 125, 215, 239, 256, 286, 308, 310, 366-67
Coração, chakras do 38, 64, 66, 88, 132, 174, 221, 228, 256, 272, 286, 294, 295, 318, 345, 350, 366-67
coragem 41, 111, 116, 131, 210, 266, 295, 346
coral 144
cordas vocais 225
Coroa Superior, chakras da 38, 45, 53, 65, 66, 79, 91, 93, 108, 218, 234, 258, 260, 343, 353, 368-69, 373
corpo de luz 43, 53, 65, 91, 97, 98, 107, 131, 144, 169, 208, 256, 259, 260, 264, 273, 277, 288, 298, 319, 353, 372
corpo emocional 68, 94, 170, 211, 223, 228, 310, 338
corpo físico 14, 53, 94, 104, 158, 263, 335
  alinhamento 66, 149, 199, 326
  alma ancorada no 72
  e o amor divino 176
  ancorado na terra 72, 233
  ancorando 123, 252
  animando o 230
  bloqueios no 57, 137
  e o corpo de luz 144, 319
  curando o 277
  distúrbios da estrutura do 155
  e energia poluente 235
  equilibrando o 51
  escudo 171
  estabilizando o 186
  estruturas celulares do 261
  fortalecendo o 328
  harmonizando o 186
  e indisposições no 82
  liberação de fluidos do 109
  limpeza do 188
  meridianos energéticos do 208, 252, 300
  e o plano etérico 60
  regeneração dos chakras e sistemas de meridianos 189
  revitalizado 110, 183
corpo sutil 14, 51, 158, 252, 269
  alinhamento 61, 66, 89, 149, 316, 326

bloqueios de energia 57
bloqueios nos 286
cura 110, 277
desintoxicação 162
distúrbios da estrutura 155
e energia poluente 235
e indisposição 82
equilibrando 110
equilíbrio 215
escudo 171, 340-41
fortalecimento 328
harmonia 146, 338
limpeza 188
memórias presas ao 221
meridianos energéticos do 208, 252, 255, 300
purificando 118
realinhado 53
reequilibrado 53, 275, 330
regeneração de chakra e sistemas de meridianos 189
trauma emocional preso em 92
Corpo
  alinhamentos do 61
  e alma 18
  dismorfia 70, 124
  flexível 121
  reenergizado 111
  reformulando 127
corpos causais 92
corpos de energia 89
corpos energéticos 84, 112, 226, 230, 293
corpos etéricos 52, 60, 65, 84, 91, 94, 97, 103, 263, 283, 287, 312, 335
cortes, menores 82, 143
cosmético 37
costas 233, 317
  dor nas 74, 89, 206
couro cabeludo,
  doenças do 161
covelita 44
Covelita Arco-íris 302
crânios de cristal 22-27
  acessando seu crânio de cristal 26-27
  a lenda dos 13 crânios 23-25
  o crânio de Mitchell Hedges 25
crenças 40, 48, 291, 297
  autolimitantes 178
  destrutivas 64

emocionais 89
espirituais 89
negativas de 99
nucleares 56, 135, 199, 268, 335
obsoletas 118-19, 199
únicas 69
crescimento espiritual 50, 99, 124, 279, 311
crescimento
  pessoal/desenvolvimento 30, 62, 99, 242
crianças
  com dispraxia 203
  emocionalmente sensíveis 347
  e o Eu Superior 66
  segurança das 266
Crianças de Uluru 348
criatividade 14, 73, 111, 114, 123, 128, 139, 203, 208, 215, 216, 221, 226, 259, 265, 294, 300, 316, 336, 370
criaturas da água 93
crinóides 213
Criolita 118-19
Crisocola 189
  Cuprita com Crisocola 122-23
  Crisótilo na Serpentina 112-13
cristais
  ativação 362-374
  como escolher 362-63
  como guardar 362
  novo 10-11-16
  purificação 14, 215, 362, 374
  radiestesia 363
Cristo 188
Crocodilo, Jaspe *ver* Kambaba
Cromita: Clinohumita e Cromita na Calcita 114, 115
Cromo 50, 195, 206, 231
Cromo granada 135
Crostetepita 59
culpa 102, 284, 355
Cumberlandita 120-21
Cuprita com Crisocola 122-23
cura à distância 177, 289
cura
  da alma 110, 176, 185, 289
  astrológica 241
  no Caminho do Diamante budista 272
  do chakra do Arco-Íris 287

ÍNDICE REMISSIVO

e crânios de cristal 24
à distância ou remota 177, 289
emocional 183, 223, 274
e energia bioescalar 17
estelar 223
holística 181
intercelular 88, 94, 289
kármica 125, 246, 282
da matriz da alma 18
multidimensional 18, 63, 66, 88, 89, 94, 104, 144, 273, 277, 289, 320
das plantas 344
da terra 109, 128, 199, 200, 264, 281, 338, 341, 345, 349, 359
de vidas passadas 102, 128, 137, 233, 272, 295, 322
cura astrológica 241
cura estelar 223
cura, desafio 19
cura, grades de 374-76

D

Danaíta *ver* Arsenopirita
dan-tien 299
Dedo de Bruxa Rolada *ver* Pedra Madalena
delírios 44, 178
demência 39, 56, 330
dentes 41, 85, 143, 144, 172, 178, 243, 252, 333, 334, 344, 356
o esmalte do dente 235
depressão 89, 105, 111, 114, 115, 146, 149, 164, 195, 201, 221, 227, 240, 246, 326, 336, 373
desacidificação 177
desarmonia 90
desejo 336, 337
desenergizar 14, 57, 64, 65, 68, 88, 90, 102, 106, 132, 142, 153, 166, 187, 190, 210, 216, 217, 228, 237, 239, 245, 268, 274, 281, 286, 287, 289, 298, 305, 329, 343
desenvolvimento espiritual 44, 65, 138, 235, 303, 343, 352
desenvolvimento intelectual 303
desesperança 115
desintegração celular 304
desintoxicação 42, 74, 109, 136, 148, 162, 168, 180, 183, 189, 206, 252, 281, 302, 309, 325, 353

Deus Céu 338
deusa, energia da 261
deusa, trabalho com a 92
Deuses nórdicos 148
devas 137
diabetes 74, 91, 161, 314, 325, 330
Diana, Princesa 124
Dianita 124-25
   pedra adicional 125
diarreia 74
Diáspoo 100, 126-27
digestão, sistema digestório 56, 117, 138, 146, 168, 179, 180, 201, 251, 253, 266, 322, 325, 328
Diopsídio Cromo 110-11
   pedra adicional 111
Dioptásio Azul *ver* Violane
diplomacia 150, 301
dispraxia, crianças com 203
disputas territoriais 37
distanciamento emocional 72
"distraídas", pessoas 14-15
distrofia muscular 65
Distúrbios de personalidade múltipla 86
distúrbios do ouvido 130
distúrbios genéticos 201, 233
distúrbios retais 74
divino feminino 92, 202, 239, 261
DMT 134, 373
DNA 132, 232, 251, 253, 296, 297
Doença de Crohn 119
doença de Raynaud 125
doença grave, a recuperação após uma 111, 208, 233, 333
doença terminal 295
doenças cardiovasculares 325
doenças debilitantes 39, 85
doenças degenerativas 39
dor, alívio da 41, 82, 176, 306, 325, 331, 337
dores de cabeça 37, 39, 89, 108, 143, 176, 253, 270, 306, 307, 325, 373
dormir 65, 95, 176, 233, 314
Dourada Pôr do Sol *ver* Selenita Dourada
downloads energéticos 57
Dragão, Pedra do 128
dragão, energia do 64, 163, 215, 216
Dreamtime 349

E

Eclipse, Pedra do 10, 129-30, 170
Eclogito 131
eczema 349
edema 170
Egirina 154
   Quartzo Enfumaçado com Egirina 281
Egito, egípcios, Antigo 37, 64, 72, 87, 150, 151, 213, 272
egoísmo espiritual 44
ejaculação precoce 70
elasticidade dos discos 334
elementais 137, 214
eletromagnética, frequência 324
eletromagnética, poluição 50
eletromagnético, estresse 270
eletromagnetismo 16
emoções
   liberação das 17, 161, 357
   reprimidas 214
empatia 37, 60, 93, 228
   incisões empáticas 11
encarnação 60, 61, 64, 66, 95, 147, 174, 176, 219, 227, 249, 297, 307, 337, 339
endometriose 82
endorfina, fluxo de 326
energia
   de alta vibração 61, 126, 237
   amorosa 90
   ancorada 14, 15, 233
   dos anjos 264
   bioescalar 16-17, 63
   blindando a 104
   bloqueada 54, 57, 136, 322
   de carinho 88
   celestial 192
   cura com 52, 97, 110, 126, 155
   demoníaca 264
   da deusa 261
   dinâmica 148
   dos dragões 163, 215, 216
   espiritual 63, 64, 311, 320
   fluxo de 50, 199, 326
   geomagnética 29
   geração de 14
   interior 131
   intuitiva da lua 248
   kundalini 79, 273

ÍNDICE REMISSIVO

masculina 175, 316
negativa 14, 54, 76, 107, 135, 148, 173, 179, 182, 221, 226, 269, 270, 311, 335, 341, 353
nervosa 120
níveis ótimos de 72
poluente 235
positiva 154, 156, 173, 293
protetora 147-48
purificando a 147
da sombra 68
da Terra 248, 341, 349
transformadora 202
universal 80, 125
de vibração mais elevada 65
energia sutil bloqueios 136
energia sutil meridianos 11
enfisema 113
engano 104, 254
Enstatita e Diopsídio 111
entidades 112, 158, 174, 180, 183, 255, 277
entidades presas 94, 351
entorses 136
enxaquecas 37, 108, 203, 253, 306, 307, 373
Enxofre no Quartzo 293
enzima, função da 235, 325
Eosforita 132
Epídoto 44
  Prehnita com inclusões de Epídoto 247
epilepsia 253
equilíbrio 51, 60, 64, 89, 94, 134, 173, 199, 200, 215, 273, 319, 324-25, 336
equilíbrio de fluidos 68, 316-17
equilíbrio do pH 306
equilíbrio energético 213
equilíbrio hídrico 210
equilíbrio hormonal 270
Era de Aquário 290
erupções 119, 349, 357
Esclerose múltipla 80, 91, 113, 319
Escolecita 318-19
escriação 52, 178
Esfalerita 44, 313
  Pirita com Esfalerita 254
esmalte do dente 235
esperança 192, 274
Espinela 352
espíritos

entrar em contato com 244
que partiram 169
elemental da água 183
elemental da terra 183
Esplendor Mogno 208
Esplênico, chakra 366-67
esqueleto 98, 109, 117, 123, 213, 243, 328, 342
esquema etérico 17, 46, 51, 53, 60, 66, 94, 108, 176, 216, 244, 278, 281, 295, 306, 311, 316, 319, 336, 350
essências de pedras 361
  como fazer 377
  utilizando 377
estabilidade 159, 167, 199, 213, 337, 338, 353
estabilidade emocional 72
Esteatita 327-28
Estichtita com Serpentina 329-30
estômago 203, 349
  cãibras 252, 262
  distúrbios de 80 , 119, 322
Estrela da Alma, chakra 18, 91, 97, 125, 174, 176, 248, 262, 272, 368-69
Estrela da Terra, chakra 15, 43, 62, 64, 72, 79, 102, 160, 259, 299, 350, 366
Estrela de cinco pontas 375
Estrela de Davi 96, 375
estrela natal 37
estresse 31 , 42, 44 , 48, 90 , 94, 121, 136, 138 , 192 , 220 , 223 , 252 , 307, 308, 309 , 325, 333
Estromatolita 332-33
Estromatolita Verde ver Kambaba
estromatólitos 167
Estroncianita 334
estrutura cristalina 14-17
  frequências altas e baixas 14-15
  ondas bioescalares 16-17
eu
  encarnado 190
  espiritual 107
  interior 245
  senso do 47
  verdadeiro 73, 112, 247, 281, 329
"eu universal" 102
Eu Superior 137, 160, 161, 211, 215, 277, 302, 372

conectar-se com o 56, 59, 96, 118, 135, 174, 182, 190, 238
confiança no 245
e as crianças 66
e vontade pessoal 111, 123, 145
Euclásio Azul 81-82
evolução cósmica 373
evolução
  desenvolvimento evolucionário 253
  e rochas ígneas 30
evolução espiritual 23, 35 , 60, 63, 142, 232 , 260, 300
exaustão 80
experiências de quase morte 134
extraterrestres 76, 318, 359

F

fadiga 113
fala, distúrbios da 82
fala, terapia da 208
família 143, 196, 266
Fantasma 98
fase, mudança de 15
febre 80, 117, 136, 218, 221, 253, 293, 339
febre tifoide 39
Feldspato 33, 63, 135, 136, 149, 154, 209, 299,
  feldspato rúnico 148
  Labradorita no feldspato 138
  Ortoclase 203
  Quartzo Enfumaçado Gráfico no feldspato 147-48
  Rodozita no feldspato 306
felicidade 213, 273
Fenacita na Fluorita 234
feridas
  cura 127, 314
  emocionais 176, 221
  kármicas 247, 261
idade 64, 358
ferro 44, 50, 111, 115, 120, 152, 157, 198, 231, 266, 276, 299
fertilidade 72, 74, 128, 139, 168, 215, 227, 265
fertilizante 134
fidelidade 161, 223
fígado 85, 164, 166, 180, 203, 309
  desintoxicação do 74, 206

ÍNDICE REMISSIVO

disfunção do 39, 74, 325
purificação do 46
Figura do Oito 376
filantropia 270
filtração, sistema de 325
fitoterapia 206
flexibilidade 116, 121, 177, 332, 343
Flogopita 235
flúor 75
Fluorapatita 133-34, 373
pedra adicional 134
Fluorelestadita 134
fluoretação 270
fluoreto 118
Fluorita 119
Fenacita na Fluorita 234
fobias 99, 211
Folocomita 236
fonte da juventude 51
fora do corpo, experiências 43, 134, 171, 177, 343, 352, 373
fora do corpo, trabalho 313
força mental 41, 115, 123, 135, 172, 210, 295, 322, 334, 341, 346, 357
força de vontade 171, 201, 266
fósforo 117
Fosfossiderita 237
Fóssil do Vento, Ágata 40-41
fotossíntese 333
franqueza 111
fraqueza física 111
frustração 252
fulerenos 324
fumantes 123
fungo na boca 339

G

Gabriel, Arcanjo 222
Gabro 30, 135-37, 376
com Pedra da Lua 204
com Pirita 137
pedras adicionais 136-37
Gabro Índigo 137
Galaxita 10, 138
Galena 313
garganta 178, 229, 333
distúrbios 113, 130, 225, 228
ferida 325
gástricos, distúrbios 325
gene belicoso 37, 297
gengivas 344

genocídio 102
gentileza 115
geopatógenos 136, 254, 300, 323, 341
Geotita 156
Calcita com Ametista e Geotita 90
Germain, Saint 51, 222, 239
germânio 304
gialita 44
glândula da próstata 84, 314
glândula pineal 133, 270, 273, 309, 346, 373
glândula pituitária 270, 273, 373
glândulas endócrinas 309
glândulas suprarrenais 62, 210, 309
Glaucofânio 140-41
glaucoma 194
Glendonita 142-43
gorduras, quebra de 111, 195, 206, 253
gota 65, 138
grade 14, 16, 37, 44, 198
grade etérica 198
gradeamento 260, 374
gradeamento, pedra de 150, 280
Granada 156
granada cromo 135
Granada no Granito 151
e Greensand 152
no Piroxênio 139
Quartzo com Granada 274
Granada Spessartina 66
Grande Espírito 101, 102
Granito 29, 30, 149-51
Riebeckita 307
pedras adicionais 150-51
Granito Indiano 151
gravidez 82
Greda 30, 109, 152
Greensand 152-53
gripe 218, 221
grupo anímico 86
grupo, conexão de 259
grupo, harmonia de 37, 80

H

habilidades 46
harmonia 60, 62, 77, 97, 133, 134, 146, 162, 176, 182, 206, 211, 218, 220, 239, 250, 256, 260, 264, 266, 279, 293, 301, 329

Hausmanita 155
Hematita 43, 44, 100, 148, 240, 258, 294
hematita enfumaçada 188
hematoencefálica, barreira 84
hercinita 135, 136
herpes zoster 164
hidroxiapatita 133-34, 373
High Sierra, Montanhas 50
Hilulita 156
hiperatividade 120, 124, 201
hipocampo 372
hipoglicemia 161, 330
hipotálamo 309, 373
histeria 203
HIV 314
homeopatia 206
homeostase 111, 180, 286, 304
honra 163
Hubnerita 157
humanidade 59, 60, 61, 83, 104, 166, 190, 297
humor
 fleumático, pragmático 31
 melancólico 30
 otimista, esperançoso 31
 peculiar 47

I

icterícia 39
Idócrase 190
Ilmenita 158
iluminação 13, 242, 263
ilusão 181
imaginação 48
implantes ancestrais 39
implantes mentais 42, 180, 236
 eliminar 118, 158, 261
impotência 70, 74, 325
 psicológica 165
impressões: originárias da Lemúria ou Atlântida 282-83
Incas 187, 230
Incenso, fumaça de 362
inchaço 170
inchaço, redução 17, 46, 82, 84, 136, 264
incontinência 233
incrustações energéticas 311
indecisão 118
indigestão 119

ÍNDICE REMISSIVO

índio 269, 270
Índios nativos americanos, e Catlinita 100, 101
indisposição 15, 52, 58, 76, 94, 102, 174, 285
  da alma 46
  causa e o caminho da 77
  causas de vidas passadas da 112
  causas emocionais da 112
  causas energéticas sutis da 236
  causas subjacentes 76
  crônica 266
  dissipando a 218, 239, 301
  energética 227
  estresse relacionado a 42, 138
  psicossomática 17, 70, 92, 99, 251, 329
  raízes kármicas 70, 92, 251
  toxicidade 270
infecções 136, 189, 225, 309, 357
infecções por fungo 58, 161, 180, 302
infecções urinárias 74
infertilidade 70, 82, 85, 128, 150
infinito, looping 15
inflamação 82, 113, 164, 293
  articulações 125
informação
  assimilação da 143, 183
  codificada 64
  livre circulação de 142
  recuperação de 55-56, 61, 94, 135-36
  retendo 303
inovações em matéria de cristais 10-11
insegurança 64
insônia 44, 46, 65, 143, 223, 240, 243, 325
institucionalização 80
instrumentos de adivinhação 343
insuficiência cardíaca 316
insulina no sangue, equilíbrio de 189
insulina, utilização da 111
integridade 163, 193, 245, 281, 291, 342
inteligência 116, 130
intenção 70, 81, 142, 267, 291, 326, 374
interface 28, 84, 94, 199, 210, 213, 216, 252, 289, 321

intestinos 358
  regeneração do intestino 65
intestinos
  ativando os 72
  cãibras nos 252
  distúrbios nos 74, 80, 119, 130
  regeneração do intestino 65
intimidade 62
intolerância 252
introspecção 328
introspecção 5, 64, 67, 84, 86, 106, 125, 142, 158, 192, 338
intuição 19, 38, 86, 93, 97, 106, 160, 193, 219, 234, 238, 239, 245, 247, 251, 254, 280, 285, 307, 314, 315, 343, 356, 362, 363
inveja 228
invisibilidade 69
irídio 50
irradiação 302
irritabilidade 134, 252
Ísis 92
isolamento 80

J

Jade Africano 160-61
  pedra adicional 161
Jadeíta 209
Jamesonita 162
Jaspe 129
  Azul Oceânico 33, 169-70
  Chohua 163-64
  Cinábrio 165-66
  Concha (Concha Mármore) 172
  Crocodilo *ver* Kambaba
  Folha de Prata 171-72
  Kambaba 167-68
  Mamangaba [Bumblebee] 170
  Oceânico 32, 169
  Pedra Maravilha [Wonder Stone] 357
  Pintado 164
  Policromático 33, 166
  Sedimentar Marinho 164
  Trummer 173
Jaspe Azul Oceânico 33, 169-70
  pedra adicional 170
Jaspe Chohua 163-64
  pedra adicional 164
Jaspe Cinábrio 165-66
  pedra adicional 166

Jaspe Crocodilo *ver* Kambaba
Jaspe Folha Prateada 171-72
  pedra adicional 172
Jaspe Mamangaba [Bumblebee Jasper] 170
Jaspe Oceânico 32, 169
Jaspe Pintado 164
Jaspe Policromo 33, 166
Jaspe Sedimentar Marinho 164
Jaspe Concha (Mármore Concha) 172
Jaspe Trummer 173
  atributos 173
  cura 173
  posição 173
justiça 111
juventude 183

K

Kambaba, Jaspe 10, 167-68
karma 214
Karmas da Graça 40-41
kármico
  bloqueios 216, 227
  causas 336
  conexões 55
  contratos 44, 135
  corpo 237
  cura 125, 246, 282
  equilíbrio 176
  esquema 66, 137, 174, 176, 239, 278, 281, 283, 306, 311, 343, 350
  fardos 199
  impressões 281
  incrustações 39, 40, 287
  padrões 132
Keyiapo 174
Kianita 48
  Laranja 226-27
Kianita Laranja 226-27
Kimberlita 177
Kinoíta 178
Klinoptilolita 179-80
Kornerupina 181
kundalini 273
  despertar 263
  energia 79, 273
  fluxo da 216, 322
  poder 215, 321, 353
  subida da 128, 161, 163, 208, 258, 263, 274, 330

ÍNDICE REMISSIVO

Kunzita Rutilado 311
Kutnohorita 175-76
kything 52, 54, 178, 182, 216, 235, 248, 272, 287
   e crânios de cristal 23, 27

L

Labradorita 32, 33
   Pedra da Lua Preta 202-4
   no Feldspato 138
Labradorita Andesina 52
lactação 331
Lago Onega 324
Lâminas de Maianita Arco-Íris 278
lapidários 13
Lápis Lazúli 37
Larvikita 182-83
Lazurina Cor-de-Rosa 238-39
Lazurita 37
lealdade 223
Lemúria 32, 46, 50, 75, 93, 169, 219, 223, 281, 282, 283, 330, 374
lenda dos treze crânios 23-25
lepidocrocita 44
letargia 85, 146, 192, 240, 336
leucozona 299
libido 123, 227
limonita 44
Linarita 185
linfa
   circulação da 54, 173
   desintoxicação 74
   drenagem linfática 153
   sistema linfático 170, 298
   purificação da 46
linhagem ancestral 55, 101, 158, 199, 213
lítio 75
litofone 150
Lizard, Península, Cornualha 327
Lorenzita 186
Lubaantun: O Lugar das Pedras Caídas 25
Lúcifer 269
"lutar ou fugir", mecanismo de 309

M

Madagascar 32, 281
Madagascar Dedo, Quartzo 33, 283
Madagascar, Ametista e Quartzo Enfumaçado 280-81
   pedra adicional 281
Madagascar, pedras 32-33
Madagascar, Quartzo de 32
Madagascar, Quartzo Enevoado de 32, 282-83
   pedra adicional 283
Madalena 188, 202
Madalena, Pedra 188
Madeira Amendoim 233
Madeira Petrificada 15, 231-33
   pedra adicional 233
Madona Negra 202
Mãe Terra 261, 338
   cerimônias 235
Mãe Terra 273, 341
   e Diopsídio Cromo 110
   e crânios de cristal 24, 25
   energia da 168, 259
   e amor incondicional 102
magia elemental 182
magia
   elemental 182
   nórdica 148
   do tempo 210, 305
   trabalhando com 183
magma 30, 71, 135
magnésio 235, 252, 253, 322
Magnesita
   Pirita na Magnesita 252-53
   Turmalina Uvita na Magnesita 350
magnetita 44, 135, 136, 207, 299
Maianita Arco-Íris 11, 16, 19, 287-89
mal das alturas 123
mal de Parkinson 56, 127, 168, 203, 225, 330, 333
Malachola 189
Malaquita 189
manganês 50, 75, 126-27, 176, 187, 226, 231, 242, 256, 257, 286, 310, 337
manganês óxidos de 231
Mangano Calcita 190
Mangano Vesuvianita 18, 190
mapa astral 241
Maravilha, Pedra 357
Marialita 194
Mármore 31, 191-93
   pedras adicionais 192-93
masculinidade 252
matriz da alma, curando a 18

matriz de energia 159
matriz energética 283
matriz física 14
Maw Sit Sit 195
medicina xamânica 272
meditação 43, 44, 45, 53, 160, 192
   e crânios de cristal 23
   estado de "não mente" 305
   profunda 124, 161, 177, 308, 357
   e tranquilidade 51
medo 154, 211, 341
   amor supera o medo 99
   do desconhecido 73
   enfrentando medos mais profundos 214
   do futuro 64, 94
   da morte 58
   do passado 176
   de ter uma doença terminal 123
meia-idade, crise de 129, 130
melancolia 208
melancolia causada pela falta de luz solar no inverno 146
melancólica, natureza 195, 253
melatonina 133
memória 98, 116, 117, 130, 180, 254
   celular 111, 194, 261, 281, 284, 288, 351
   desenergizando memórias 274
   desconstrução da 265
   dissolução de memórias 221, 328
   genética 232
menopausa 77, 82, 129, 130, 203, 279
mente
   aguçando a 76
   alinhamentos 61
   clareza da 81
   controle da 118, 123, 236, 277
   flexibilidade da 333
   força da 199
   harmonizando a 70
   intuitiva 373
   reenergizando a 111
   superior 120, 193
   universal 234
mercúrio, amálgama dental de 300
meridianos 17, 50, 128, 198, 199, 316
   alinhando 251, 253
   ativando 338
   energéticos 113, 208, 239, 252, 266
   energia 131

ÍNDICE REMISSIVO

energia sutil 11, 250
  recarregando e equilibrando 300
  terapias baseadas nos
    meridianos 168
    da Terra 72, 215
meridianos, linhas dos 200
Merkabá 96, 372
Merkabita 96-97
Merlinita 137, 187
Merlinita Mística 137
Mesoamérica 187
metabólica, função 270, 286, 336-37
metabólico, sistema 42, 139, 179, 281, 356
metabólicos, distúrbios 123, 138
metabólicos, reguladores 176
metabolismo da glicose 111, 195, 206
metafísica, abertura 196
metafísica, visão 140
metafísicas, capacidades 81, 125, 126, 133, 137, 139, 147, 182, 224, 235, 251, 345, 373
metafísico, trabalho 43, 126, 137, 138, 156, 222, 252, 269, 280
metafísicos 313
metafísicos, dons 53, 178, 214
metais pesados 180
metamórfica, técnica tratamentos 161
metamórficas, rochas 31, 140
mica 66, 338
Miguel, Arcanjo 50, 222
mineração ética 32, 33
mineração
  ética 32, 33
  nociva 33
minerais 179
  assimilação dos 95, 98, 127, 132, 168, 270, 286, 337
  equilíbrio dos 177
Mitchell Hedges, Anna 25
Mohawkita 198-99, 258
Moldavita 285
Monazita 200
Montebrasita 201
morte 57
  na lenda dos treze crânios 24
  medo da 58
Moscovita 59, 100, 135, 136
motilidade 233

motora, função 62, 121, 180
motoras, capacidades 266
Mtrolita 205-6
mudança 41, 62, 206, 312
músculos 98, 125, 233, 266, 317, 344
  cãibras 74, 82
  dor 270
  elasticidade dos 65
  espasmo 82, 111, 189, 334
  fortalecimento 80
  oxigenação 123
  tensão 72, 82, 270
  tônus muscular 357
Museu da Humanidade, Londres 23

N

Nação Nipmuck 120
nariz
  distúrbios 130
  hemorragia nasal 155
nascimento 57
Natrolita 319
nefelina 154
negatividade 50, 90, 102, 230, 270, 293, 315, 336, 373
  ambiental 160
neodímio 238
nervos 144, 148, 266, 317, 319
  terminações nervosas 342
  fortalecimento dos 70
neural, vias 46, 104, 183, 234, 319
neuralgia 266
neurológicos, problemas 119
neurotransmissores 46, 54, 56, 98, 107, 144, 168, 170, 176, 300, 325, 333, 347
Nevasca Pedra 136-37
nióbio 75
níquel 44, 50, 198
Nórdica, magia 148
Nova Era 44, 63, 93, 260, 288
numerologia 343
Nunderita 209-10
nutrientes, absorção de 95, 117, 235

O

obeliscos 151
obesidade 233
objetividade 63-64, 78
obsessão 44, 146, 336
Obsidiana
  Esplendor Mogno 208
  Fogo 207-8
  Mogno 208
  Serpentina na Obsidiana 321-22
  Teia de aranha 208
Obsidiana Fogo 207-8
  pedras adicionais 208
Obsidiana Mogno 208
Obsidiana Teia de Aranha 208
Oceanita 211
ódio 129, 137
olhos 229, 266
  cura dos 78
  transtornos nos 65, 138, 150, 151, 157, 225, 306, 373
Olivina (Peridoto) 120, 135, 154
"ondas de calor" 136
Ônix Azul ver Oceanita
Opala da Etiópia 214-16
  cores específicas 216
Opala
  Azul Owyhee 224-25
  da Etiópia 214-16
  do Himalaia 220
  de Honduras 220, 375
  Lavanda Roxa 218
  Mel 217-18
  Monte Shasta 222-23
  Ouro Lemuriano 219-20
  Verde 225
  Verde da Macedônia 221
Opala de Honduras 220, 375
Opala Lavanda Roxa 218
Opala Mel 217-18
  pedra adicional 218
Opala Monte Shasta 222-23
Opala Ouro da Lemúria 219-20
  pedra adicional 220
Opala Verde da Macedônia 221
opressão 137
Oráculos 343
órgãos dos sentidos 314
órgãos excretores 189
órgãos genitais 125
órgãos sexuais 166
orientação de guias 64, 66, 91, 97, 108, 125, 146, 161, 185, 228, 240, 248-49, 260, 318, 328, 346
  dos anjos 66, 224, 316
origens estelares 59
oscilação de humor 72, 336, 344

ÍNDICE REMISSIVO

Osíris 291
Osso de Dinossauro 117, 376
ossos 41, 85, 119, 155, 172, 233, 235, 250, 266, 319, 331, 333, 334, 344
  crescimento ósseo 117, 252
  desenvolvimento ósseo 127, 176, 286, 337
  doenças ósseas 194
  fraturas 62, 117, 143, 312
  quebradiços 173
osteoartrite 325
osteoporose 41
otimismo 95, 115, 173, 330
Ouro 44, 50, 269
  Quartzo com Ouro 275
Ouro do Himalaia 65
Ouro e Prata, Agentes de Cura 278
ovários 314
Owyhee, Opala Azul 224-25
  cor e tipo adicional 225
óxidos de ferro 231, 276
oxigenação 123, 180, 249, 251, 252, 253, 304, 333
oxigênio, assimilação de 70

P

padrões
  ancestrais 130
  crença 246
  desenergizar 90, 106
  emocional 246, 277, 338
  energia 268
  kármicos 132
  obsoletos 56, 80, 143, 338
  preso 65
  reestruturando os habituais 57, 82
  reprogramando os 216
paixão 164, 294, 336
Palma (Manifestação) Chakras da 20, 361, 370-72
  ativando o 371
  abertura do 371-72
pâncreas 84, 309
  doenças pancreáticas 325
  função pancreática 314
paralisia 117
paramagnéticas, frequências 149, 150-51
parasitas 118, 319
  infecção parasitária 302

paratireoide 113, 121, 316
Pargasita 228
paz 37, 66, 81, 102, 103, 110, 124, 134, 137, 148, 176, 187, 206, 213, 218, 244, 247, 264, 277, 292, 293, 318, 319, 347, 350
Pederneira 19, 30
Pedra Azul Preseli 109
Pedra da Felicidade *ver* Euclásio Azul
Pedra da Lua Norueguesa *ver* Larvikita
Pedra da Lua Preta 202-4, 375
  pedras adicionais 203-4
Pedra da Lua
  Preta 202-4
  Gabro com Pedra da Lua 204
  Pedra da Lua Roxa 204
  Rubi na Pedra da Lua 204
Pedra da Profecia 248-49
Pedra da Vida 11
  ver também Pedra da Profecia
Pedra da Vida *ver* Crisótilo na Serpentina
"pedra da inocência" 354
Pedra de Machu Picchu 187
Pedra de Sedona 320
Pedra de Solidariedade 249
Pedra do dr. Liesegang
  ver Pedra Maravilha
pedra do escritor 351
Pedra do Santuário 292-93
  pedra adicional 293
Pedra do Sol Cor-de-Rosa 240
Pedra dos Sonhos 331
Pedra Filosofal 49-50
Pedra Guardiã [Guardian Stone] 154
Pedra Picasso 193
Pedra Z 359
pedra, construção em 28-31
Pedras Azuis 29, 109
pele 155, 237, 247, 307, 344, 349
  doenças da pele 164, 228
  erupções 293
  impurezas 180
  incrustações 41
  inflamação 113, 164
pele escamosa 164
pêndulo 363
pensamento positivo 104, 203

pensamentos
  analíticos 64, 78
  arraigados, liberação de 17
  claridade de 129, 162
  coletivos 58
  comunicação de 37, 76
  construtivos 303
  enraizados 176, 341
  lógicos 130
  mudar os padrões de pensamento obsoleto 80
  negativos 295
  processos de 116, 117, 142, 143
  racionais 64, 78
  reprimidos 141
  único 69
Pentagonita 229
percepção 247
perda de peso 127, 215, 233
perdão 67, 81, 102, 137, 176, 228, 230, 239, 246, 298, 328, 355
Peridoto *ver* Olivina
perseguição 137
Perumar 230
pés 233, 333
  doenças nos 161
pesadelos 347
pessimismo 336
pessoas "aéreas" 14, 15, 72, 149
pesticidas 324
picadas de insetos 180
Pipestone [Pedra do Cachimbo] *ver* Catlinita
Pirita Ferro 174
Pirita 44, 313
  Gabro com Pirita 137
  Iridescente 251-52
  Pele de Cobra 251
  Pena 250-53
  Pirita com Esfalerita 254
  Pirita na Magnesita 252-53
  Pirita no Quartzo 253
Pirita na Calcita *ver* Fantasma
Pirita na Magnesita 252-53
Pirita no Quartzo 253
Pirita com Esfalerita 254
Pirita Pele de Cobra 251
Pirita Pena 250-53
  pedras adicionais 251-53
pirofilita 100

ÍNDICE REMISSIVO

pirolusita 44
Piromorfita 255
Piroxênio 135, 136
   Granada no Piroxênio 139
Piroxmangita 256-57
Plancheíta 241
plano divino 146
Plantas, cura das 344
platina 44, 50
Plexo Solar, chakra do 114, 174, 349, 366-67
plexo solar, purificador do 130
poder de decisão 225
Poldervarita 242-43
polimórfico 48
Polucita 244
poluentes 127, 254, 325
poluição eletromagnética 44, 135, 179, 202, 235, 300
pontos cardeais, quatro 235
porfirita 245-46
Pórfiro 192-93
portal cósmico 223
Portal Estelar, chakra do 18, 36 , 91, 97, 272 , 299, 368-69
pós-operatória, recuperação 194
potássio 305
potencial do cristal 20-21
povo cherokee 24-25
pragas etéricas 118
prana 123
prata 44, 50, 198
preconceito 137
preconceito de idade 232
Prehnita com inclusões de Epídoto 247
Preseli, Montanhas 152
pressão arterial 164, 266, 304, 309, 330
princípios humanitários 122
problemas no rosto 150
processo de envelhecimento 233
procrastinação 201
produção hormonal 42
propósito 86, 287, 336, 373
proteção 69, 72, 90, 132, 135, 137, 138, 164, 176, 186, 196, 210, 222
proteínas, ruptura de 111, 195, 206
psicológicas, condições 70
psicológico, trabalho 156
psicológico, trauma 48
psicometria 112

psicossomáticas, doenças 52, 60, 70, 74, 91, 99, 168, 170, 180, 208, 228, 257, 283, 306, 310, 322, 328, 333, 344, 355
psilomelana 187
psiquiátricos, distúrbios 176
psíquica, sobrecarga 44
psíquica, visão 107
psíquico, ataque 94, 186, 266, 335
psíquicos, bloqueios 37, 39, 108, 203
psíquicos, canais 226
psíquicos, downloads 142
psíquicos, vampiros 210, 335
psoríase 41, 164
puberdade 82
pulmões 102, 123, 148, 168, 233, 247, 253, 319, 322, 347
purificação
   ambiental 215
   áreas de doenças 199
   chakras 74, 125, 147, 163, 226
   crânios de cristal 27
   cristais 14, 215, 362, 374
   sangue 349
   terra 333
purificador etérico 90

Q

Qi 123, 125, 131, 149, 151, 161, 250, 276, 300, 306, 312, 338
quadragésimo quarto chakra 291
Quartzo 25, 53, 59, 63, 66, 124, 149, 156, 159, 174, 187, 215, 299, 338
Quartzo Agente de Cura Ouro Drusiforme 277-78
Quartzo Agente de Cura Ouro 276-78, 287
   pedras adicionais 277-78
Quartzo Agnitita 258-59
Quartzo Ajo 260-61
Quartzo Anfibólio 316
Quartzo Arco-íris ver Quartzo Fogo e Gelo
Quartzo Aura Champanhe 269-70
Quartzo Aurora 262-64, 376
   cores específicas 264
Quartzo Clorita 19
Quartzo com Ouro 275
Quartzo Cor-de-Rosa 294
Quartzo Craquelê 272
Quartzo Damasco 265-67

   pedras adicionais 266-67
Quartzo Dia e Noite 267
Quartzo com Granada 274
Quartzo com Ouro 275
Quartzo Maianita Arco-Íris 11, 16, 19, 287-89
Quartzo Cor-de-Rosa 294
Quartzo Enfumaçado 19, 44, 188, 269
   com Egirina 281
   Enfumaçado Gráfico no Feldspato 147- 48
   e Ametista Madagascar 280-81
Quartzo Enfumaçado Elestial 258
Quartzo Enfumaçado Gráfico 32, 33
Quartzo Epifania 267
Quartzo Escriba Sagrado 290-91
Quartzo Fogo e Gelo 271-73
Quartzo Lavanda Rubi 238-39
Quartzo Lodolita 279
Quartzo Madagascar Dedo 283
Quartzo Madagascar Enevoado 282-83
Quartzo Messina 284
Quartzo Moldava 285
Quartzo Neve 352, 353 ver Capa de Cristal
Quartzo Olho de Gato 266
Quartzo Papaia ver Quartzo Damasco
Quartzo Piemontita 286
Quartzo Rubi Lavanda 238-39
Pirita no Quartzo 253
Quartzo Satayaloka 94
Quartzo Tangerina 294
Quartzo Vela (Celestial) 32
Quartzo Trigônico 37, 296-98, 359, 376
Que Será 11, 299-301
   pedra adicional 301
queimaduras 180, 325
questões ancestrais 245-46
Quiastolita 48

R

racismo 102, 137
radiação, efeitos de 345
radicais livres 84, 127, 180, 324
radiestesia com os dedos 363
radioatividade 179
Rafael 272

ÍNDICE REMISSIVO

Raios-X, efeitos 345
raiva 72, 87, 102, 132, 165, 166, 215, 237, 312
Ramsayita *ver* Lorenzita
raquitismo 150
Realgar e Auripigmento 303
realidade 85, 96, 98, 99, 146, 160, 181, 252, 272, 296, 297, 298, 299, 326
reavaliação 294
reconciliação 37, 68, 81, 239, 246
recordação de vidas passadas 93
rede de energia 263, 276, 374
redundância 129
reflexologia 161
regeneração 30, 215, 240, 313
regressão a vidas passadas 116
Reiki 51, 292
  praticantes 244
rejeição 66
relacionamentos
  contentamento com 171
  estabilizando 203
  harmonizando 62
  reenquadramento 41
  vínculo 161
relaxamento 308, 309
renais, doenças 74
renascimento 57, 176, 214, 273, 328
Renierita 304
renovação 30
reprodutivas, funções 77
reprodutivos, distúrbios 74, 82, 107, 295
reprodutivos, órgãos 203, 273, 353, 358
reprogramação mental, 98
reputação 163
resfriados 138, 218, 221, 325
resiliência 72, 191
resistência 41, 56, 131, 177, 178, 253, 353
resolução 68
respiração 307
  dificuldades na 347
  sistema respiratório 249, 251, 309
respiração 56
responsabilidade 123
ressentimento 120, 129, 165, 176
ressonância energética 10
ressurreição 273

retenção de líquidos 74, 84, 107, 123, 127, 153
retina 314
retrocognição 137
reumatismo 138, 150, 304
Reynaud, síndrome de 304
Rhode Island 120
Rhodozaz (Azeztulita Cor-de-Rosa) 66
Richterita 308-9
Riebeckita 307
riebeckita-arfvedsonita 154
rigidez 351
rins 85, 164, 180, 203, 210, 247, 309, 333, 355
  distúrbios 322, 325
  pedras nos rins 253
  regeneração 65
ritmos circadianos 133
rituais 92, 150, 328
RNA 132
Rochas ígneas 30
Rochas
  ígneas 30
  metamórficas 31
  sedimentares 30-31
rochas sedimentares 30-31, 153
Roda da Medicina, cerimônias com a 101, 235
ródio 50
Rodocrosita 66, 187, 256
  Azul *ver* Perumar
Rodocrosita Azul *ver* Perumar
Rodonita 256
Rodozita 305-6, 359
  no feldspato 306
Roselita 310
Rosofia 19, 63-66
  Azeztulitas adicionais 65-66
Rubi
  Rubi na Pedra da Lua 204
  Rubi no Granito 151
rutilo 44, 188, 266

S

sabedoria 43, 46, 47, 104, 176, 229, 286, 349
  antiga 129, 214, 230, 232
  de crânios de cristal 24, 25
  universal 50

Sacro, chakras do 73, 74, 80, 111, 114, 123, 128, 139, 170, 174, 213, 215, 227, 265, 294, 295, 299, 303, 366-67
Sacro Superior, chakra do 288
sangue 44, 166, 259
  circulação do 17, 54, 139
  coágulos de 58, 241, 253
  contagem baixa de plaquetas 240
  distúrbios no 76, 123, 189, 325
  energia do 123
  glóbulos brancos 264
  glóbulos vermelhos 264
  limpeza do 349
  oxigenação do 123, 251, 253
  purificação do 42, 46, 266
saúde 50, 51, 70, 264, 283
Schalenblende 313-14
Scheelita 315-17
sedação 44
segurança 266, 322
seios 344
selênio 50
Selenita Dourada 145-46
Semente do Coração, chakra da 64, 150, 176, 239, 256, 286, 310, 318, 359, 366-67
sensibilidade 54
  energética 215-16
sentimentos
  comunicação 211
  livre expressão dos 68
  negativos 102
  reprimidos 67, 141
  ultrapassados 176
sentimentos de inferioridade 132, 330
serenidade 47, 172, 203, 205
seres cristalinos 13
seres estelares 318
seres superiores 85, 93, 97, 222, 224, 279, 337
Serpentina 75, 135, 136, 327
  Crisótilo na Serpentina, cura com 113
  Estichtita e Serpentina 329-30
  na Obsidiana 321-22
sexuais, dificuldades 70, 128, 227
  com base psicossomática 68
sexual, abuso 265
sexual, funcionamento 123
Shattuckita 241

ÍNDICE REMISSIVO

Shungita 323-25
Siderita 159
sílica 135, 152, 231
Silimanita 48, 326
símbolos rúnicos 148
sinceridade 342
sincronicidade acidental 55, 82
Síndrome da Fadiga Crônica 233, 325
Síndrome de Marfan 181
síndrome do edifício doente 173, 375
"síndrome do impostor" 66
síndrome do intestino irritável 74, 119, 201, 319
Síndrome pré-menstrual 77, 227, 279, 322
Sintonia com os cristais 19, 20-21
sintonia
   cristal 19, 20-21
   crânio de cristal 26, 27
   espiritual 63
   psíquica 106
sintonia espiritual 63, 319
sistema do DNA humano 37
sistema endócrino 17, 42, 68, 81, 229, 270, 273, 314
sistema hormonal feminino 123, 203
sistema imunológico 17, 42, 127, 136, 137, 164, 170, 179, 221, 229, 233, 249, 254, 264, 281, 295, 304, 308, 309, 314, 324, 325, 344, 356
sistema nervoso 98, 107, 170, 178, 183, 206, 233, 247, 281, 349
   distúrbios do 54, 68
   harmonizando o 330
   reequilibrando o 111
sistema nervoso simpático 121
sistema reprodutivo 355
sobrealma cristalina 13, 21, 37
sobrevivência
   habilidades 41
   instintos de 191
   questões de 116, 117, 340
   e rochas metamórficas 31
   e rochas sedimentares 3
sódio 140
Sofia 63
Soma, chakra do 36, 42, 44, 45, 46, 51, 53, 59, 92, 95, 97, 98, 125, 140, 158, 218, 225, 230, 234, 270, 291, 320 359, 368-69, 372

sonhos 47, 48, 52, 65, 111, 141, 161, 229, 249, 318, 336
sonhos lúcidos 126, 318
Sonora Sunrise [Pôr do sol em Sonora] *ver* Cuprita com Crisocola
Stonehenge 29 , 152
submundo 72
submundo xamânico 69-70, 81, 148, 182
Sugilita 242, 307
sulfato de cobre 106
sulfeto de Arsênico 58
suspender o julgamento 59-60

T

Tangerina, Quartzo 294
Tangerosa 294-95
Tantalita 11 , 335-37 , 375
   pedra adicional 337
tarô 343 , 355
tato, delicadeza 111 , 150, 301
TDAH 336
tecido conjuntivo 144, 180, 181, 349
tecido
   flexibilidade/elasticidade 312
   reparar 127, 176 , 286, 337
Técnica de Liberação Emocional 168, 316
tédio psicológico 76
telepatia 43, 58 , 112, 373
   e crânios de cristal 24
   com criaturas da água 93
   e mente grupal 37
temperatura corporal 117, 253
tempo, magia do 210, 305
tendões 328
   elasticidade 65 , 334
tensão
   músculo 72, 82
   reduzindo 82
Tensão pré-menstrual 74
ternura 54
terra
   e céu 43
   contato com 136
   corpo etérico sutil 65
   fertilidade 72
   meridianos 72
Terra Superior, chakra da 366-67

Terra, cura da 109, 128, 199, 200, 231, 264, 270, 281, 305, 333, 334, 338, 341, 345, 349, 359
Terra, espíritos elementais da 183
Terra, limpeza da 333
Terraluminita 19 , 338
terrores noturnos 229, 347
testículos 314
Teta, estado de ondas cerebrais 297
Texano, Granito Rosa 151
Texas Llanita (Llanoíta) 301
Thompsonita 339
Thunder Bay Ametista 44
Tigela tibetana 298
timidez 225
timo 247, 309 , 333, 339
Tinguaíta 342
tireoide 247, 270, 309
   problemas 119 , 121
titânio 50, 69, 70, 75, 120
Titanita (Esfeno) 44, 343-44
tonturas 309, 373
Topázio Azótico 69-70
Torbernita 345
toxicidade 19 , 58, 74 , 109, 118, 150 , 270, 297
toxinas 104, 117 , 127, 168 , 179, 180 , 251, 253 , 270 , 333
trabalho de visão 182
tranquilidade 51, 94 , 110, 292, 347
transferência de energia 235
transformação 71 , 104, 107, 151 , 191, 207, 312
transmutação de 40 , 176, 214, 215 , 216, 226 , 269 , 270 , 273 , 275
transtorno afetivo sazonal 146, 260
transtorno bipolar 73, 86, 201
transtorno de déficit de atenção 120-21
Transtorno de Estresse Pós-Traumático 309
transtornos alimentares 46, 70, 73, 330
transtornos cognitivos 46
transtornos de personalidade 73
trato urinário 273
traumas 71 , 88, 151 , 154, 164 , 176, 190, 211, 214, 233 , 247, 274 , 295, 308 , 319, 337 , 353

ÍNDICE REMISSIVO

emocional 38-39 , 48, 92 , 148, 239, 285
psicológico 48
traumas emocionais 38-39, 48, 92, 148, 170, 285
Tremolita 124, 346-47
Triangulação 374
tricroísmo 48
Trigônico, Quartzo 37, 296-98, 359 , 376
tristeza, pesar, luto 176, 190, 204
tronco cerebral 113, 168, 333
Trovão, Ovo de 340-41 , 348
tuberculose 148
Tudo O Que É 14, 64, 80, 88, 101, 108, 134, 144, 164, 181, 188, 196, 260, 276, 294, 297, 298, 330, 345
Tugtupita 256 , 359
Tumores 65, 78, 180, 319
turmalina 188
Turmalina Uvita na Magnesita 350
Turquesa
Mojave 196-97
Navajo roxo 197
Turquesa Mojave 196-97
pedra adicional 197
Turquesa Navajo Roxa 197

U

úlceras 119, 201
Uluru (Ayers Rock) local 348
Uluru Amuleto, Pedra de 348-49
unhas 307, 312
urânio 50
uretra 317

V

vacilação 86
Valentinita com Estibnita 351
valor 217
valor próprio 82, 252, 265
vampirismo de energia 94
vampirismo emocional 210
varinhas 374
varizes 194, 249
vasculares, cãibras 252
vasos sanguíneos 70, 155, 317
veias 76 , 113, 148, 164, 190 , 193, 357
verdade 60, 81 , 122, 162 , 245, 246 , 283, 290
amor de 82
espiritual 64, 118
vergonha 68, 102, 298, 355
vértebras , alinhamento de 157
vertigem 123
vesícula biliar, pedras na 253
viagem astral ou jornada 43, 45-46, 57, 59, 75, 92, 104, 138, 158, 214, 251, 315, 318, 320
fora do corpo 343, 352
multidimensional 23, 36, 66, 209, 269, 297, 301
pelo mundo inferior 222
a vidas anteriores 174
xamânica 69-70, 112, 151, 188, 224, 281, 321
vibrações
aumentadas para um nível superior 107
cristais de alta vibração 18-19
estrutura cristalina 14-15
frequência vibracional 23, 26
harmoniza novas 82
negativas 215
recalibrar 19
vício 44, 46, 73, 227, 336
Victorita 352-53
vidas passadas,
chakras das 41, 95, 123, 125, 174, 234, 316, 368-69, 372
componentes das 60
curando as 102, 128, 137, 233, 272, 295, 322
karma de 372
regressão às 41, 116, 117, 182, 306, 357
trabalhar com as 232
vidro vulcânico ver Andara Glass
Violane (Dioptásio Azul) 125
violência 137
vírus 173
visão espiritual , visioning 52, 140
visão espiritual 38
visão interior 143
visão remota 373
visão fraca 157
visualização 76, 177 , 273, 350
vitalidade 115, 117 , 123, 159, 183 , 282, 334 , 349
vitamina, assimilação 95 , 168, 235, 357
Voegesita 354-55
vontade pessoal 111, 123, 145, 146, 211, 277, 358
Vulcanita ver Que Será

W

Winchita 356
Wurtzita 313

X

xamãs 313, 374
de Madagascar 305
Nativos Norte-americanos 50
Xenotina 358

Y

yang 316

Z

Zadkiel , o Arcanjo 51, 107, 184
Zebradorita ver Quartzo Gráfico Enfumaçado no Feldspato
Ziguezague 375
Zircônio 156
Zultanita ver Diásporo
zumbido 233

INFORMAÇÕES ÚTEIS

INFORMAÇÕES ÚTEIS

AGRADECIMENTOS DA AUTORA

Gostaria de agradecer a todos os participantes das minhas oficinas pela sua assistência na exploração das pedras deste livro. Minha gratidão vai para todos os fornecedores de cristal, numerosos demais para serem mencionados pelo nome, e que me apresentaram a novas pedras e compartilharam suas informações com generosidade. Em particular Keith Birch e Katie Jacqueline de Cristais KSC, John Van Rees da Exquisite Crystal e Kellie Conn de Cristais Avalon USA. Muitos foram excepcionalmente generosos em me presentear suas novas descobertas preciosas e lhes agradeço muito. É uma alegria para mim explorar um novo cristal, seja sozinha ou com um grupo, e descobrir que os resultados correspondem aos de outros profissionais, assim como encontrar aplicações inteiramente novas. Afinal de contas, nós compartilhamos uma unidade de consciência e de comunicação com os seres de cristal. Como sempre minha gratidão a David Eastoe da Petaltone Essences, sem cujas essências de limpeza, recarga e proteção eu não poderia trabalhar. Meus agradecimentos também a Mike Eastwood de Aristia, pelas mandalas de sobre-alma de cristal e por todo o resto. Sou grata a Robert da Heaven and Earth Crystals pela permissão para usar suas marcas registradas. Minhas desculpas para aqueles cujas marcas não foram mencionadas. Meu obrigada também a Liz Dean e Joanne Wilson da Godsfield Press, que fizeram com que o processo de publicação deste terceiro volume de *A Bíblia dos Cristais* fosse uma delícia.

Cristais sintonizados por Judy Hall podem ser obtidos a partir de www.angeladditions.co.uk

AGRADECIMENTOS PELAS ILUSTRAÇÕES

Todas as fotografias © Octopus Publishing Group Limited, com exceção das seguintes:
Alamy/David Gallimore 22; Lyroky 101 Corbis 26; Michael Eastwood 15 Octopus Publishing Group / Russell Sadur 21. Thinkstock/iStockphoto 28. Jennifer Campbell 2 (Bumble Bee Jasper), 45, 166 (Jaspe Policromo), 278 (Agente de Cura Prata), 296 ; Joanne Wilson 11 (Maianita Arco-Íris)

Designer: Sally Bond
Fotógrafo: Andy Komorowski assistido por Ken Kamara
Pesquisador de imagens: Jennifer Veall

LEITURA ADICIONAL

Hall, Judy. *A Bíblia dos Cristais*, Editora Pensamento, São Paulo, 2008
Hall, Judy. *A Bíblia dos Cristais 2*, Editora Pensamento, São Paulo, 2009
Hall, Judy. *Conhecimento Prático com Cristais*, Editora Pensamento, São Paulo, 2010
Hall, Judy. *Crystal Prescriptions*, O Books, Ropley, 2005
Hall, Judy. *Good Vibrations: Psychic protection, space clearing and energy enhancement*, Flying Horse Books, Bournemouth, 2008
Hall, Judy. *101 Power Crystals: The ultimate guide to magical crystals, gems and stones for healing and transformation*, FairWinds Press, 2011
Hall, Judy. *Crystals and Sacred Sites*, Fair Winds Press, 2012
Eastwood, Mike. *The Crystal Oversoul Cards*, Findhorn Press, 2011